DORA MAAR

Prisonnière du regard

DU MÊME AUTEUR

LA BONNE PAULINE, *traduit de l'espagnol (Argentine) par Laure Guille-Bataillon*, Mercure de France, 1980.

MON ARBRE, MON AMANT, *traduit de l'espagnol (Argentine) par Jacques Tournier*, Mercure de France, 1982.

BUENOS AIRES, Champ Vallon, « Des Villes », 1984.

LE SOURIRE DES DAUPHINS, Gallimard, 1989.

L'ARBRE DE LA GITANE, *traduit de l'espagnol (Argentine) par Albert Bensoussan et Anny Amberni*, Gallimard, 1991.

BOGOTÁ, Champ Vallon, « Des Villes », 1994.

MARADONA C'EST MOI, La Découverte, 1992.

EVA PERÓN, Grasset, 1995.

FEMME COULEUR TANGO, *traduit de l'espagnol (Argentine) par Françoise Rosset*, Grasset, 1998.

ALICIA DUJOVNE ORTIZ

DORA MAAR

Prisonnière du regard

Traduit de l'espagnol (Argentine) par

ALEX ET NELLY LHERMILLIER

BERNARD GRASSET
PARIS

A Cynthia, Ariana et Tahana, comme toujours.

REMERCIEMENTS

L'auteur remercie Edgardo Berjman,

Laura Dail, sans laquelle ce livre n'aurait pu voir le jour,

ainsi que Silvina Benguria, Ana Valentina Benjamin, Sonia Berjman, Cédric et Dominique Bernard, Hector Bianciotti, Silvia Bleichmar, Victoria Braunstein, Adolfo Brodaric, Norma Brugiroux, Marilyn Cacklegoos, Claudia Carlisky, Christian Cauro (*in memoriam*), le père Chueca, Acacia Condes, Edgardo Cozarinsky, Jacques Damade, Jeannette Dryzun, Alberto Elguera, Mireille Favier, Sofia Fischer, Olivia Gay, Michèle Gazier, Marion Kauffman, Kado Kostner, Santiago Kovadloff, Raquel Kweitel, Pierre Lepape, Père Michel Lepape, Suzy MacDougall (*in memoriam*), Enrique Mario Mayochi, Cinzia Monguzzi, Alfredo Nocetti, Nicole Szwarc, Isaura Verón et Sisco Vidal pour l'avoir aidée à l'écrire, avec des livres, des maisons, des voyages, des recherches, de l'amitié.

Personnes interviewées :

Gloria Alcorta, Bernard d'Anglejean-Châtillon, Anne Baldassari, Heinz Berggruen, Georges Bernier, Pierre Billard, Marc Blondeau, Michel Blondel Pasquier de l'hôpital Sainte-Anne, Aube Breton, Pierre Cabanne, Marie-Claude Char, Michèle Chomette, Jean Clair, Georgiana Colville, Maxime Courtois, Lucie Daniel du Centre Pompidou, Amélie De Andreis du cabinet Marc Blondeau, Antoine Delabre, André Du Bouchet, Marcel Fleiss, M. Giroud du cabinet Andriveau, Myrtille Hugnet, Chantal Johner, Jean Leymarie, James Lord, Ana Martínez Gómez, Raymond Mason, Lili Masson, Marguerite Masson, Maître Mathias, Mme Mihanovich, Jacques-Alain Miller, Catherine Millot, Bernard Minoret, Virginie Monnier, Dr Nasio, Hector Pascual, Roger Passeron, Sophie Peignot, Marie-Christine Perreau-Saussine, Jacques Postel, Gisèle Prassinos, John Richardson, Elisabeth Roudinesco, Inés Sassier, André Schoeller, Sara Schujman, Hélène Seckel, Maître Solanet, Anne de Staël, Lucien Treillard, Sisco Vidal, Maya Walter-Widmaier.

Prologue avec lumière masquée

Le 15 mai 1945, le photographe Brassaï décrivait dans son journal l'une des nombreuses scènes qu'il relatait chaque jour de sa relation avec Picasso.

Ce matin-là, le Malaguène était en veine. La libération de Paris et le printemps arrivaient de concert. Il venait d'avoir une conversation des plus intéressantes avec Malraux, récemment débarqué à Paris avec son béret de résistant, et s'apprêtait à déjeuner avec un groupe d'amis au restaurant du coin, Le Catalan, rue Saint-André-des-Arts. Parmi eux, entre autres, se trouvaient deux de ses fidèles, le poète Paul Eluard et la compagne de celui-ci, la fragile et provocante Nusch.

« Une neuvième place encore vide est réservée à Dora Maar [...], note le photographe. Picasso meurt de faim et commande un chateaubriand. [...] Nulle part sa conversation n'atteint son plein régime de drôlerie et de fantaisie comme à table, pendant le repas, entouré d'amis. Il abonde alors en histoires malicieuses, en cancans, en souvenirs, fuse et étincelle de calembours, de paradoxes...

« [...] Dora Maar arrive. Elle est sombre. Elle serre les mains, elle serre les dents sans un mot, sans un sourire. Elle s'assied. Deux minutes ne sont pas écoulées lorsqu'elle se dresse et dit : “J'en ai assez, je ne peux pas rester. Je m'en vais...” Et elle quitte la salle...

« Picasso, qui n'a pas encore eu son chateaubriand, se lève et court après son amie. Le départ de Dora fut si brusque qu'il ne put la retenir... Nous continuons à parler, mais le repas est troublé. Ces deux places vides coupent notre appétit... Nusch Eluard, avec son beau sourire, se penche vers moi et me dit : “Ne nous en faisons pas ! Histoire de femme !”

« Une heure plus tard, hirsute, affolé, épouvanté, Picasso réapparaît au Catalan. Je n'ai jamais vu un tel désarroi sur son visage. “Paul, viens vite, j'ai besoin de toi...” dit-il à Eluard. Le poète se lève et suit Picasso. Nous n'osons plus quitter la table. Il est déjà quatre heures et nous les attendons toujours. Une éternité. Ni l'un ni l'autre ne reviennent. A cinq heures nous partons [1]. »

Trois jours plus tard, le vendredi 18, Brassaï rencontre à nouveau Picasso. Ils se sont donné rendez-vous avec Jacques Prévert au Café de Flore. Picasso dit soudain :

« Je connais une jeune femme. Elle a eu une dépression. Elle s'est imaginé être une reine... Et pas n'importe quelle reine, mais la reine du Tibet ! Et elle se comporta aussitôt en reine. Elle n'a plus voulu se chausser : une reine marche pieds nus. Elle n'a plus voulu manger : une reine, n'est-ce pas, est au-dessus de ces choses... Et elle a parlé tout le temps d'un duc... “Le Duc a fait ceci...”, “Le Duc a fait cela...” Mais, quand on lui a parlé de ce duc, elle a répondu : “Il n'est plus duc, il a été nommé comte !”

« JACQUES PRÉVERT : C'est merveilleux ! Un duc qui a été nommé comte !

« PICASSO : C'est merveilleux et c'est inquiétant. Nous sommes dans la féerie et dans le cauchemar... Où est la frontière entre l'imagination et le délire [2] ? »

Brassaï ajoute dans une note en bas de page : « Cette personne était Dora Maar. Depuis le déjeuner au Catalan, elle souffrait d'une dépression nerveuse. »

Le hasard a voulu que je fasse moi-même le voyage pour la France à cette date, le 15 mai, non pas en 1945, mais en l'an 2000, cinquante-cinq ans jour pour jour après ce déjeuner. Picasso, Dora, Eluard, Nusch, Brassaï n'étaient plus de ce monde. Une survivante, Gilberte Brassaï, qui avait assisté à la scène, n'avait pas répondu à la lettre dans laquelle je lui posais quelques questions sur l'internement de Dora Maar. On émettait bien des hypothèses sur cet internement, entre autres qu'Eluard avait aidé Picasso en appelant le docteur Jacques Lacan, lequel avait fait interner Dora à l'hôpital psychiatrique de Sainte-Anne, à Paris. Mais quand ? Ce même 15 mai 1945 ?

Quelqu'un avait pensé à moi pour enquêter sur cette histoire qui commençait en Argentine. J'avais vécu vingt ans en France, j'étais retournée à Buenos Aires, ma ville natale, où je venais de remonter la piste de l'enfance de Dora, et c'était mon premier retour à Paris après une année d'absence.

J'arrivais à la fois trop tard – Dora était morte trois ans auparavant – et trop tôt ; je ne tarderais pas à apprendre que ses documents les plus « compromettants » se trouvaient aux Archives nationales, inaccessibles au public pour un bon bout de temps. La vente aux enchères de ses œuvres et de celles de Picasso, qu'elle avait conservées si longtemps, avait eu lieu un an plus tôt : une vente fabuleuse, entourée d'une certaine auréole de scandale (d'après ce qu'on murmurait, un testament supposé de Dora en faveur de l'Eglise avait disparu de façon mystérieuse), qui avait éclairé ce nom, Dora Maar, jusqu'alors dans l'ombre.

Mes premières recherches se heurtèrent à un mur de silence. Je tentai de me l'expliquer en faisant appel à ma connaissance de ce pays, où l'on tait certaines choses. Mais ce silence, ou plutôt cette kyrielle de silences, allait plus loin.

Peu à peu, je démêlai cet embrouillamini. Il y avait toutes sortes de secrets : économiques, amoureux, religieux et psychiatriques, mêlés au plus dense, au plus impénétrable d'entre eux : celui de Dora Maar enfermée quarante années durant dans son appartement de la rue de Savoie sans recevoir personne.

Elisabeth Roudinesco, psychanalyste et biographe de Lacan, me fut une aide précieuse.

— Ne vous sentez pas persécutée, me conseilla-t-elle avec placidité. Ne croyez pas qu'il existe un ennemi, un seul, qui efface vos pistes. N'espérez pas non plus trouver quoi que ce soit dans les archives. En France, tout se perd, plus par négligence que par volonté d'éliminer les traces.

Concernant les archives, la prédiction se révéla exacte. L'une des tâches que je m'imposai fut de m'introduire à l'hôpital Sainte-Anne. Peut-être accéderais-je ainsi à l'histoire clinique de Dora Maar. Dans les années quarante, les psychiatres écrivaient ces histoires en détail. Je n'avais qu'une seule donnée, certes : la date de Brassaï. Une donnée qui n'en était peut-être même pas une. Le fait que Dora eût souffert d'une dépression nerveuse le 15 mai ne voulait pas dire qu'elle avait été internée ce jour-là. Mais le manque de précisions était tel que, m'accrochant à cette date, je frappai à la porte de Sainte-Anne.

A ce niveau, j'avais déjà essuyé suffisamment de refus pour m'étonner de ce qu'aucun des psychiatres, infirmiers ou fonctionnaires de l'hôpital avec lesquels je pus m'entretenir ne trouvât rien. Même en écartant l'interdiction de fouiller dans la vie privée d'un patient, qui me fut communiquée par la préfecture de police, ce qui est sûr, c'est que ni Dora Maar ni Henriette Théodora Markovitch, son véritable nom, ne figurait nulle part. Pas plus que la moindre mention de Pablo Picasso, ni de Pablo Ruiz au cas où, en tant que responsable de la malade, il se serait présenté sous son patronyme paternel, ni de Paul Eluard ou Eugène

Grindel, en supposant que le poète eût « couvert » Picasso et décliné devant les autorités sa fausse ou sa véritable identité.

A moins qu'il ne se fût agi de « couvrir » Lacan.

Je citai son nom.

Alors je réussis.

— Oui, s'enthousiasma le fonctionnaire après avoir compulsé d'autres registres. Le 15 mai 1945, le docteur Lacan a fait interner une patiente. Mais elle ne s'appelait ni Dora Maar ni Théodora Markovitch. Elle s'appelait Lucienne Tecta. Quel drôle de nom, ajouta-t-il comme pour lui-même.

Pensif, un ami latiniste commenta :

— Non seulement ce n'est pas un nom courant, mais *tecta*, en latin, qui est la racine du mot « toit », veut dire « caché ».

— Et Lucienne ? demandai-je, le souffle court. Lucienne ne vient-il pas de « lumière » ?

— *Mais c'est bien sûr** [3] *!* Lucienne Tecta voudrait dire « Lumière cachée ». Lacan était fort capable de s'amuser à inventer ce nom. Ce n'était pas si difficile : pendant l'Occupation, il y eut des médecins qui pour sauver des résistants ou des juifs les internaient dans des hôpitaux psychiatriques sous des noms d'emprunt.

Il ajouta que Lacan savait jouer avec le feu, pour ne pas dire avec la lumière : lorsque, faisant fi de ses conseils, Sylvia Maklès, sa future épouse, s'inscrivit sur les listes de juifs comme l'ordonnaient les nazis, il entra au quartier général de la Gestapo et en ressortit tranquillement, les documents à la main.

Plusieurs nuits, je rêvai d'elle. Lucienne Tecta devint à mes yeux l'image même d'une créature resplendissante et cachée.

La veille de mon retour à Buenos Aires (je revenais chargée de montagnes de témoignages et de livres), le fonctionnaire m'appela :

— Je regrette, dit-il, mais il y a eu une erreur. Ce n'était pas Lacan, avec un *n*, mais Lacau, avec un *u*.

Comme c'était écrit à la main... En réalité il s'agissait d'un docteur Lacau, inconnu, qui le 15 mai 1945 fit interner une femme quelconque du nom de Lucienne Tecta.

Désespérée, j'eus recours à un autre de mes informateurs, qui très vite me confirma ce que je soupçonnais : ce n'était pas Lacau, mais bien Lacan. La tournure que prenaient les événements l'inquiétait ; il me demandait d'être discrète et promettait de m'écrire à Buenos Aires pour compléter cette information.

Comme, le temps passant, il n'écrivait pas, je l'appelai.

— C'était Lacan. Mais Lucienne Tecta n'était pas une invention. Elle a réellement existé. Rien à voir avec Picasso ou Dora, oubliez-la.

Elisabeth Roudinesco avait raison. Il n'y avait pas qu'une personne pour dissimuler les traces.

Ce livre est le résultat d'une recherche obstinée, sur des chemins à demi effacés, guidée par une seule conviction : celle que tout, dans cette histoire – symbole ou réalité –, a un étroit rapport avec le sens de ce nom.

Chapitre premier

La tour *miradora*

Avant de voir l'éclat de l'œil, elle savait que ses parents la regardaient. Elle le savait à cause du craquement des pas dans la pièce voisine, du crissement du rideau qui courait sur la tringle, mais aussi parce qu'elle surveillait tout autant les mouvements de ses parents qu'ils surveillaient les siens. Peut-être remuait-elle exprès dans son lit, pour que le gémissement du sommier suscitât son reflet sonore : celui du rideau à peine entrouvert, juste ce qu'il fallait pour faire surgir le regard.

De trois ans, l'âge qu'elle avait lorsqu'elle arriva à Buenos Aires, à treize ans, celui de son retour en France avec sa mère, la fillette fut surveillée ; avec inquiétude, avec adoration, peut-être même avec désir. Sa chambre, contiguë à la leur, avait une porte coulissante en verre, cachée de l'autre côté par un voile presque transparent. Henriette Théodora Markovitch (ou Dora Enriqueta Markovich, d'après ses documents d'écolière) vivait dans l'attente du regard de ses spectateurs, comme dans un aquarium.

Son père, Joseph Markovitch, était né à Sisak, en Croatie, le 16 février 1874. C'était un architecte prospère diplômé des universités de Zagreb et de Vienne.

Son arrivée en France remontait à 1896. Quatre ans plus tard, il avait été nommé commissaire du pavillon austro-hongrois de l'Exposition universelle de Paris. Il y avait rencontré une petite provinciale, Louise Julie Voisin, née à Cognac le 28 février 1877, et l'avait emmenée dans sa Croatie natale pour l'épouser. C'était un homme robuste, de stature moyenne, au caractère colérique, qui avait l'habitude d'exploser à rideaux fermés.

L'histoire du Slave et de la petite Française faisait partie d'un mythe familial s'enrichissant de la description de la famille maternelle : les Voisin, de Tours (le grand-père, Jules Ferréol Voisin, professeur de mathématiques, alors à Paris ; l'oncle Paul Henri), et les Masseneau, de Cognac. Vieilles familles enracinées dans la région, de classe moyenne mais non dépourvus de velléités : adulte, la future Dora Maar irait jusqu'à soutenir devant John Richardson, le biographe de Picasso, que les Voisin ou les Masseneau – Richardson hésitait sur ce point – étaient liés aux Toulouse-Lautrec d'Albi. Ces penchants nobiliaires ajoutés à sa passion pour le secret incitent à se demander à quel moment de sa vie Théodora apprit que Joseph Markovitch était le fils naturel d'une femme de chambre, Barbara Markovitch, plus tard mariée à un généreux plombier du nom de Rastovac qui paya les études du garçon dont le père était inconnu.

Pour quelles raisons le jeune architecte n'épousa-t-il pas Louise Julie à Paris ? Pourquoi laissa-t-il les Voisin plantés là, sans cérémonie, ni fête, ni robe à traîne ? Arrogance, patriotisme, ou désir de soustraire à l'appréciation de ses beaux-parents le mot « illégitime » imprimé sur ses papiers ? Quoi qu'il en soit, ce double mariage en terres lointaines – le civil à Zagreb, le religieux à Trsat, près de Rijeka, un sanctuaire de la côte adriatique, lieu de pèlerinage traditionnellement consacré aux mariages et à la Vierge – aurait pu éveiller des réticences compréhensibles dans la famille française. Aucun Voisin ne s'était distingué par son goût des voyages. Avant de s'installer à Paris, le plus loin qu'était allé Jules Ferréol, depuis Tours, sa ville natale, était Cognac, où il avait enseigné au lycée. Et cette façon d'aller consommer le mariage en un lieu au nom imprononçable, même si c'était un sanctuaire, ressemblait davantage à un rapt qu'à un mariage respectable.

La preuve : pendant plusieurs années, Joseph et Louise Julie vécurent au jour le jour. D'abord Londres, puis Le Cap. Et, alors que le couple semblait s'être fixé, après la naissance de Henriette Théodora le 22 novembre 1907, rue d'Assas : Buenos Aires. La ville la plus excentrée par rapport à l'axe de la planète, celle de la « route » de la prostitution, celle dont on ne pouvait prononcer le nom sans être pris de deux frissons, le premier dû à l'évocation peccamineuse, le second à l'évocation heureuse : ces terres étaient faites pour gagner de l'argent.

Je n'ai pas réussi à éclaircir grand-chose sur les activités de l'inconstant Croate en Angleterre ou en Afrique. L'un des généalogistes qui quatre-vingt-dix ans plus tard se lança à la recherche des héritiers de Dora Maar me murmura à l'oreille le mot « espionnage ». Il suggéra que le mystérieux Markovitch avait, en Argentine, appartenu à la Loge maçonnique. Mais une visite au siège de la maçonnerie argentine à Buenos Aires donna un résultat qui devait se répéter de manière franchement monotone tout au long de cette enquête : José Markovich ne figurait nulle part dans ses registres.

Les parents et leur fille arrivèrent fin 1909 ou début 1910 dans le port de Buenos Aires. Le fait paraît incontestable, bien que le nom de l'insaisissable architecte ne figure pas non plus sur les registres de l'Hôtel des Immigrants où étaient dirigés les centaines d'Européens qui débarquaient chaque jour en Argentine. Ce qui est intéressant toutefois, c'est que ces registres sont pleins de Markovitch, nom également écrit autrement : Marcovich, Markovich ou Marcovic. (En Argentine, la famille de Henriette Théodora opta pour la suppression du *t*, devenant Markovich, *ch* se prononçant *tch* en espagnol.) Devant les autorités portuaires, certains d'entre eux se déclarent orthodoxes, d'autres, juifs et d'autres, « divers ». La rage de l'architecte – dont hérita sa fille – à la seule idée qu'on pût le prendre pour un juif venait de ce nom, tellement répandu que même des gitans le portaient.

L'architecte venait prêter ses services à un compatriote entreprenant, l'armateur Nicolas Mihanovich, qui à cette époque avait engagé quelque cinq mille marins de la côte dalmate pour travailler dans sa compagnie de navigation. Originaire de la petite ville de Doli, près de Dubrovnik, Mihanovich avait bâti sa fortune à la sueur de son front, mais il avait aussi eu de la chance. Ambitieux, analphabète et opiniâtre, il avait travaillé en Argentine avec un armateur génois, marié et père de six enfants. Lorsque le Génois était mort, accidentellement, le marin croate avait épousé sa veuve. Il en avait eu six enfants et avait beaucoup augmenté le nombre de ses bateaux. Il était devenu le premier armateur d'Amérique du Sud. L'Empire austro-hongrois auquel il appartenait par sa naissance, comme Markovitch, lui avait décerné le titre de baron.

1910 fut l'année de gloire pour le nouveau venu. Son riche employeur le chargea de deux œuvres importantes : un immense immeuble qui s'élève à l'angle des rues Leandro Alem et Cangallo, et un monument que la communauté austro-hongroise – lisez Mihanovich – offrait à l'Argentine pour célébrer le centenaire de la Révolution de mai. L'architecte avait toute latitude pour concevoir des ouvrages monumentaux, lesquels non seulement marquent son passage à Buenos Aires, mais influencèrent sa fille presque autant que l'œil derrière le rideau, et pour la même raison.

Tout habitant de Buenos Aires connaît cet édifice d'Alem et Cangallo. Son côté fait penser au flanc d'un bateau. Ses sept étages se terminent par un mirador avec des instruments optiques d'où Mihanovich observait le mouvement portuaire. Le pinacle est un globe formé de bandes de fer verticales ; placée tout en haut, une planète à demi creuse, d'aspect giratoire, symbolise la possession du monde par ce chef d'entreprise. La nuit venue, éclairé de l'intérieur, le globe semblait regarder de là-haut, doré, énorme. Et l'on peut imaginer que la petite Théodora – qu'à cette époque déjà, l'ayant amputée de la partie de Dieu, Théo, on appelait Dora – a pu se figurer que dans cette tour *miradora* se trouvait aussi un œil. Cette tour qui portait son nom et lui ordonnait : *Mira, Dora* – « Regarde, Dora ».

D'en haut, où son père l'emmenait pour lui montrer son œuvre, les télescopes agrandissaient les bateaux de Mihanovich, leurs cheminées noires avec un *M* blanc, la lettre que Dora connaissait mieux qu'aucune autre parce qu'elle servait à écrire Markovich et Maman. Les bateaux gigantesques laissaient échapper de la fumée et quelques gémissements rauques qui montaient vers les tours. Les vagues calmes du Río de la Plata elles aussi devenaient géantes dans la lunette, révélant leur double couleur : marron épais sur le côté, bleu ciel audessus. La tour qui regardait permettait, à son tour, de voir l'horizon de l'estuaire du Río de la Plata où allaient et venaient les bateaux d'Europe. Impossible de monter là-haut sans penser au départ.

Et le jardin botanique du dimanche. Le célèbre monument réalisé par Markovich pour la célébration du centenaire s'y dresse encore. A l'entrée, face au zoo, une petite nymphe nue. Quelques pas plus loin, une serre pleine de plantes prisonnières derrière la vitre, telles des petites filles observées par des yeux à l'expression indiscernable. Et, pour terminer le parcours (l'architecte violacé, exalté, agite les bras tandis qu'il explique ses projets fantastiques à son épouse absorbée dans un silence hargneux), le lourd cylindre planté au centre du parc et couronné par un autre globe à demi évidé.

Par les espaces entre les bandes de fer verticales de ce deuxième globe apparaît une sphère, en fer elle aussi, faisant office de pupille. On lit les noms des grandes capitales européennes sous une frise d'œils-de-bœuf. A la base de ce cylindre en érection surmonté d'une boule il est écrit : *Ing. José Markovich, hongrois.*

Tour *mira-dora*, tour *viola-dora*. L'enfance de Dora oscille entre deux tours qui mettent à nu l'obsession de regarder.

Les premiers registres où José Markovich commence à figurer à Buenos Aires sont celui du guide Peuser et celui de l'annuaire téléphonique. Nous sommes en 1912 et en plein centre de la ville : le domicile indiqué est Sarmiento 487. Un immeuble avec de petits balcons en fer forgé d'où l'on voyait le fleuve de hauts-de-forme et d'automobiles qui circulait en bas, les uns et les autres terminés par des surfaces similaires, noires et plates, traversant la jeune ville pleine d'espoir, toute tournée vers l'avenir. Ville d'hommes, brusquement peuplée par les millions d'immigrants du monde entier qui lui donnaient un visage indéfinissable. Mais est-ce là que vivaient les Markovich ? L'idée que l'architecte ait installé sa famille dans un endroit comme celui-ci, parcouru par un fleuve viril si peu digne de confiance pour des parents comme ceux-là, paraît quelque peu saugrenue. Il est plus logique de penser que José Markovich a utilisé cet appartement de la rue Sarmiento comme cabinet d'architecture, et que la famille a occupé dès le début le domicile qui figure dans ces mêmes guides deux ans plus tard : Juramento 1991, en plein quartier de Belgrano.

Celui-ci, oui, était un quartier où élever une petite fille, avec ses jardins et ses maisons bourgeoises où le beau monde se donnait rendez-vous, certaines de style anglais, d'autres de style colonial espagnol – comme celle d'Enrique Larreta, l'auteur de *La gloria de Don*

Ramiro (« La gloire de don Ramire »), qui se trouvait à l'angle. En 1916, le romancier diplomate venait de rentrer de Paris. Un quartier bien fréquenté, puisque don Nicolas Mihanovich vivait au numéro 1938 de la même rue, entre les avenues 3 Février et O'Higgins, dans une somptueuse villa qui n'existe plus aujourd'hui, de même que n'existe plus, juste en face, la maison de Dora.

Vue de la rue Juramento, la villa élevait sa propre tour *miradora* au-dessus de quelques arbres graciles. C'était un immense palais avec une façade aux lignes horizontales, comme à Florence, avec des lucarnes au milieu de toits d'ardoise, comme en France, avec des frises ouvragées. Une image de splendeur, à la fois présente et un peu lointaine (le grand parc aux avenues majestueuses s'étendait entre le palais et l'œil), capable de susciter le désir et la jalousie et, de nouveau, l'envie d'épier, d'observer par la fenêtre en soulevant les rideaux.

Vivre en face de chez le patron était une bénédiction qui avait son prix. Il suffit de regarder la seule photographie disponible de Mme Markovich, mère d'une enfant unique et fervente catholique à l'âme revêche, toujours avec son attitude oblique, comme en attente d'un coup (ce coup du destin qu'aura représenté, pour les Voisin, le mari aventurier), et de la comparer à celle de cette imposante matrone capable de mettre douze enfants au monde, six avec le Génois et six avec le Croate, mariée à ce dernier afin d'accroître le patrimoine familial malgré qu'elle eût deux fois son âge, pour deviner que la tasse de thé a dû trembler dans la main de la plus fragile des deux femmes. La mère de Dora, timide, méfiante, craintive, se trouvait face à un monde plus robuste que le sien. En tant qu'épouse de l'architecte embauché par le mari de l'autre, elle jouissait d'un prestige intellectuel qui manquait à celle d'en face. Et elle était française, autrement dit, en ce temps-là plus qu'aujourd'hui : élégante. Sur ce plan, la

Markovich avait l'avantage. Du côté de la fécondité triomphante et du luxe tapageur et tape-à-l'œil, la Mihanovich l'emportait de plusieurs têtes.

Dora passa la plus grande partie de son enfance dans cette maison de Belgrano. La solitude de ses photographies et de ses peintures de l'âge adulte n'évoque pas les fêtes enfantines pleines d'enfants coiffés de bonnets. Solitude de fille unique, opposée à la multitude d'en face, celle des innombrables petits-enfants directs ou par alliance du victorieux don Nicolas. A un pâté de maisons de là se trouvait la place des Barrancas, assaillie par la troupe des petits Mihanovich armés de pelles et de seaux. Il n'est pas difficile d'imaginer une Dora pâlichonne et à l'écart, comme elle le fut toujours ; une Dora étrangère observant de loin les autres en train de dévaler les pentes, les genoux tout verts. Sa mère la laissait-elle se rouler dans l'herbe ? Les photographies d'une future Dora Maar éternellement serrée dans ses tailleurs stricts font penser à une enfant dont le petit manteau bleu n'a jamais été sali par des brins d'herbe.

Malgré tout, son itinéraire enfantin était bien dessiné. En sortant de sa maison, à droite, les Barrancas avec les jeux. En face, la villa des riches à demi cachée au milieu des boqueteaux. A gauche, en tournant au coin de la mairie, qui est aujourd'hui le musée Sarmiento, l'école n° 2 qui portait le nom de son bienfaiteur, Casto Munita. En 1915, Dora suivit le cours préparatoire dans cette école laïque d'Etat, dans la classe du matin, section des filles. L'école fonctionne toujours et, dans la cour, on voit la ligne qui séparait les garçons et les filles. La maîtresse était Mlle Margarita Antiga. Elle ne devait pas être d'un abord commode si l'on en juge par le nombre de mentions « Médiocre » qu'elle a distribuées au cours de l'année. Dora obtint « Satisfaisant ». A gauche de l'école, en traversant la place, l'église de l'Immaculée Conception avec sa nef ronde et ses robustes colonnes où, en forçant la vue, nous pouvons distinguer les Markovich solennellement vêtus pour la messe du dimanche, s'arrêtant pour saluer le clan Mihanovich : l'architecte soulève son chapeau mais garde la tête haute, regardant bien en face, solidement planté sur ses jambes – comme Dora se planterait quelques années plus tard –, tandis que Louise Julie, visage penché, écoute le papotage de celle d'en face.

La nuit, de sa cage transparente, la fillette entendait les disputes de ses parents. Quand la lumière s'allumait dans la chambre voisine, le léger rideau qui l'empêchait de se déshabiller tout à son aise laissait apparaître les deux silhouettes, enchevêtrées dans une guerre sans fin. Et si une chose ou une autre lui échappait parce que, pris d'une pudeur soudaine, l'un des adversaires avait baissé le ton, le matin la mère se chargeait de mettre sa fille au courant du moindre détail. Le murmure rancunier matinal l'envahissait exactement comme le faisait l'œil.

Pour aider son mari, Louise Julie avait décidé de tirer parti de son auréole de Française et ouvert une petite boutique où elle vendait des chapeaux. Bien des années plus tard, Dora Maar, peinte par Picasso coiffée de ses chapeaux fous (ces couvre-chefs extravagants qui, pour lui, furent toujours le symptôme de son délire), se rappellerait son enfance au milieu des capelines de rêve des premières années, avec des oiseaux et des roses, remplacées par d'autres aplaties et enfoncées jusqu'aux yeux, mais ornées de joyeuses cerises, pour enfin se transformer, en 1920, peu avant le départ de la mère et de la fille, en petits chapeaux cloches. L'histoire des tristes amours de Joseph et Louise Julie s'insère dans une histoire de bords larges ou étroits, de verroteries ou de plumes que la future diva du surréalisme sèmerait sur sa propre tête.

1918, nouveau domicile, qui correspond peut-être à un nouveau cabinet d'architecture : Reconquista 554. A la différence de celui de la rue Sarmiento, l'immeuble de l'appartement a cette fois été dessiné par Markovich lui-même, non pour Mihanovich, mais pour un autre immigrant audacieux, l'Italien Antonio Devoto. Six étages au-dessus d'un soubassement de granit, pierre taillée pour les corniches et les consoles portant les balcons, tout cela couronné non plus par une planète, ou un globe oculaire, mais par un petit temple dans lequel un barbu, au milieu de guirlandes, empêche que les colonnes ne s'écroulent. Sur le reste de la façade, le plâtre imite la pierre de taille.

La fausse pierre de taille mérite une parenthèse. L'architecture coloniale de Buenos Aires, ville sans pierres, utilisait ce qu'il y avait : l'argile. Jusqu'à ce que, à la fin du XIXe siècle et au début du XXe, arrivât la mode de Paris. Et être comme Paris voulait dire avoir des maisons de six étages à toit d'ardoise et façade de pierre. Un architecte comme Markovich formé à l'école de Vienne, laquelle ne se distinguait en rien de l'Ecole des beaux-arts de Paris, ne pouvait recevoir d'autre commande que celle-ci : « Faites-moi un immeuble parisien. » Mais la Buenos Aires immigrante s'inventait des subterfuges pour être elle-même tout en s'efforçant d'être une autre. Les bâtisseurs, italiens, avaient, dans leur pays, été des maîtres du stuc. Ils savaient faire des visages, des couronnes de fleurs et des atlantes soutenant des corniches sur leur nuque. En Argentine, ils bricolèrent une technique nouvelle : la fausse pierre. Une imitation parfaite qui donnait l'illusion du matériau taillé, des coupes dans les blocs. Les années où Dora vécut en Argentine furent celles de la fausse pierre, où tout un pays essayait de copier l'Europe sans se rendre compte que la copie, dépassant le modèle, avait un style propre, à l'instar du tango.

Antonio Devoto était un autre Mihanovich. Lui aussi avait amassé une fortune à la sueur de son front. Lui aussi avait commandé la construction d'une villa délirante dans un quartier éloigné auquel, en toute modestie, il donna le nom de Villa Devoto. Lui aussi avait reçu un titre de noblesse de sa couronne, celle du Piémont. Mais entre un Mihanovich raisonnable et un Devoto présomptueux, il y avait une sacrée différence. En 1913, ce dernier reprit une petite église dont la construction restait inachevée, que les paysans de la région avaient tenté d'élever en 1890, et il entreprit sa reconstruction à grand renfort de publicité. Bien que le projet original ne fût pas de Markovich, notre Croate intervint dans la réalisation de ces travaux, qui lui prirent dix ans. Devoto mourut en 1916, et sa veuve, la comtesse Elina Pombo de Devoto, en 1923, non sans avoir vu son église achevée. Une pompeuse église avec plan en forme de croix grecque, grande coupole ronde et façade gréco-romaine, comme la Madeleine à Paris et, surtout, comme l'église de Superga, près de Turin, où sont enterrés les rois du Piémont. Saint-Antoine-de-Padoue, l'église de la Villa Devoto, est la copie conforme, en réduction, de cette église. Et les Devoto, poursuivant le rêve immigrant et argentin du « comme si », reposent dans une crypte calquée sur le modèle de la crypte royale.

Pourquoi Markovich passa-t-il dans la bande des Devoto ? D'abord, don Nicolas vieillissait. En 1918, à soixante-quatre ans, il décida de se retirer de son entreprise, qu'il avait peu à peu vendue aux Anglais, la famille Dodero faisant office d'intermédiaire dans la vente des actions. Ironie du sort, Alberto Dodero, l'armateur millionnaire argentin qui reprit les bateaux aux cheminées noires marquées de la lettre *M* peinte en blanc – bateaux qu'il vendit ensuite à l'Etat argentin et qui constituèrent le noyau de notre flotte marchande –, était celui-là même qui, en 1947, finança le voyage en Europe d'Eva Perón. Un voyage au cours duquel Evita rencontra à Rome le Croate Ante Pavelitch[1] et son groupe d'oustachis protégés par le Vatican, qu'elle fit venir en Argentine. Hasard, certes. Mais la chaîne de l'histoire va d'un Croate armateur à un

Croate assassin et, entre les deux, le maillon est Dodero.

La vieillesse de don Nicolas ne fut pas l'unique raison du transfert de Markovich. L'autre raison fut Nicolasito Mihanovich, avec lequel Markovich s'embarqua, littéralement parlant, dans certains négoces qui l'éloignèrent peu à peu de son ancien patron.

Nicolasito, fils aîné de don Nicolas, avait à peu près l'âge de Joseph. Ce n'était pas un fondateur mais un héritier, avec toute l'insouciance que cela suppose. Markovich, pour sa part, était l'un de ces conquérants de nouveaux espaces, attiré au plus intime par le vertige de l'échec. A l'impulsion de ses tours miradors surmontées d'un globe en leur sommet devait correspondre la tentation de tomber. En 1910, son année de gloire comme nous l'avons dit, il traversa le Río de la Plata pour suivre Nicolasito à Colonia del Sacramento.

L'idée de restaurer dans le style original ce joyau architectural du XVIIIe siècle, que les Espagnols d'un côté et les Portugais de l'autre s'étaient tant de fois disputé, ne trouva d'adeptes que bien plus tard. Devant les vieilles demeures avec leurs fenêtres à grilles, tout le monde, à cette époque, prenait un air supérieur. Il ne s'agissait en aucun cas de s'y adapter, mais de continuer dans l'élan de la fausse pierre, comme à Paris. A Colonia, Markovich construisit pour Nicolasito le Real de San Carlos, un hôtel de dimensions modestes mais très huppé, conforme aux fabuleux projets conçus par l'héritier de l'empire Mihanovich.

De quels négoces s'agissait-il ? De taureaux. En Argentine, les corridas avaient été interdites à la fin du siècle précédent. Les dirigeants éclairés, anticléricaux et furieusement en faveur de l'imitation de Paris, non seulement en façade mais au plus profond, considéraient qu'il était sauvage de tuer un taureau par jeu. En revanche, la république voisine de la rive orientale de l'Uruguay avait jusqu'alors oublié ce dernier point, et il suffisait de traverser le Río pour assister à une corrida. Pourquoi ne pas transporter là-bas, chaque fin de semaine – se dit Nicolasito –, les milliers d'immigrants espagnols qui dans la Avenida de Mayo, à Buenos Aires, trempaient leurs *churros* dans leur chocolat en rêvant de toreros ? Pour cela, il fallait un bon hôtel où les loger et des arènes capables de contenir leur fougue. Les bateaux existaient ; Nicolas Mihanovich père donna son approbation, mais en rechignant. S'il était une chose qui lui déplaisait en cette vie, c'était bien de s'aventurer en terrain peu sûr.

Pendant un certain temps, les voyages à Colonia dans des bateaux à cheminée noire arborant un *M* blanc connurent un franc succès. C'étaient des voyages bruyants. Une fois, le retard du bateau faillit faire rater aux Espagnols exaltés l'heure de la corrida. Alors, en signe de protestation, les passagers jetèrent les sièges par-dessus bord. La petite Dora se trouvait-elle sur le bateau ce jour-là, tenant son père par la main ? Il est difficile d'imaginer que Markovich, dans la lutte incessante qui l'opposait à sa femme, se soit privé du plaisir de montrer à sa fille le bateau de l'intérieur, la couleur argentée du fleuve, l'hôtel avec sa façade en fausse pierre, les taureaux pour de vrai.

Peu de temps après l'inauguration des coûteuses arènes pouvant contenir dix mille spectateurs, le gouvernement argentin, qui pour une raison ou une autre avait à l'œil l'armateur croate, ne cacha pas sa surprise au gouvernement uruguayen de permettre un jeu que l'Argentine jugeait rétrograde ; celui-ci, honteux, l'interdit à son tour, Nicolasito fit faillite et Markovich se tourna vers de nouveaux horizons.

Dans l'annuaire téléphonique de 1921 apparaît une nouvelle adresse : Avenida de Mayo 651. Et, l'année suivante, une autre, également en centre-ville : Belgrano 342. A Buenos Aires, on déménageait souvent. Consulter ces annuaires, c'est se pencher sur la vie d'une ville d'étrangers qui changeaient de logis comme de chemise. Non seulement la première partie du guide

Peuser était rédigée en anglais, en français, en italien et en allemand, mais toutes les deux ou trois pages on tombait sur la publicité d'une entreprise de déménagement. Les déménageurs, un béret sur la tête et un foulard autour du cou, souriaient, robustes, à côté de grands paniers et de véhicules au toit surélevé tirés par des chevaux. D'une fenêtre descendait un piano soutenu par des cordes.

Cette scène ne semble pas avoir été vécue par Henriette Théodora. Il est vrai qu'à partir de 1915 son nom ne figure plus sur les registres des élèves de l'école Casto Munita, celle du quartier de Belgrano. Je le répète pourtant, ces adresses ne semblent pas être celles du foyer familial, ce qui me conduit à opter pour une hypothèse plausible : celle que ses poupées n'ont pas dépassé, perplexes, année après année, des paniers avant de partir vers leur nouveau destin, leurs anglaises défaites par le trot des chevaux. La fillette ne connut à Buenos Aires que les traversées en train depuis la gare de Belgrano, un élégant faubourg à cette époque, jusqu'à la gare du Retiro avec ses hautes coupoles violemment éclairées. Expéditions pour faire des emplettes chez Harrods ou Gath & Chaves, ou aller chercher l'architecte à son cabinet de l'Avenida de Mayo pour garder une apparence de vie familiale en prenant le thé avec des pâtisseries au café Tortoni, à un pâté de maisons de là.

Expéditions bien différentes de celles de Joseph Markovich. Celui qui déménageait sans arrêt, c'était lui. Se louer un cabinet d'architecte dans le centre et, pourquoi pas ?, une « piaule » où rester dormir quand, on peut l'imaginer, son travail l'y obligeait, lui offrait la possibilité qu'il chercherait plus tard par d'autres moyens : se débarrasser de Louise Julie. Le couple ne l'admit jamais de manière officielle, mais, dès 1921, l'architecte vivait seul à Buenos Aires ; et en 1942, tandis que sa femme mourait en France, Markovich était de retour en Argentine.

Le renseignement m'a été communiqué par le docteur Alberto Elguera, qui le connut à cette époque chez sa tante, Carmen Charles, une femme très cultivée, diplômée de la Sorbonne et professeur de français dans un lycée, grâce à Paul Groussac qui lui fit donner des cours. Elguera ne se souvient pas d'avoir vu Mme Markovich, ni avoir jamais entendu l'architecte la mentionner ; ni elle ni sa fille. Il est vrai qu'en 1942 il était impossible de parler de cette dernière : elle était la maîtresse de Picasso.

Ces repas chez la tante d'Elguera réunissaient un groupe d'étrangers, mi-célèbres mi-marginaux, parmi lesquels l'actrice Renée Falconetti, la Jeanne d'Arc du film de Dreyer, réfugiée à Buenos Aires sous la protection de Victoria Ocampo. A cette époque, sa passion du jeu l'avait appauvrie ; elle était trapue et plus petite que jamais, mais toujours brillante. Et railleuse. Elguera n'a gardé de Markovich que deux souvenirs : son enthousiasme pour la copropriété, qui à cette époque commençait à se développer, et sa fureur lorsque Falconetti, pour se moquer de lui, affirmait que son nom était juif.

Mais revenons à 1921. Cette année-là, Markovich avait créé un cabinet d'architecture avec deux associés, Dupuy et Dobranich. L'immeuble sis au 651 de l'Avenida de Mayo, qui appartenait à la River Platte Trust Loan Aguay, existe toujours, avec son soubassement de granit rouge et gris, sa porte en fer pourvue d'une poignée de bronze en forme de volute et, en haut, son noble petit temple triangulaire. L'installation, luxueuse, permet de supposer que les affaires marchaient bien. Quant à Belgrano 342 – un immeuble triste situé à l'angle du passage 5 de Julio, à la limite du quartier de Montserrat, au toit d'ardoises arrondies à la manière d'écailles, avec des petites tours au sommet –, il s'agit de la dernière adresse de Markovich à Buenos Aires. A partir de 1922, son nom disparaît complètement. Nous savons pourtant que Markovich est resté à Buenos Aires jusqu'en 1926, et que Dora est retournée le voir plusieurs fois, la dernière en 1929. Où l'architecte a-t-il vécu entre 1922 et 1926 ? Où a-t-il logé sa femme et sa fille lors de leurs visites ? Mystère.

Si ses traces se perdent dans le brouillard, ses œuvres sont là pour attester sa présence, depuis le modeste immeuble du numéro 433 de la rue Esmeralda qui porte son nom, presque dépourvu d'ornements, jusqu'au splendide petit hôtel du 244 de l'Avenida 25 de Mayo, également signé Markovich, devant la coupole du couvent de la Merced et à un pâté de maisons de la tour *miradora*. Le portail est orné de lances en bronze avec des glands imitant ceux de la passementerie. Au-dessus du dernier étage, l'inévitable temple en forme de maisonnette.

D'autres grands travaux dessinés par le père de Dora ont disparu ou sont difficiles à retrouver : les plans pour le port de Rosario ou pour un associé chilien au nom également croate ; ou le magnifique petit palais commandé par Mihanovich, construit en 1913, à l'angle des rues Esmeralda et Arroyo, et donné à l'empereur François-Joseph pour son ambassade à Buenos Aires. Ce petit palais, qui ne fut jamais occupé par le corps diplomatique de l'Empire austro-hongrois, fut rendu à Mihanovich par l'Autriche après la guerre. Il n'existe plus aujourd'hui, de même qu'ont disparu de Buenos Aires tant de joyaux du temps de la pierre imitée, remplacés par des immeubles en ciment et glace de la même façon que la fausse pierre avait remplacé les villas de style colonial.

Et Nicolasito ? Fidèle à ses fantaisies, après avoir fondé le journal *La Razón* (« La Raison ») et être devenu l'impresario du théâtre Colón, en 1917 il engagea rien de moins que Caruso.

Imaginons encore le trio tout pomponné pour la soirée de gala. Invités par le compagnon d'aventures navales, les Markovich sont allés écouter l'opéra avec leur petite Dora. Elle a dix ans. Absorbée dans la contemplation des moulures dorées, des lustres de cristal, des velours écarlates, elle laisse errer son regard à l'intérieur de la coupole. La surface peinte en bleu ciel est l'exact envers de ces globes oculaires qui depuis toujours la poursuivent. Pour la fillette pénétrée par la convexité, le concave retourne le regard, il inverse, il libère ; la pousse-t-il à sourire ? Les rares photographies de cette époque la montrent, déjà en ce temps-là, d'un sérieux imperturbable. Elle n'ébauche pas un soupçon de sourire. Elle lève la tête et pointe son menton vers nous comme pour dire : « Qu'est-ce qu'il y a, pourquoi me regardez-vous ? »

Imaginons aussi que lors d'un anniversaire des petites Mihanovich ou Devoto, la presque adolescente de treize ans à l'attitude hiératique trompe par instants la vigilance de sa mère pour danser l'un de ces petits tangos sans figures compliquées, qu'on appelle « le tango des sœurs » et composé pour les demoiselles comme il faut. Sa main aux doigts effilés se pose sur l'épaule d'un garçon de bonne famille qui a déjà appris à danser la danse du bordel et conserve dans son corps, dans son regard, dans le brillant de la gomina sur ses cheveux noirs, un éclat malin. C'est là un tango « décent », mais non moins rongé que l'autre, celui des bas-fonds, à cause de ce vertige de la terre sur laquelle on danse tordu, de biais, comme si l'homme et la femme étaient à jamais sur le pont du bateau immigrant. Toujours en voyage, jamais arrivés, toujours face à face dans une rencontre marquée par la fugacité. Dora n'a pu vivre à Buenos Aires sans que la danse latérale, où l'homme esquisse des gestes fuyants, se grave en elle aussi profondément que le souvenir de l'œil.

Le regard des autres dans les rues prolongeait sans doute la persécution familiale. Buenos Aires est la ville du regard. Elle regarde parce qu'elle se sent loin de tout, parce que son âme est d'ailleurs. Elle se voit elle-même comme si une condamnation l'avait placée au mauvais endroit, tout en bas et à gauche de la planète, excentrée par rapport à l'axe du monde qui passe par l'Europe. Si elle aiguise son regard, c'est pour distinguer au loin son propre reflet.

Mais si le *Porteño* [2] de cette époque regardait, c'était aussi dans l'espoir de trouver une femme. Raúl Scalabrini Ortiz l'a décrit dans un livre dont le titre est passé dans le langage courant : *El hombre que está solo y espera* (« L'homme qui est seul et attend »). La foule des immigrants qui inonda la ville entre la fin du XIXe siècle et les années vingt était constituée d'hommes seuls. C'est pour cette raison que s'ouvrit le « chemin de Buenos Aires », celui de la prostitution française et juive polonaise. Pour cette raison aussi qu'être une petite Française dans le Buenos Aires des années vingt prêtait à équivoque, une équivoque que Louise Julie Voisin, horrifiée, était loin d'ignorer. En France, en Angleterre, les mères mettaient leurs filles en garde : « Si tu continues ainsi tu finiras à Buenos Aires. » Il est certain qu'une autre catégorie de Françaises riches arrivaient dans la ville pour s'unir par attachement ou intérêt à la haute société argentine. La gallomanie d'une Victoria Ocampo n'avait rien à voir avec le *Milieu**, la mafia des proxénètes qui opéraient entre Marseille et Buenos Aires. Mais le langage populaire a conservé le souvenir des bordels coûteux avec leurs blondes parfumées noyées dans des nuages de dentelles. Aujourd'hui encore, à Buenos Aires, *francesa* veut dire prostituée. Il se peut qu'un malentendu boulevardier ait marqué les premiers pas de Dora dans l'apprentissage de l'amour. Tandis que sa mère lui serrait la main jusqu'à lui enfoncer les ongles dans la chair, peut-être l'adolescente dissimulait-elle son unique sourire.

Ces conjectures la dessinent en creux, dans l'absence et la disparition, avec la même précision que Picasso la dessinerait le 1er avril 1939, en fragmentant sa tête en plusieurs zones de bleus et lilas. Dans cette peinture à l'huile, intitulée *Tête de femme*, apparaît d'un côté la partie inférieure du profil, avec le menton, la bouche et l'esquisse du nez. De l'autre, séparé tel un deuxième continent, le bout de nez qui manquait, prolongé par un front en forme de lampe de mineur et un œil empourpré par la terreur. Tout est dans cette image : le plongeon dans l'antre de la mémoire, l'œil agrandi par l'épouvante devant ce qu'il rencontre ou ne rencontre pas, et, par-dessus tout, la séparation, le vide entre les parties.

Elle est là tout entière en effet. Dora nous apparaît comme une silhouette découpée entre les corps pleins des autres – père, amis, amants. Contours étrangers. C'est la difficulté de cette recherche, mais aussi son défi : la dénicher dans les espaces qu'elle-même et les autres ont laissés.

Don Nicolas Mihanovich survécut aux quatre fils qu'il avait eus avec la veuve du Génois. Quatre fils morts avant le père (l'un d'eux dévoré par les piranhas). Nicolasito, qui avait fait le voyage en Espagne, revint en Argentine en 1920 et mourut dans la somptueuse villa de la rue Juramento. Lorsque vint le tour du père, en 1929, les Markovich ne vivaient plus à Buenos Aires. De son côté, don Antonio Devoto était mort en 1916, et sa veuve lui survécut peu de temps, juste assez pour inaugurer l'église à laquelle avait collaboré l'architecte. Les bienfaiteurs de Markovich mouraient les uns après les autres. Quant à lui, comme le dirait bien plus tard sa fille, ce n'était pas un as en affaires.

Le bateau s'est sans doute éloigné du port à la tombée de la nuit, en cette soirée de 1920 où Dora quitta Buenos Aires en compagnie de sa mère, servant de prétexte à une séparation dictée par les faits : l'adolescente, intelligente, devait faire des études à Paris, pas dans un pays de sauvages. Même les parents les plus sensés ne pouvaient imaginer en ce temps-là qu'abandonner à treize ans un pays où l'on a passé son enfance présuppose deux morts : celle de l'enfance et celle de l'exil. La Franco-Croate élevée en Argentine qui partait en voyage pour connaître la terre de sa mère ne devait pas très bien savoir qui elle était en montant sur ce bateau.

Et tout, dans ce brusque écroulement de Buenos Aires glissant vers le Río de la Plata, évoquait l'adieu. Ce n'était pas des pentes prononcées, en tout cas pas autant que celles de Belgrano sur lesquelles la Dora de sept ans n'avait pas le droit de se rouler. Mais la terre sent qu'elle a atteint ses limites, elle se dégonfle, expire. C'est un lieu final, un endroit que l'on quitte après avoir perdu. Quelle autre vision de Buenos Aires pouvaient emporter les deux Markovich, la mère et la fille, en regardant le péremptoire architecte s'effacer dans le lointain, sinon celle de la perte ? Perdre est aussi caractéristique de la ville que l'est le tango où l'on pleure toujours ce qui n'est pas.

En haut de la tour mirador, *mira-Dora*, visible du bateau, l'œil devait briller, vigilant, suggérant que rien, ni un regard de plaisir ni un instant de vertige, ne lui échapperait jamais.

Chapitre II

L'œil est une boule de cristal

1920 marque pour Dora le début de sa vie parisienne. Et vagabonde : un va-et-vient incessant entre la France et l'Argentine. Une photographie, sur laquelle le généalogiste déjà cité a consenti à me laisser jeter un coup d'œil, la montre sur le pont d'un bateau, coiffée d'un chapeau cloche et le menton agressif, assise avec d'autres dames à côté de sa mère qui, le cou tordu et l'œil inquiet, la surveille aussi de biais. Et l'ami de Dora, James Lord, m'a parlé de ces voyages ; traversées obligées, fatigantes, dont elle continuait à se plaindre bien des années plus tard, mais naturellement de manière vague, sans dates ni détails, secrète.

La certitude de sa présence en France à partir de 1920 – un certain temps on a cru que les trois Markovitch, père, mère et fille, étaient revenus en 1926 –, je la dois à deux témoignages. Le premier : quelques cartes postales datées de cette année-là, que la jeune fille adressait à son père de Paris et de Royan, la station balnéaire de la côte atlantique où Dora passait les vacances avec sa mère et ses cousines Paule et Renée, filles de son oncle maternel, et où elle irait se réfugier pendant l'Occupation, avec Picasso.

Le Royan des années vingt, fréquenté par Sacha Guitry et Yvonne Printemps, était un mélange d'éléments excitants et troublants pour les trois jeunes filles avec leurs maillots à jupe courte et leurs turbans dans le même tissu, qui se pâmaient devant les célébrités et les villas Belle Epoque. C'était le deuxième été après la guerre. Il restait peu d'hommes jeunes et entiers, avec leurs deux bras et leurs deux jambes. Mais si les cousines amorcèrent pendant ces vacances une complicité basée sur des rires aigus et des petits sauts entre les vagues pour attirer les rares regards, Dora ne semble pas s'en être souvenue avec une particulière tendresse : aucune des deux ne figure sur son testament rédigé en 1958, bien que Paule soit morte en 1983 et Renée en 1988. Les rares fois où Dora parla d'elle, elle se décrivit comme une femme sans famille.

Le second témoignage est celui de Georges Bernier, fondateur de la revue *L'Œil.* Le fait que la révélation de certains aspects de l'adolescence parisienne de Dora vienne précisément de quelqu'un qui a un lien avec une publication portant ce nom a tout l'air d'un clin d'œil du hasard. Voici ce qu'il m'a dit : « J'ai connu Dora quand elle était élève au lycée Molière. A la sortie des cours, à midi, nous avions l'habitude de nous retrouver, tout un groupe de jeunes gens, pour bavarder et nous promener dans l'avenue Foch, qui s'appelait alors l'avenue du Bois, dans la partie qui allait de l'avenue Malakoff à la porte Dauphine. A cette époque, aucun de nous n'avait quoi que ce soit à voir avec le monde de l'art. Dora non plus : c'était une fille comme toutes les autres, une fille ordinaire. Nous organisions des fêtes que nous appelions des *surprises-parties.* Au cours de l'une de ces fêtes, Dora fit la connaissance d'un garçon qui avait des aspirations artistiques, Louis Chavance. Il l'emmena dans les cafés de Saint-Germain-des-Prés, surtout au Flore ; grâce à lui, elle rencontra Georges Bataille et, grâce à Bataille, elle connut Picasso. »

Georges Bernier est le seul à situer si tôt la relation de Dora avec Louis Chavance. Venant d'un ami de longue date, le renseignement est précieux. Mais il confère en outre à Chavance un rôle d'une importance insoupçonnée. Pour la jeune fille qui paraissait « ordinaire », mais qui sortait d'une double rupture, géographique et familiale (cette jeune fille qui, s'identifiant à son lointain père, s'était mise à trop bien dessiner), la rencontre avec le jeune dandy qui voulait faire du cinéma, et dont les amis fréquentaient les bars à la mode, se révéla décisive.

Les photographies de cette période montrent une Dora coiffée *à la garçonne**, aux cheveux bruns et épais, vigoureux, que l'on devine difficiles à peigner. L'ondulation sur la joue, rigide, a un aspect gominé, tandis que le cou dégagé et la nuque rase soulignent la puissance de la mâchoire. Elle a les épaules nues et porte un gros collier. Elle est d'un sérieux imperturbable, comme elle l'a toujours été et le restera. On ne peut pas dire qu'elle soit plantureuse, mais il y a en elle quelque chose de massif. Le plus souvent, elle relève la tête (sur les photos de groupe où toutes les femmes disparaissent sous leurs chapeaux enfoncés jusqu'aux sourcils, on reconnaît Dora au port de la tête et à la proéminence de la mâchoire). Fraîche parce que juvénile, mais chargée d'histoires trop lourdes, elle semble répondre, par son attitude, à un reproche intérieur, comme sa mère, mais sans tordre la nuque comme elle, dressée dans une posture de défi.

Sur ces photos, on la voit qui porte la robe taille basse à jupe courte, à côté d'un squelette qu'elle regarde en simulant l'extase. Deux d'entre elles la montrent en train de faire semblant de voler, la première dans un avion de foire, à Neuilly – en juin 1927 –, à côté de Marianne et François Clouzot, au milieu de plusieurs personnages aussi souriants qu'inconnus, et la seconde dans le *Graf Zeppelin*. Sur le flanc de l'appareil, peint sur une toile, est écrit : SÉVILLE-BUENOS AIRES.

Aujourd'hui, le nom de Marianne Clouzot ne nous évoque pas grand-chose. Mais pour la galeriste parisienne Michèle Chomette – l'une des rares personnes qui, après la mort de Dora, ait pu voir des documents écrits et, bien sûr, de vieilles photographies de la défunte –, il s'agissait d'une artiste peu connue, amie du surréaliste Pierre Jehan qui, plus tard – lorsque Brassaï jeta l'éponge, fatigué de supporter les caprices du génie –, photographia quelques œuvres de Picasso. En 1927, l'amitié de cette femme sculpteur qui, bien que de loin, fréquentait le groupe d'André Breton, représenta pour Dora, avec celle de Louis Chavance, le tremplin vers les gens célèbres.

En 1924, son grand-père, Jules Ferréol Voisin, était mort. Je n'ai pas réussi à déterminer la date de la mort d'Henriette Masseneau. Dora avait hérité d'elle son premier prénom (ou le second, si nous tenons compte de l'initiale de Enriqueta qui figure sur ses documents de l'école Casto Munita). Tout indique que ce fut la seule grand-mère qu'elle connut. Personne n'a jamais évoqué la possibilité qu'à un moment ou un autre de sa vie Dora se soit rendue en Croatie pour y rencontrer Barbara Markovitch. L'architecte patriote resta en relation avec son pays natal, au point de le représenter à Paris après la guerre et de travailler à l'Office du tourisme yougoslave. Mais Dora, qui mentionnait à peine l'Argentine, garda le plus taciturne des silences à propos de la Croatie.

Il est logique de penser qu'à leur arrivée à Paris la mère et la fille ont vécu chez des grands-parents ou l'oncle maternel. Le nom de Markovitch ne figure pas sur les annuaires de l'époque. En revanche, celui de Voisin apparaît deux fois : au 148 et au 167 du boulevard Malesherbes, pas très loin de l'endroit où Bernier situe les rencontres de jeunes gens à la sortie du lycée. Mais il n'y a aucune certitude à ce sujet. Entre 1920 et 1935, l'année où Dora emménagea au 29, rue d'Astorg – avec sa mère selon certains, seule selon d'autres, mais déjà photographe surréaliste –, s'étendent des années d'inconnues, peut-être interrompues par la présence d'un certain J. Markovich qui en 1934 vivait au 6 de la rue Dobropol.

Qui, après le bac, l'a orientée sur les traces paternelles ? L'architecte aurait-il manifesté, de près ou de loin, son désir d'avoir une fille qui perpétue son obsession de regarder ? Ce qui est sûr, c'est que la jeune rebelle s'inscrivit docilement à l'Ecole des arts décoratifs de Paris, comme Joseph Markovitch l'avait fait à celles de Zagreb et de Vienne. Peu avant ou peu après, elle assista également aux cours de peinture de l'académie Julian et fréquenta l'atelier d'André Lhote.

Ces ateliers se trouvaient à Montparnasse, dernier endroit de la terre où Louise Julie aurait souhaité, à cette époque, voir la jeune Dora, ce qui exacerba sans doute sa rancœur vis-à-vis du mari absent. Les discussions derrière le rideau se poursuivaient à Paris entre la mère et la fille. Eternellement déchirée, Dora avait joué devant son père, par la force des choses, le rôle de complice de la mère. A présent elle avait choisi. Elle n'était plus la prisonnière de la pleureuse qui l'épiait derrière la vitre, comme prévoyant (ou suscitant presque à force de le craindre) un avenir où il y aurait beaucoup à épier.

L'atelier d'André Lhote fourmillait d'étrangers, surtout des Argentins. Pourquoi ? L'explication est simple. A vivre le cou tendu en direction de l'Europe, l'Argentin s'est caractérisé dès le début de son histoire par le fait d'être « au courant ». Cet atelier avait-il la réputation d'être « le meilleur de Paris » ? A Buenos Aires, cela se savait. Vingt ou trente ans plus tard étudièrent chez Lhote Hector Pascual, le modiste de Dior, et le peintre Horacio Butler. « L'atelier était situé dans l'impasse d'Odessa – m'a raconté Pascual –, une impasse pavée entourée de maisons qui avaient l'air de bateaux, avec des escaliers en bois et, bien sûr, dépourvues de cabinets d'aisances. Lhote était un homme plutôt petit, portant un béret et de petites moustaches, un Français typique d'après la caricature anglo-saxonne. C'est sans pitié qu'il corrigeait ses élèves. A mon arrivée, il me dit que ce n'était pas la peine que je dépense mon argent, car je n'avais pas une once de talent. Ce n'était pas un grand peintre, mais il savait transmettre le métier, la manière de mélanger les couleurs et, surtout, la structure. La composition. L'espace. »

Un portrait de Lhote réalisé dans les années vingt par le Hongrois André Kertész montre en effet la petite moustache, mais également une tignasse bouclée que le béret de Pascual ne permet pas d'entrevoir, ainsi qu'un autre élément qui ne figure pas non plus dans la description du modiste : la douceur du regard.

Quoi qu'il en soit, la férocité d'André Lhote n'a pas dû changer entre les années vingt et les années cinquante. Bien que Dora n'y ait jamais fait allusion, son orgueilleuse mâchoire a dû plus d'une fois grincer de rage. Officiellement, elle était d'accord avec son plus illustre compagnon du moment – Henri Cartier-Bresson – pour louer les méthodes de Lhote. Son *Traité du paysage* la marqua à jamais. Elle le considérait comme un « merveilleux professeur », vivante incarnation de la légende cubiste. Mais, en privé, elle avoua à Victoria Combalía[1], au cours d'une conversation téléphonique dans les années quatre-vingt-dix (à cette époque, il y avait déjà quarante ans qu'elle vivait enfermée chez elle sans voir personne), que l'enseignement de Lhote n'était pas pour elle.

Pierre Assouline[2] situe les « instants décisifs » de Cartier-Bresson entre 1927 et 1931, c'est-à-dire à l'époque où il étudiait avec Dora. Il s'agit évidemment d'une allusion à la théorie du photographe sur la capture de l'instant (« la photographie est une opération instantanée... la reconnaissance d'un fait en une fraction de seconde »). Mais c'est aussi reconnaître que la période de formation dans un tel atelier était en elle-même un instant décisif. Dans l'atelier de Lhote, Cartier-Bresson « a contracté le virus de la géométrie » que le maître conseillait de retrouver dans les œuvres du passé. Horacio Butler, qui fut mon professeur de peinture à Buenos Aires dans les années soixante, proposait à ses élèves un exercice appris chez Lhote et que Dora a sans doute exécuté : couvrir la reproduction d'un tableau de la Renaissance de papier calque et décalquer les formes ayant en elles le triangle ou le rectangle qui sont à leur base, avant que ceux-ci ne se transforment en arbres ou en nymphes. La composition obtenue est un tableau abstrait.

« Personne n'entre ici qui ne soit géomètre », clamait le petit homme aux boucles aplaties sous le béret, ajoutant ses phrases inoubliables sur « la perspective aérienne », « le rythme rhomboïdal », « la puissance de la ligne », « la valeur des intervalles », phrases qui continuaient sans doute à résonner dans la mémoire de Dora lorsque, vers la fin des années cinquante, elle surprit ses amis, déjà rares, avec une peinture d'une rigueur carrément maniaque.

Non, le Montparnasse de ces années-là n'était pas l'endroit dont Louise Julie avait rêvé pour sa fille. Vers 1927, une jeune fille convenable ne fréquentait pas les cafés du boulevard Montparnasse où Dora, en sortant de l'atelier, commençait à se montrer avec ses airs de reine : Le Select, Le Jockey, La Rotonde. Cela faisait déjà dix-sept ans que la mode de Montmartre n'était plus qu'un souvenir. Les artistes de la Butte s'étaient installés au carrefour Vavin. Picasso avait abandonné le Bateau-Lavoir, suivi par Braque, Léger, Chagall, Vlaminck et Guillaume Apollinaire, qui s'exclamait : « Ici, c'est Montparnasse, qui est devenu pour les peintres et les poètes ce qu'était Montmartre : l'asile de la belle et libre simplicité. » A la même époque, une autre jeune bourgeoise à peine plus jeune que Dora, que celle-ci fréquentera plus tard en compagnie de Picasso, Simone de Beauvoir – dont la sœur, Hélène, préparait l'entrée aux Beaux-Arts à l'académie voisine de la Grande Chaumière –, s'enivrait dans ces bars de la « belle et libre simplicité » où personne ne s'étonnait de trouver de la cocaïne. Des jeunes filles nues dansaient sur les tables ; certaines étaient des artistes, d'autres des modèles à quinze francs les trois heures de pose. La règle était de ne pas s'effaroucher, de prendre un air blasé et de se moquer de tout. Une règle adolescente qui impliquait de jongler avec le risque : le jeu préféré de notre presque Argentine aux cheveux gominés à la Carlos Gardel. Quelqu'un a dit d'elle que, dans ces années-là, on la voyait assise aux tables des cafés, « vive et provocatrice ».

Cette affectation, si parisienne, de ne s'étonner de rien a certainement eu des répercussions dans sa vie : des répercussions ayant une fois de plus un rapport avec l'œil. A Montparnasse, sa beauté a dû susciter des effets moins spectaculaires qu'à Buenos Aires où la galanterie fleurissait, comique, sentimentale ou grossière. Ici, on se retournait sur son passage, mais avec détachement, jamais avec le cou tendu de ce *Porteño* privé de femme. Paris n'est pas la ville du regard.

Pourtant, à Paris, venir d'Argentine et porter le nom de Markovitch lui ajoutait la saveur de la singularité, qui a également son prix, car elle dépersonnalise. Bien que de mère française au nom si familier, en France Dora fut toujours considérée comme venant de terres lointaines. Lili Masson, la fille du peintre André Masson, m'a raconté qu'étant adolescente elle la croyait péruvienne, et Max Jacob la qualifia de « belle dame étrusque » lorsque Dora lui rendit visite avec Picasso dans son couvent de Saint-Benoît-sur-Loire, le 1er janvier 1937.

Péruvienne, étrusque, autant dire étrange. A cause de sa chevelure sombre, à cause de la robustesse et de la rudesse de son corps qui tranchait avec ceux menus et graciles des Françaises, et à cause de son calme absolu. Dora pouvait rester aussi immobile qu'une statue. « Elle se portait elle-même comme le Saint Sacrement », a écrit de façon plus chrétienne Françoise Gilot, sa remplaçante dans le cœur de Picasso. Excellente observation, quoiqu'elle suppose l'ignorance de l'enfance de Dora dans sa prison transparente, quand le plus léger de ses mouvements menaçait de provoquer le grincement du rideau. A présent la prison, tellement semblable à la première (dans les deux cas il s'agissait de l'emprisonner dans une image), s'appelait exotisme.

A La Rotonde, Kiki de Montparnasse chantait des chansons grivoises de soldats et faisait passer le chapeau. Elle avait été le modèle de Foujita, de Modigliani, de Derain, de Soutine, de... Picasso. C'était une grosse femme joyeuse, portant une petite frange de cheveux raides ; mais de chaque côté du sourire, ses cheveux, courts et frisés comme les poils d'un caniche, lui faisaient un renflement. Elle s'appelait en réalité Alice Prin et il se peut que Dora l'ait rencontrée dès 1924, année où la revue *Littérature* publia une photographie d'un Américain du nom de Man Ray, intitulée *Le Violon d'Ingres*, qui ne représentait pas exactement le hobby du peintre, mais une femme nue à la taille fine et au postérieur somptueux, vue de dos et transformée en violoncelle plus qu'en violon. Dora, qui avait la même tendance à s'élargir des hanches, n'aura pu faire autrement que de le remarquer.

Un peu plus tard, ayant terminé ses études de photographie, la brune de Buenos Aires approcherait l'Américain né dix ans avant elle, à Philadelphie, pour lui demander de la prendre comme assistante [3]. Man Ray lui répondit : « Je n'ai pas d'assistants, mais je vous aiderai de mes conseils. » C'était faux, bien sûr : on compte parmi ses assistants André Boiffard, Berenice Abbot et, surtout, la longiligne Lee Miller, qui remplaça la corpulente Kiki. Mais au-delà de ce pieux mensonge, nous pouvons imaginer la première entrevue entre le maigre au long nez et à l'expression ironique et la brune rigide et tendue, qui lorsqu'elle prononce son nom fait naître un étrange sourire chez son interlocuteur : « Markovitch ? Moi, je m'appelle Radnitsky. »

L'architecte ne fut pas le seul que ce malentendu fit enrager toute sa vie : sa fille non plus n'appréciait pas du tout qu'on la crût juive. Dans ses conversations avec John Richardson, Dora insista particulièrement sur ce point : son nom ne l'était pas. Pour le moment, cependant, la Croate Markovitch n'avait aucun intérêt à souligner son christianisme. Tout comme le juif Radnitsky, elle était originaire à la fois d'Europe de l'Est et de terres américaines. Tous deux étaient à Paris, où ils pouvaient librement s'inventer. Et tous deux avaient transformé en image la dualité de leur regard.

Autre point commun : Buenos Aires, vue dans le cas de Man Ray par l'intermédiaire d'yeux inespérés, ceux de Marcel Duchamp, qui avait été son cicérone à Paris et qu'il avait connu à New York. Duchamp avait passé quelques mois de l'année 1919 à Buenos Aires. Lea Lublin, l'artiste peintre argentine disparue qui a fait des recherches sur cette étape de la vie de Duchamp, a même cru trouver dans la publicité d'une boisson de rosa-lima *(Rose's Lime Juice)*, répandue en Argentine, l'origine du personnage inventé par le créateur des *ready-made*[4] : *Rrose Selavy*.

En tout cas, de la photographie et de l'Europe centrale à Buenos Aires, *via* les histoires de Duchamp, il y avait plus de thèmes qu'il n'en fallait pour que Dora et le photographe fissent bon ménage. Et qui sait si ce n'est pas sous l'influence d'un Radnitsky devenu Ray que Markovitch trahit son père en devenant Maar. La double voyelle, quant à elle, n'a pas d'explication, hormis celle du sens polémique : en hollandais cela signifie « mais ». Un pseudonyme discutailleur, surgi – imaginons-le encore faute de certitudes – de querelles familiales.

Qui, ou quoi, la poussa à se décider pour la photographie ? La question serait inutile si nous ne savions que la vocation de Dora connut des hauts et des bas et que, malgré son talent et sa révolte, elle eut besoin de s'abriter à l'ombre de quelqu'un de prestigieux, tout comme Joseph Markovitch s'abrita à celle de ses bienfaiteurs. On ne passe pas son enfance sur le trottoir d'en face, à épier la maison des riches, des prolifiques, des euphoriques, sans que la dépendance du puissant se grave dans la mémoire et le comportement.

Ainsi donc, d'un côté nous savons que le critique d'art Marcel Zahar l'encouragea à s'inscrire à l'Ecole de photographie de la ville de Paris. Et, de l'autre, il est évident que son principal conseiller fut l'austère et assez peu communicatif Cartier-Bresson, bien que celui-ci le nie aujourd'hui, alléguant qu'il n'a rien à dire sur Dora [5].

Le jeune photographe avait un an de moins que Dora, mais il avait déjà les idées claires et le front haut, avec un début de calvitie, aussi grand que le reste de son visage ; l'ensemble était complété par une bouche aux lèvres charnues, bien que n'ayant rien de sensuel, et un œil pénétrant sous les sourcils en forme d'accent circonflexe. Peu de temps après avoir partagé l'enseignement de Lhote avec Dora, et bien avant de fonder Magnum – l'agence photographique la plus prestigieuse au monde – avec l'Américain Robert Capa, Cartier-Bresson entreprit des voyages au Cameroun et en Espagne, déjà avec son Leica à pas de vis modèle III monté d'un objectif normal Elmar avec lequel il couvrirait la Seconde Guerre mondiale et qu'il n'a jamais abandonné.

Mais, de surcroît, Cartier-Bresson se profilait déjà comme un théoricien de la photographie, aux observations concrètes et sensibles : l'importance de la mémoire (se souvenir de chaque photo bien que l'ensemble ait été pris à la vitesse des événements) ; tenir compte de ce que parfois, pendant le travail, se produit une rupture physique avec l'événement, et que l'œil se laisse aller à la paresse ; être conscient que l'angoisse de la photographie consiste en ce qu'elle est le seul art à fixer un instant unique, et que ce qui disparaît disparaît à jamais ; s'approcher du thème à pas de loup, en faisant patte de velours et l'œil aux aguets ; et savoir que le photographe qui travaille dans le mouvement obtient un pressentiment de la vie.

Un pressentiment de la vie. L'a-t-elle entendu formuler cette idée ? Toujours est-il que celle-ci se concrétisera dans l'œuvre de Dora, lorsque certaines images recueillies dans la rue semblent être le reflet de son avenir.

Il se peut que la relation de Dora avec la photo ait commencé tôt. Les photographes des places de Buenos Aires étaient des êtres mystérieux qui cachaient la tête derrière un bout d'étoffe noire et appliquaient l'œil à une fente tandis que la main sortait de dessous le tissu et qu'une voix mielleuse susurrait : « Fillette, regarde le petit oiseau. » Mais à la différence de ce qui se passait lorsque l'œil caché derrière la toile était celui de l'architecte, ou celui de Louise Julie, quelques instants plus tard la feuille de bristol mouillé laissait apparaître quelqu'un : elle. Elle avec ses petites nattes si serrées qu'elles lui faisaient mal, avec son manteau sans un brin d'herbe et son petit visage sérieux. Il n'est pas non plus impossible que la petite se soit amusée à faire des photos. Un jeu solitaire, convenant à des filles uniques terrifiées par les coups que les brutes d'en face donnaient dans leurs balles. Au début des années vingt, la maison Kodak avait lancé en Argentine un appareil en forme de petite boîte, comme celui des hommes sans tête, mais plus petit. Il était facile à manier et les familles de la classe moyenne ou haute avaient l'habitude d'en offrir à leurs enfants.

Qu'elle ait découvert la nouveauté dans son enfance, à Buenos Aires, ou à son arrivée à Paris, ce qui est sûr, c'est que sa liberté a commencé lorsqu'elle a compris qu'elle aussi pouvait appliquer son œil aux aguets contre la fente. C'était l'inversion définitive des termes qui avaient déjà commencé à se retourner quand elle avait regardé la partie concave du monde, au théâtre Colón. Dorénavant, l'œil envahissant serait le sien.

Il ne faut pas s'étonner de ce que ses premières photographies d'amateur représentent des bateaux. Le Pain de Sucre de Rio de Janeiro vu du pont d'un bateau ; un marin au pantalon large ; de grandes cheminées portant non pas le *M* de Mihanovich mais une étoile peinte ; un bateau, une ancre, une chaîne ; un paysage supposé du Cap, pris au cours d'une escale (souvenons-nous que les Markovitch y avaient vécu avant de s'installer à Buenos Aires). Et une autre photo différente, non plus de voyages maritimes mais de recherches esthétiques autour de son propre visage : un curieux autoportrait dans lequel la tête de Dora apparaît, à peine visible, entre les pales menaçantes d'un ventilateur. C'est une photographie quasi professionnelle qui date des années vingt et qui la révèle soucieuse de l'angle original, ce que la spécialiste Michèle Chomette appelle la « gauchisation de son regard », non au sens politique, cela va sans dire, mais en faisant allusion à l'angle oblique. Dès le tout début, la photographie de Dora emprunte des chemins latéraux et strictement personnels, bien à elle. Déviations non sans rapport avec les voyages en bateau, déviations d'une étrangère qui ne sait qui elle est et dont le visage ne peut apparaître tout entier, mais divisé en morceaux, comme anticipant la vision fragmentée qu'en donnera Picasso.

Voyages, allées et venues entre Paris et l'Amérique du Sud. Le 9 décembre 1928, de Buenos Aires, Dora écrit à une compagne de l'atelier d'André Lhote, Solange de Bièvres. Une lettre[6] dans laquelle elle compare Paris et Buenos Aires : Paris, pour elle, est toujours « incomparable », « exception faite des gigolos qui vus d'ici me paraissent un peu petzouille, car ici nous avons des articles de luxe : des Chrysler d'une splendeur plus qu'orientale conduites par des gigolos idem ou des filles elles aussi très luxe ». Quant à l'esprit qui règne à Buenos Aires, ajoute-t-elle, c'est encore celui d'une ville de province, hypocrite et prétentieuse, où la « haute société » se cherche des ancêtres en oubliant le grand-père vendeur de cacahuètes. « Mais en plus il y a un manque d'esprit artistique absolument désolant. Je suis épuisée à force de discuter avec des idiots et des prétentieux qui ne comprennent rien à l'art moderne, ni à l'art antique, ni à l'art tout court. » Solange – de toute évidence une aristocrate si l'on en juge par son nom, et devant laquelle Dora oublie elle aussi sa grand-mère servante, Barbara Markovitch – lui a posé des questions sur l'art. « Je n'arrive pas à me rendre compte si Dufy passera ou non à la postérité, répond Dora, car je n'ai rien vu de lui depuis que j'ai quitté Paris. Utrillo et Segonzac sont de grands peintres. Cézanne est génial. L'impressionnisme est archi-mort ; le cubisme aussi : tous deux sont incomplets. Il nous faut trouver la nouvelle formule. » Cette formule n'a pas été trouvée par Matisse, qui « n'est pas à la hauteur ». « La peinture, conclut-elle, c'est un peu plus que combiner des couleurs harmonieuses. »

L'année suivante, en 1929, nous retrouvons ses traces à Buenos Aires, où les archives du journal *La Nación* ont conservé un joyau : un long article publié le 21 juin, signé « Dora Marcovich Voisin, Architecte Décoratrice », écrit dans un excellent espagnol et intitulé « La décoration moderne est le résultat d'un long effort artistique ». C'est – sauf erreur ou omission – le seul texte publié de Dora, et il comporte des observations proches de celles de sa lettre, bien qu'exprimées avec plus de mesure : « L'art décoratif moderne est en train de s'imposer dans tous les pays d'Europe. [...] A Buenos Aires, cependant, ses manifestations ne sont pas encore suffisamment prononcées pour mettre ses tendances en évidence face au grand public. En général, lorsqu'on parle d'art moderne, les gens gardent un silence prudent, comme lorsqu'on entend des éloges d'une personne peu connue et à la réputation très controversée. »

Remarquez le titre d'architecte dont on l'a affublée dans cette publication, et l'apparition du nom Voisin qu'elle n'utilisa plus jamais et qui en Argentine avait une signification précise, et même deux : les personnes portant un double nom sont en général bien considérées en société, et il est toujours utile de montrer une ascendance française pour compenser ce Marcovich – avec un *c* pour lui ôter tout exotisme –, source de tant de confusions.

Marcel Zahar ne s'est pas contenté de lui conseiller l'école municipale de photographie : il l'a en outre recommandée à Emmanuel Sougez, que l'on peut considérer comme le véritable maître de Dora. On lui doit une étude des mains de sa disciple qui révèle deux choses : le placide classicisme de son style et l'émouvante perfection des doigts de la jeune fille, entrelacés, calmes, grassouillets, chacun arborant à sa naissance une fossette de bébé, des doigts de petite fille gâtée et bien nourrie qui n'a jamais lavé une assiette, qui n'annoncent en rien les griffes de bête sanguinaire que Picasso lui attribuerait dix ans plus tard.

Sougez, fondateur de la revue *L'Illustration* et du groupe Rectangle, aida Dora par des orientations artistiques, mais également pratiques, et il lui procura du matériel photo. Dès 1926 existaient les bélinographes portatifs de moins de vingt kilos, ce qui revient à dire que c'est à partir de cette année-là qu'une femme put porter un appareil photo. Dora choisit le Rolleiflex. Il se composait de deux petites boîtes étroites et superposées qui se montaient sur un pied ; vue par un profane, celle du bas semblait regarder avec deux yeux superposés, comme s'ils manquaient d'espace pour se placer dans la largeur (père et mère posés l'un au-dessus de l'autre, en train de regarder). Cependant, estimait

Sougez, la liberté de déambuler dans les rues avec son instrument à l'épaule ne devait pas faire oublier la nécessité de disposer d'un bon laboratoire. Et c'est ici qu'entre en jeu le personnage de Pierre Kéfer.

Comment Dora fit-elle sa connaissance et comment parvint-elle à le convaincre, vers 1930 ou 1931, de monter ce studio photo dans un pavillon de son élégante maison de Neuilly ? On a, la plupart du temps, supposé qu'il s'agissait d'un jeune homme de bonne famille qu'elle avait utilisé parce que ses parents avaient des relations mondaines et un petit palais avec jardin au 45 bis, boulevard Richard-Wallace. Après la dissolution de la société, il semblerait que Kéfer se soit consacré à la décoration. Cependant, j'ai retrouvé le premier numéro (j'ignore s'il y en eut d'autres) d'une revue, *Du Cinéma, Revue de critique et de recherches cinématographiques,* publiée en 1928 par la librairie José Corti et dont les directeurs étaient Jacques Niel et Pierre Kéfer. L'éditorial de ce numéro prouve que ce dernier était un peu plus qu'un jeune homme bien. Le texte est intitulé : « Avez-vous peur du cinéma ? », et dit, entre autres choses : « Je n'arrive pas à comprendre le sens du mot "art" sinon comme forme instrumentale provisoire du destin, du désir, des magies d'un être. Le cinéma doit servir, il doit découvrir, il doit tracer des signes, il doit révéler ; sinon, ôtez-moi de là tout ça qui n'est que manie. »

Il est possible que derrière cet ami cinéphile (d'après certains, il collabora même avec Buñuel) se profile la figure de Louis Chavance. Bien qu'un peu dans l'ombre, le cinéaste fut toujours auprès de Dora, parfois trop de l'avis de l'intéressée elle-même. Lili Masson m'a raconté que dans les années cinquante, donc après la rupture avec Picasso, Dora assista à une exposition de peinture, rencontra Chavance et marmonna tout bas : « Celui-là, il me fatigue. Il croit encore que je suis sa chose. »

Dans le numéro d'octobre 1934 de la revue *L'Art vivant*, Jacques Guenne décrit ainsi les débuts de Dora et la magnificence du studio installé conjointement avec Pierre Kéfer : « Une brune chasseuse d'images, que ne fatiguent pas de longs trajets. La franchise d'un garçon, avec la curiosité d'une femme. Dora Markovich. Je regrette qu'elle ait amputé son nom, précédé de celui de son associé, Pierre Kéfer. Ce nom est devenu une onomatopée guerrière : Kéfer-Dora Maar. Pour ma part, je me souviendrai toujours de la jeune femme au cou chargé de lourds colliers qui m'apportait, il y a un bout de temps de cela, ces images un peu sèches où les arbres avaient l'air d'égratigner les maisons. [...] Dans un jardin enchanteur de Neuilly qui entoure la villa de ses parents, M. Kéfer a fait construire un studio de belle architecture, qui est sans doute le plus vaste et le mieux installé de Paris. Il a eu l'intelligence de discerner que personne mieux que Dora Markovich ne pouvait utiliser ces lumières, ces écrans et ces jouets merveilleux dont il avait enrichi son palais. Au centre du studio, une grande piscine, qui peut être alternativement remplie d'eau ou de sable, permet à Dora Markovich et à M. Kéfer d'imaginer les décors les plus variés : la mer, le désert, le lac des dames et, pourquoi pas ?, des messieurs... »

La franchise d'un garçon. Idée sous-entendue, typique de l'époque : l'hypocrisie est femme. Picasso aussi déclarerait que, pour lui, Dora était « un homme ». Partageant avec elle les secrets du métier, les idées politiques et artistiques, en bref, la trouvant intelligente, il n'avait qu'une solution : lui nier cette chose tellement insaisissable à laquelle, de nos jours encore, on s'obstine à donner le nom de « féminité ».

Avec Pierre Kéfer et dans ce studio luxueux avec sa piscine pour l'un et l'autre sexe, la Dora Maar au nom flambant neuf se consacra d'abord à la photographie de mode. Dans ces années, 1930 et 1931, elle entra comme assistante à l'atelier de Harry Ossip Meerson, un photographe polonais qui était devenu célèbre en photographiant Marlène Dietrich et qui plus tard, aux dires de Dora elle-même, « trouva le succès à Hollywood » et se fit naturaliser américain. Mais ce n'est pas en raison de la fatalité de son nom que Dora était entourée de tant de natifs d'Europe centrale, juifs ou non ; c'est qu'à cette époque, et dans ce milieu, il était difficile de ne pas tomber dessus. C'est là, dans l'atelier de Meerson, qu'elle connut le Hongrois Brassaï. Meerson avait un style distingué qui l'influença dans ces travaux que, dans sa vieillesse, Dora qualifia de « mondains ». Distingué et glacial. Il y a quelque chose de singulièrement glacé dans cette élégance des années trente, quel que soit le caractère de l'artiste qui la reflète : corps stylisés, modelés par des robes de satin longues et fluides ou des drapés qui produisent un effet de tunique ; femmes divinisées, toujours plus grandes et minces, qui ne ressemblent plus à des poupées idiotes avec leurs petites jupes courtes, comme celles de la décennie précédente, mais à des créatures d'un autre monde plus irrespirable que le nôtre. Ce qui est sûr, c'est que Dora savait les « gauchiser » comme personne, révéler leur ennui en accentuant ce qu'il y avait de latéral dans les plis pour les faire apparaître de trois quarts, ou à moitié, entre deux portes ou deux rideaux piqués d'étoiles, ou suivies par des ombres qui parfois mimaient leur attitude et d'autres fois semblaient les contredire.

Certains de ses travaux pour des revues féminines ont des caractéristiques encore plus inquiétantes. Il ne s'agit plus de lignes épurées et froides mais de coiffures tordues avec des boucles que la photographe a su marier avec des bois taillés, des volutes de matières brillantes. Tout se contorsionne au rythme d'une même étrangeté. Une femme enlève un masque qui est son propre visage souriant. Parmi tous ces modèles, un seul a un aspect vivant et heureux avec ses cils fins peints jusqu'aux tempes, tandis qu'il se sèche avec une serviette ostensiblement caressante. Les autres, comme si tout ce qui jaillit de cette décennie contenait une angoisse sans nom, produisent un certain malaise.

Mais le talent de Dora brille véritablement dans les nus pour les revues *de charme**. Surtout lorsque le modèle est cette blonde aux formes pleines, Assia Granatouroff, qui non seulement inspira les photographes les plus connus mais leur imposa sa marque. Ses seins et ses hanches, plus puissants que la personnalité de l'artiste, parvenaient à ce que personne, en voyant son portrait, ne pût l'identifier en disant : « C'est une photo de Rogi André ou d'Emmanuel Sougez », mais : « C'est Assia ».

Dora la montra accompagnée de son ombre, comme elle avait l'habitude de le faire, mais quelle ombre ! Obèse, gigantesque, plus réelle et charnelle que le corps lui-même, c'était une sœur noire qui lui aurait poussé à la manière d'un contrepoint, telle une seconde voix pâteuse et obscure à côté du timbre d'une soprano. Dora représenta aussi la magnifique blonde avec un masque blanc, le bras gauche levé, la main tenant un anneau suspendu au toit par une corde : une femme accrochée sur le flanc, tel un animal. C'étaient des travaux alimentaires. Mais en réalisant ces commandes de mode, de beauté ou d'érotisme, Dora introduisait une fracture, un élément oblique qui ne figurait certainement pas dans le contrat.

Ecoutons de nouveau son admirateur inconditionnel, Jacques Guenne :

« Pour savoir quelle passion Dora Markovich met dans son art, il faut l'avoir vue vêtue d'une longue blouse blanche, tourner autour du modèle, essayant de faire en sorte que les gestes les plus naturels favorisent les effets plastiques, jouant avec les lumières, obligeant les ombres à ne pas faire de grimaces. Le studio prenait parfois l'aspect d'une salle d'opération. C'était un complot scientifique contre le modèle. Dora Markovich rejetait les effets trop faciles, l'attitude équivoque, les déformations arbitraires, tandis que son associé déplaçait les projecteurs, inclinait les écrans. Il y eut un instant de saturation, pourrait-on dire, où le modèle lui apparut en accord avec la vie et avec l'idée qu'elle se faisait de l'image. Alors elle se plongea dans la nuit de son rideau noir et, d'une main lente, découvrit l'objectif, heureusement plus docile que son regard. [...] Elle, elle n'a qu'à regarder autour d'elle. Sa beauté lui donne assez d'assurance pour éviter de se laisser attendrir par les spectacles humains. Et son talent l'oblige à ne pas nous cacher les troubles manipulations de ces démons qui nous dominent. »

Les démons se cachent jusque dans l'horrible appartement d'Helena Rubinstein, dans l'île Saint-Louis, photographié par Maar-Kéfer. Ce reportage, important et certainement lucratif, porte la mention consacrée des deux noms et l'adresse du petit palais de Neuilly-sur-Seine. Dora a-t-elle considéré cet appartement comme l'exemple même de ce qu'elle tentait d'expliquer à ses « prudents » lecteurs argentins ? Si tel est le cas, j'avoue comprendre la prudence de mes compatriotes de 1929. Tout ici rappelle une ambiance de théâtre : colonnes symétriques de décor cinématographique qui font penser à celui en carton-pâte d'un film sur Antoine et Cléopâtre, tapis géométriques, sculptures africaines authentiques qui semblent fausses parce qu'elles ne sont pas nécessaires mais posées selon le hasard d'une mode ; un enfer de pacotille, à peine humanisé par la silhouette trapue de la cosmétologue avec son chignon tiré en arrière. Mondanités, comme Dora elle-même finira par l'admettre. Elle pouvait beaucoup plus donner d'elle. A partir de 1932, elle le démontra en voyageant.

Les dates de toutes ces photographies sont approximatives. Après sa mort, son vieil appartement du 6, rue de Savoie fut envahi par des hommes de loi ou d'affaires agités, un filet de bave à la commissure des lèvres et les yeux comme des lanternes. Ils s'apprêtaient à chercher les trésors de Picasso, gardés pendant quarante ans par la vieille recluse. Leurs attentes se virent comblées. Pour sa part, Michèle Chomette s'accroupit pour regarder sous le lit ; elle découvrit une montagne de photos qui portaient la signature de Dora Maar, couvertes de poussière, quelques-unes avec le lieu et la date, d'autres sans aucune indication.

Tout ce que nous savons, c'est qu'elles furent toutes prises entre 1932 et 1936. Et de même qu'il m'a paru utile de suivre les traces architecturales du père pour comprendre la fille, il est tout aussi indispensable de la suivre dans ce parcours photographique. Non par curiosité. Encore moins par prolixité. Pour une raison douloureuse : entre ces années, 1932 et 1936, Dora accéda véritablement à son plus haut niveau personnel. Cette étape fulgurante dura quatre ans. Le reste, hormis la période au cours de laquelle elle peignit librement des paysages du Luberon, fut déclin et survie. L'anticiper équivaut à annoncer une histoire de perte et d'échec, histoire qui nous pose aussi la plus troublante des questions : et pourquoi faut-il gagner ?

En 1932, Dora partit pour Barcelone, seule. Lorsque dans les années quatre-vingt-dix Combalía lui demanda comment elle s'y était prise pour que ses parents la laissent partir, la vieille dame se mit à rire : « J'avais déjà l'âge, et nous étions au XXe siècle. » Ce qui est sûr, c'est que la fille unique tiraillée entre deux rivaux a dû soumettre ceux-ci à des exigences moins négociées qu'arrachées au coup par coup. Elle était obstinée, fanatique, avait un caractère indomptable et connaissait suffisamment les points faibles de ses parents pour en tirer parti. D'autre part, à cette époque, l'architecte était satisfait de la digne descendante qui marchait dans ses pas. Des années plus tard, alors qu'il dirigeait l'Office du tourisme yougoslave à Paris, il rugit à l'adresse de Lili Masson, rouge de colère : « Avec son talent de photographe, aller se mettre avec ce Picasso ! » Bref, Dora avait du talent et un père mi-fier mi-coupable ; ils la laissèrent partir.

Combalía affirme que le critique d'art Georges Charensol conseilla à Dora un petit village de la Costa Brava appelé San Felíu de Guixols. Mais elle en choisit un autre : Tossa de Mar. C'était un endroit à la mode où avaient déjà vécu Chagall et Picabia, et où vivraient, deux ans plus tard, André Masson et Georges Bataille.

Les photographies de Tossa de Mar furent voilées par l'excès de soleil. En revanche, celles de Barcelone subsistent et nous permettent, comme celles de Londres en 1934 et celles de Paris de la même période, de saisir les obsessions de Dora et de trouver le fil qui les unit.

A Barcelone, elle photographia une tour de Gaudí vue d'en bas, ce qui accentue la mollesse des formes et l'aspect vaginal d'une grotte ornée d'anges. Elle photographia une villa près de la mer, ayant autant que les constructions de Gaudí un aspect de cire fondue. Elle photographia des jambons de montagne suspendus à des crochets, exactement comme Assia (elle accrocherait cette dernière plus tard, peut-être en souvenir de cette rangée de viandes suspendues). Elle photographia des marchés avec des grosses femmes et encore des crochets avec de la viande. Toutes ces images sont la contrepartie exacte des photographies de mode, un peu comme l'ombre d'Assia comparée à son corps.

Elle photographia aussi, ou surtout, des enfants pauvres qui jouaient à se contorsionner dans des positions extravagantes, à marcher sur les mains, les jambes en l'air et les pieds chaussés d'espadrilles lacées aux chevilles, des mères courage au chignon noir – bien différent de celui de la cosmétologue – portant toutes dans les bras un paquet de laine dans lequel on distinguait à peine la présence de l'enfant.

Un paquet dans les bras. Toujours à Barcelone, Dora photographia un aveugle aux yeux blancs qui portait, à côté de la sébile, un mystérieux paquet. C'est un objet allongé enveloppé dans une toile avec un nœud. L'aveugle semble regarder de côté avec une expression de mansuétude. Deux ans plus tard, à Londres, Dora ira photographier une bande d'aveugles. Celui qui tient le violon a les traits fins et même beaux de son sosie catalan.

Londres lui donnera également l'occasion de photographier la crise, non pas pour « s'attendrir sur les spectacles humains », comme disait son admirateur, mais pour montrer l'absurdité derrière la misère. Les musiciens aveugles ; l'invalide qui exhibe un bateau miniature ; l'élégant lord, avec son petit mouchoir dans la pochette de son veston, son haut-de-forme, ses gants et son épingle de cravate, qui offre des allumettes avec la même distinction que s'il tendait la main pour recevoir une nomination de ministre ; tous survivent grâce à des spectacles de rue pleins de fantaisie, vendant, comme n'importe quel artiste, bien plus l'image que la chose réelle.

Mais le paquet, l'obsession du paquet ! Le ballot informe d'une vieille chiffonnière. Ou le chaton dissimulé dans une sorte de fourreau qu'un adolescent au regard farouche serre contre sa poitrine. Ou les deux vendeuses de billets de loterie, l'une devant la Midland Bank, l'autre devant la Lloyd's Bank, toutes deux enveloppées dans des capes comme si elles-mêmes étaient des paquets, toutes deux agrippées chacune à une petite valise qu'elles serrent aussi contre leur poitrine, et toutes deux, comme le garçon avec le chat, montrant dans le regard la méfiance la plus sauvage : un regard inquiet, torve, de côté, un regard à la Louise Julie devenue mendiante à force d'en avoir peur.

Nous avons déjà vu que Cartier-Bresson parlait d'un « pressentiment de la vie ». Et nous savons qu'André Breton croyait aux rencontres « fortuites et nécessaires », aussi révélatrices que les rêves et qui nous annoncent même l'avenir. Ces vieilles femmes sordides avec leurs valises pleines de vent semblent annoncer le temps où Dora ira s'accrocher à une fortune tellement surveillée qu'elle en deviendra vide. De même que ces mères de quartiers populaires, avec leur bébé invisible au milieu des langes, expriment le sentiment de quelque chose d'à la fois inexistant et précieux, quelque chose que l'on étreint d'autant plus fort qu'il n'y a rien. Vendeuses de néant, mères de personne. Dora ne pouvait savoir, en prenant ces photos, qu'elle vivrait ses dernières années entourée d'un trésor, mais comme une clocharde, et qu'elle n'aurait jamais d'enfant. Elle ne pouvait pas non plus soupçonner, en 1932, que l'aveugle de Barcelone évoquait le père de son futur amant, Georges Bataille, ce père aux yeux blancs qui inspira les délires d'*Histoire de l'œil*.

Rencontres « fortuites et nécessaires », mélange de hasard et de destinée. Les unes et les autres apparaissent dans une photographie de Dora datée de 1932 et intitulée *Consult Gypsy Palmist*. Par une nuit londonienne, Dora photographie les fenêtres éclairées d'un immeuble en briques. Deux de ces fenêtres contiennent les symboles de sa vie : la main et le globe. C'est la publicité d'une gitane espagnole. La main ouverte représente la chiromancie et ce globe resplendissant, la boule de cristal. Mais, dans l'histoire de Dora (et c'est à peine si elle put alors le percevoir dans la pénombre de son esprit), la première prendra une importance décisive le jour où elle enlèvera ses gants devant Picasso, aux Deux Magots, à Saint-Germain-des-Prés, et le second, qui l'accompagne depuis sa naissance – le même qui a brillé du haut d'une tour –, est encore une fois l'œil. L'œil semblable à une boule de cristal.

En 1933, Germain Bazin publia un livre sur le Mont-Saint-Michel[7]. Dans le prologue, l'auteur exprime ses remerciements : « J'ai plaisir à reconnaître ce que cette œuvre doit [...] à mademoiselle Dora Markovich, qui m'a tant aidé dans mon entreprise photographique en m'apportant l'aide précieuse de son talent, toujours disposée à capter l'image adéquate pour l'expression que je voulais traduire et enrichissant même l'ouvrage de ses initiatives personnelles, telle cette admirable vue de la marée montante où le soleil moribond effleurant les vagues donne à la mer une densité irréelle. » Images poétiques qui contrastent avec une certaine photographie comique où l'on voit Dora avec un ami (Pierre Kéfer ?), toujours au Mont-Saint-Michel, accrochée au bord d'une falaise et imitant les acrobaties auxquelles les photographes ont l'habitude de se livrer pour obtenir le bon angle.

Le mot falaise nous conduit au mot montagne, et celui-ci, par des chemins sinueux, à Louis Chavance. Qu'est-il devenu, entre-temps ? Qui était l'amant dans l'ombre de Dora Maar, et pourquoi, précisément, est-il resté dans l'ombre ? Marcel Duhamel (et non Marcel Duchamp comme l'affirma une bonne partie de la presse française à la mort de Dora, attribuant au créateur de *Rrose Selavy* une petite phrase hors contexte qu'il ne prononça jamais : « Dora était cabocharde »), Marcel Duhamel donc, raconte une histoire qui inclut le couple et que nous pouvons situer vers 1932. En voici le texte :

« — Je vous assure, je peux très bien y aller, me dit Dora avec son étrange voix roucoulante.

« — Mais tu n'as jamais eu de skis aux pieds ! lui rétorque Maurice Baquet, un peu inquiet. C'est à deux mille trois cents mètres, tu te rends compte ! Et à pattes, il faut se les faire.

« — Eh bien, vous m'aiderez, voilà tout.

« Cabocharde elle est. Mais elle a raison. Depuis que nous lui avons appris l'existence d'une mine de charbon à ciel ouvert, tout là-haut sous les Grandes Rousses, elle a flairé le reportage et, avec son attirail photographique, elle est montée avec nous jusqu'à l'Alpe. Pour démarrer de là, en peaux de phoque.

« Dora est arrivée deux jours plus tôt, amenée par Louis Chavance qui, pour l'heure, fréquente plus les dancings que les *Cahiers du cinéma*, encore dans les choux. Toujours fourré au Coliseum, il me fait plus penser à un danseur mondain qu'à un intellectuel. Mais l'un n'empêche pas l'autre.

« Est-ce Chavance qui a vraiment amené Dora, ou le contraire ? Elle est photographe. Peut-être l'avons-nous connue avant lui ? Peu importe, je vous le dirai plus tard. Peut-être.

« Nous sommes donc là, un matin, Maurice Baquet, Chavance, Dora et moi, au pied des Grandes Rousses, en train de nous tâter avant d'entreprendre l'ascension. Et l'insistance de Dora nous met en branle.

« A tour de rôle, on l'aide, mais elle sue sang et eau quand apparaissent enfin les premières taches sombres qui souillent la neige. Peu à peu, celle-ci se transforme en boue noire et, quand nous arrivons enfin à la mine, c'est le genre dantesque : trois ou quatre casernes aux murs sales au milieu d'un cloaque où circulent des gueules noires emmaillotées de hardes. Car il fait un froid de loup, dans cet enfer. Et qui nous regardent d'un air sidéré. Dora prend des photos. Et on les interroge.

« Ce sont, pour la plupart, des paysans d'Huez, ou de la région, des Polonais aussi qui ont trouvé là de quoi s'employer l'hiver. Seuls, un ou deux jeunes, sur une centaine de mineurs, possèdent une paire de skis et descendent une fois par semaine ; les autres n'en ont pas ou ne savent pas s'en servir. [...]

« Inhumain et démoralisant. On ne s'attarde pas. D'ailleurs, ce serait imprudent, la descente risque d'être longue. [...]

« Quand Dora sera fourbue après une douzaine de chutes, c'est Baquet, le plus petit d'entre nous, qui va la porter sur son dos jusqu'en bas. Pendant plus de deux heures. On le savait costaud et skieur émérite mais, là, il nous souffle[8]. »

Toujours juchée sur les épaules de Baquet, Dora continue à prendre des photos. Ce reportage non plus n'a pas vu le jour. Mais le témoignage écrit le remplace largement. D'un côté, la « cabocharde » apparaît ici dans toute sa gloire : c'est l'idéaliste incapable de s'arrêter face à la simple réalité d'une montagne abrupte, même si elle doit employer le dos étranger pour suivre son idée. De l'autre, Duhamel et Baquet, membres d'une bande qui accepte, encore qu'avec un curieux dédain, d'inclure parmi eux le « danseur mondain », se seraient évidemment trouvés plus à l'aise au Café de Flore, en train d'écouter Jacques Prévert, que dans une mine glacée en train d'écouter un Polonais en haillons au nez violacé.

Le dédain à l'égard de Chavance, et même la question de savoir lequel des deux, Dora ou lui, a introduit l'autre, se justifie encore moins si l'on tient compte du fait que le jeune aspirant cinéaste appartenait de plein droit à « la bande » de Prévert : le groupe Octobre, fondé en 1932 et qui dura jusqu'en 1937. Un groupe théâtral inspiré par l'Agitprop russe et dont le nom faisait évidemment allusion au mois de la Révolution. Un groupe de joyeux provocateurs, issu du Front populaire et uni de façon indissociable à cet autre dénommé Contre-Attaque, créé le 7 octobre 1935 par Georges Bataille et André Breton. Un groupe qui comptait Léon Moussinac et Yves Allégret, auquel participèrent, à un moment ou un autre, Antonin Artaud ou Jean-Louis Barrault, et dont, bien sûr, ont fait partie Marcel Duhamel et ce petit costaud de Maurice Baquet, capable de porter sur ses épaules une jeune fille aussi robuste que Dora.

« La bande », qui comprenait également Jean-Paul Le Chanois, Jacques-Bernard Brunius, Lou Tchimoukow, Ghislaine Auboin (qui plus tard épouserait Autant-Lara), Pierrot Prévert – l'inévitable frère – et notre Louis Chavance, avait l'habitude de se réunir pour improviser des sketches désopilants qui donnèrent leur fruit : *L'affaire est dans le sac*, filmé en août 1932 sur un scénario de Rathony, reprend le même esprit d'improvisation. Sept jours de tournage et une formidable distribution où figurait le groupe Octobre au complet, entre autres le célèbre Marcel Duhamel dans le rôle d'un client mondain qui achète le plus absurde des chapeaux au plus filou des chapeliers. Tous les amis de la « bande » (j'avoue avoir en vain cherché Dora parmi les femmes portant des petits chapeaux inclinés et de petits cols de dentelle) passèrent en qualité de figurants dans le décor en carton-pâte des studios Pathé-Natan, et traversèrent le pont sur la Marne, à Joinville, qui aujourd'hui s'appelle justement « L'affaire est dans le sac ». Mais peu se souviennent que le responsable du montage en fut Louis Chavance.

En général, on n'enregistre sa présence qu'à partir de 1934, avec *L'Atalante* de Jean Vigo. Pierre Prévert racontait que Louis Chavance était venu les chercher à Saint-Germain-des-Prés. Il leur avait expliqué que, cette nuit-là, Vigo pourrait filmer à la gare d'Austerlitz, mais qu'il n'avait pas de figurants et qu'il fallait se débrouiller pour en trouver. Il n'avait pas eu à le dire deux fois. Entre Le Flore, Les Deux Magots et Montparnasse ils avaient réuni – ce n'était pas une figuration pour *Ben Hur* – une cinquantaine de personnes, entre amis et comédiens. Ils avaient passé l'une des plus belles nuits de leur existence en compagnie de Jean Vigo[9].

Mais *L'Atalante,* ce voyage fluvial et nuptial dans une sorte de bateau ivre, où une jeune mariée affligée de bovarysme cède à toutes les illusions, à toutes les fantasmagories d'un fabuleux noctambule, Michel Simon, n'eut pas de chance. Jean Vigo, dont le premier film, *Zéro de conduite*, avait été taxé d'anarchisme et interdit, meurt à vingt-neuf ans, laissant son film inachevé. Chavance le termine et le rebaptise *Le Chaland qui passe* en essayant de l'adapter au goût du public. Inutile : après des débuts sans éclats, en 1934, *L'Ata-*

lante sombre dans l'oubli pour devenir, après la guerre, un film-culte, considéré, dans sa première version reconstituée avec un montage original de Louis Chavance, comme un sommet du cinéma.

Parmi les actrices de la bande de Prévert qui se réunissaient au Café de Flore, auquel Dora arriva grâce à Louis Chavance, figurait Sylvia Maklès. Son nom de femme mariée était Bataille : Mme Georges Bataille. Elle s'était séparée de son mari en 1933, à peu près à l'époque où Dora se séparait de Louis Chavance (et où Hitler accédait au pouvoir). Sylvia avait déjà eu le premier rôle dans *Une partie de campagne*, de Jean Renoir, où elle avait exhibé la splendeur de sa peau mate et de ses yeux de feu, son nez un peu courbe, son petit corps gracile et le délicieux naturel avec lequel elle soupirait au bord de la rivière, par un matin d'été : « Je ne sais pas, je me sens étrange... une sorte de tendresse pour tout, pour l'eau, pour les plantes... », tandis qu'un jeune séminariste dans lequel nous reconnaissons Bataille s'arrête pour la regarder. Sylvia Maklès, ex-femme de ce dernier – futur amant de Dora – et future femme du futur psychanalyste de Dora, le docteur Jacques Lacan, avait également eu un rôle dans *Le Crime de Monsieur Lange* : c'est au cours de la première de ce film que Dora et Picasso s'observeront pour la première fois, encore que de loin.

Le jeu des échanges se poursuivit avec la formation d'un autre couple : celui de Louis Chavance avec la femme de Jacques Prévert. Celui-ci venait de la trahir avec une jeunette. Simone Prévert, une dame très sérieuse et même sévère, n'avait jamais pensé quitter son mari lorsque, par vengeance, elle s'était décidée à une aventure estivale avec l'ex-amant de Dora. Mais Jacques qui, selon un témoin de l'histoire, considérait Simone comme « sa chose » (exactement comme Dora disait que Chavance la considérait elle-même), ne supporta pas d'être cocu et la jeta dehors. Simone se réfugia alors chez l'ex-femme de Drieu La Rochelle,

Colette Jeramec, et finit par épouser Chavance, dont elle eut un fils prénommé Michel.

Mais ne laissons pas Chavance à ce moment de sa vie, en 1934, alors qu'il affronte la déception d'une séparation, le discrédit d'un film ayant peu de succès et la condamnation de tout Montparnasse et tout Saint-Germain-des-Prés – autant dire : la condamnation universelle – pour avoir volé la « chose » de Jacques Prévert. Ne le quittons pas encore et suivons-le jusqu'en 1942, date de la réalisation du film *Le Corbeau*, d'Henri-Georges Clouzot, dont Chavance avait écrit le scénario dix ans plus tôt, alors qu'il était encore avec Dora.

Le Corbeau, joué par Pierre Fresnay, eut un succès retentissant qui se retourna contre lui. Ce fut un succès de scandale : l'affaire Dreyfus (mais en sens inverse) du cinéma français. En pleine Occupation, la France était très susceptible. Bien que le scénariste eût réussi à démontrer à ses accusateurs que l'histoire était fondée sur un fait réel survenu des années plus tôt dans la ville de Tulle et que, de plus, il l'avait écrite en 1932, la presse clandestine de la Résistance considéra *Le Corbeau* comme un film de propagande antifrançaise utilisé par les Allemands, « pernicieux par sa volonté systématique de salir et de diminuer la France ». A la Libération, Clouzot et Chavance furent cités à comparaître devant un comité d'épuration et condamnés à ne pas exercer leur métier. Deux ans plus tard, ils revinrent en fanfare présenter, non sans malice, *Un revenant*.

Titre optimiste mais non justifié par les faits. En réalité, Louis Chavance ne « revint » jamais. La fatalité le poursuivait. Après *L'Atalante*, jugé trop anarchiste au moment de sa sortie, voilà qu'il réapparaissait avec ce *Corbeau* angoissant qui donnait une vision non manichéenne, et donc inacceptable en temps de guerre, de la société française. Aujourd'hui son nom, injustement ignoré, s'ajoute au bataillon des artistes auxquels il a juste manqué quelque chose, un petit pas de plus, un léger coup de pouce ou, peut-être, un peu de chance pour perdurer dans les mémoires.

« Une petite ville, ici ou ailleurs », c'est par cette phrase que commence le film. Une petite ville terrorisée par les messages anonymes qui dénoncent les péchés cachés de chaque habitant de l'endroit. N'importe lequel de ces personnages, de l'infirmière Marie Corbin enveloppée dans sa cape noire à la blonde aux tresses angéliques, à la vamp un peu boiteuse ou à la petite sœur perverse avec ses lunettes d'adolescente, peut être l'auteur des délations. Tous sont coupables des mêmes fautes. C'est ce qu'à la fin du film, lorsqu'il a été découvert, le vieux médecin dit au plus jeune, en faisant osciller une lampe qui tour à tour éclaire la scène et la plonge dans les ténèbres : « Où est la frontière du mal ? »

Lumière, ombre, lumière, ombre. « Lumière cachée. » L'histoire de Dora Maar se situe comme peu d'autres sous le signe de cette fluctuation entre occulter et briller, et comme peu d'autres elle frôle aussi la frontière évoquée par le vieux médecin. Son compagnon de jeunesse a-t-il pensé à elle, en 1942, plusieurs années après leur rupture, lorsqu'il imaginait ce va-et-vient du clair et de l'obscur ?

Entre 1933 et 1934, rien ne permettait de prévoir l'oscillation. Dora avait montré talent et arrogance. Après son échec, Louis Chavance était trop petit pour elle. La meilleure métaphore de ces années est celle de Maurice Baquet la portant sur ses épaules : l'image même de quelqu'un qui n'hésite pas à grimper. Qui aurait pensé que dans cette jeune femme si hautaine germait un désir encore sans nom, que Bataille appelait clairement, et en toutes lettres, sacrifice ?

Chapitre III

L'œil pinéal

Vers 1950, Dora Maar dit à James Lord, son ami américain : « La première fois que j'ai rencontré Georges Bataille, il était dans la cave de sa maison, au milieu d'un tas de revues pornographiques[1]. »

La confidence s'arrêta là : jamais, du vivant de sa protagoniste, l'Américain ni personne d'autre ne parvint à entrer dans l'intimité d'une relation dont, du moins jusqu'à présent, on n'a pu retenir que l'essentiel, à savoir qu'elle a existé. Sur le seuil de cette cave, il sera encore plus nécessaire de suivre la piste de l'information avec cette lampe de mineur que Picasso a semblé avoir posée sur le front d'une Dora en morceaux.

Nous savons donc où ils se sont connus : chez Bataille. Nous pouvons supposer que ce fut fin 1933 ou début 1934. Il nous reste à imaginer comment, et pour cela il nous faudra prendre en compte ce Café de Flore où la jeune photographe fréquentait la bande de Prévert et la femme de Bataille, Sylvia Maklès, de même que découvrir la Dora Maar militante antifasciste, membre du groupe d'extrême gauche fondé par Paul Faure, Masses, qui en octobre 1933 proposa des cours de sociologie donnés par un grand ami de Bataille : Michel Leiris.

Mais auparavant, arrêtons-nous sur le visage que l'écrivain a dû lever vers sa visiteuse depuis la pénombre de la cave, s'amusant par avance à l'idée de l'effrayer avec ses photos obscènes.

Un visage délicat, aux pupilles très pâles. Emacié, les yeux cernés, mais, curieusement, donnant envie de le caresser, et même avec un soupçon de fossette sur le menton. Le nez un peu long, retroussé au bout, lui donnait un air malicieux, comme s'il avait été un ajout de dernière heure, un *pentimento* de la mère qui, au moment de l'accouchement, l'avait souhaité moins triste. Il avait les yeux enfoncés, les sourcils brefs, mais avec l'angle aigu qu'un écolier aurait dessiné pour représenter le diable (son frère Martial alla en effet jusqu'à le voir comme l'image même du Malin), enfin une large bouche que comprimait le sourire aux lèvres serrées. Il y avait en lui un mélange de finesse et de rudesse : une torsion dangereuse tant elle avait de charme, jointe à la lenteur presque obtuse d'un paysan têtu qui marche comme en trébuchant, au rythme de ses bêtes. Quelque chose d'à la fois oblique, gourmand, et tenant du taureau ; quelque chose d'enfantin.

Avec Chavance, Dora avait connu la camaraderie fraternelle. Bien que l'époque fût encline à l'idée de « chose », à propos de la femme, il est clair que le cinéaste lui servit de présentateur, de chevalier servant dans les bals : l'image même du grand frère. Pour compléter la famille imaginaire, il lui manquait un enfant et un père. Bataille, malgré ses revues pornographiques ou justement à cause d'elles, avait tout pour éveiller dans son ventre cette pitié déchirante qu'est le sentiment maternel, à laquelle n'est pas étranger le désir de s'offrir comme sur un autel. Et si, dans l'étincelle du coup de foudre, Dora capta le panorama dans sa totalité (homme désolé, donc à protéger, exhibant ses horreurs comme le gamin qui sourit en montrant un rat mort, non pour se faire détester mais pour se faire aimer), les photographies obscènes ne lui auront pas arraché une seule exclamation. Une bonne mère et une bonne victime ne crient pas.

Avait-elle lu *Histoire de l'œil* à cette époque ? La question n'a rien d'oiseux : le petit livre, publié en 1928, avait tout pour faire fuir, épouvantée, n'importe quelle jeune fille de son temps, et même du nôtre, élevée à Buenos Aires qui plus est. Mais peu importe que Dora l'ait lu avant ou après l'épisode de la cave : le simple fait qu'elle se fût approchée de Bataille en sachant de quoi traitaient ses écrits nous donne d'elle une image bien plus explicite qu'une photographie.

La couverture était elle aussi explicite. Et cependant édulcorée. André Masson avait tracé une frise couronnée par un œil d'une beauté assez conventionnelle, un œil doux avec de longs cils qui s'accordait peu avec le texte. Au-dessous, on voyait une assiette avec un œuf, entourée de deux paires de jambes de femme, la première de face, la seconde de dos, le sexe ouvert. (Vers 1934, Dora photographia deux femmes, ou la même, accroupies, vues de dos, jambes écartées. Comme sur le dessin de Masson, on voyait leurs fesses mais pas leur buste. Dans ces photos, audacieuses pour l'époque, l'érotique était produit par une touffe de cheveux longs qui paraissait pendre du sexe, et tombait en réalité de la tête penchée.)

En 1933, Bataille avait trente-six ans, dix de plus que Dora. Au Flore, on commentait son terrible roman, publié sous un pseudonyme, Lord Auch. On murmurait aussi certaines choses sur son histoire : en 1914, lorsque la guerre avait éclaté, sa mère et lui avaient abandonné à Reims le père syphilitique, aveugle et paralysé sur une chaise roulante. Un an plus tard, celui-ci était mort dans la misère, complètement seul. Depuis, Bataille luttait contre la culpabilité.

Mais au rêve de se faire moine pour l'expier avaient succédé la découverte fulgurante de Nietzsche et de Freud, puis, en 1925, une psychanalyse peu orthodoxe avec le docteur Adrien Borel. Celui-ci l'avait poussé à écrire. Maintenant, libéré, Bataille aimait glisser dans les oreilles féminines que l'héroïne d'*Histoire de l'œil* se pissait dessus en se masturbant et introduisait dans son sexe des douzaines d'œufs, des testicules de taureau et même l'œil d'un curé qu'elle venait de violer et de tuer, car lui-même vivait avec le souvenir de son père qui, assis sur une chaise trouée, avec un pot de chambre en dessous, urinait longuement, les yeux blancs. L'obsession de l'urine et du globe blanc le poursuivait depuis lors.

Le docteur Borel ne s'était pas contenté de lui conseiller d'écrire. Il avait également répondu à la confession de son patient que, dans son enfance, lorsque son père paralytique hurlait de douleur, il avait ressenti de la terreur mais aussi du plaisir. Voilà pourquoi il lui avait donné une image qui était venue se superposer à celle du vieil aveugle aux yeux fixés sur un ciel improbable. Une image que Bataille garda jusqu'à la fin, qui le marqua pour la vie, sur laquelle il revint des milliers de fois et qu'il a sans doute montrée à Dora comme il lui montrait ses gravures effrontées : le supplice chinois des Cent Morceaux.

En 1905, Georges Dumas, professeur de psychologie expérimentale à la Sorbonne, avait assisté en Chine au supplice de Fou Tchou Li, l'assassin du prince Ao Han Ouan, et il avait photographié la scène : un homme jeune et beau, attaché, debout, regarde le ciel avec une expression qui pourrait évoquer le plus pur plaisir si nous ne remarquions, sur son flanc, un trou profond ou, sur la gauche, l'absence d'un bras. Près de lui, le bourreau poursuit son minutieux labeur en lui arrachant un à un des morceaux de chair, jusqu'à ce qu'il y en ait cent, avec une telle perfection que le sang ne coule même pas.

Tel était l'homme que Dora décida d'approcher lorsque, fatiguée d'un mari qui s'adonnait à des orgies et fréquentait les bordels, Sylvia Maklès – l'adorable brunette d'*Une partie de campagne*, la juive française d'origine roumaine qui avait épousé Bataille en 1928, et qui deux ans plus tard lui avait donné une fille, Laurence – émit son intention d'abandonner le domicile conjugal du 3, rue Claude-Matrat, à Issy-les-Moulineaux, où de toute évidence eut lieu la rencontre de la cave.

Cette première rencontre eut-elle vraiment lieu dans la maison de banlieue, ou fut-elle précédée par une autre dans le groupe Masses, comme l'a affirmé le biographe de Bataille, Michel Surya[2] (qui n'accorde pas plus d'une ligne au personnage de Dora dans son gros ouvrage), ou la présence de Dora aux cours de Leiris était-elle due justement à son amitié avec Bataille ? En fait tous deux avaient les mêmes amis, lesquels à leur tour partageaient des idéologies semblables, et il eût été bien étrange qu'ils ne se croisent jamais ; que jamais ils n'apposent leurs signatures côte à côte sur quelque manifeste. Mais spéculer à ce sujet revient à nier à Dora la capacité de s'affilier d'elle-même à un mouvement politique sans que l'un de ses amants, Chavance ou Bataille, l'y conduise par la main.

Ce qu'il faut en revanche se demander, c'est la raison de l'attirance d'une jeune fille fraîche, ambitieuse et ayant, selon toute apparence, les idées bien en place, pour un homme à qui la rumeur attribuait une existence désordonnée. Cette question conduit à s'en poser une autre : Dora a-t-elle vécu elle-même, dans sa chair, les dérèglements en question ? Pour Michel Surya, toute fréquentation féminine de Bataille, du moins à cette époque, était fondée sur la complicité sexuelle. Autrement dit, il était impossible d'être sa maîtresse, permanente ou éphémère, sans participer à ses orgies. Pour l'auteur de ces lignes, la clé de la relation qui unit Dora et Bataille pourrait se trouver dans le deuxième roman de ce dernier, *Le Bleu du ciel*, écrit à Tossa de Mar en 1934 et, dans ce cas, la réponse à la question de savoir s'ils furent ou non complices est négative.

De toute façon, en tant que maîtresse, et en cela Michel Surya ne se trompe pas, Dora ne dispose, dans la vie de Bataille, que d'un espace limité entre la fuite de Sylvia et l'apparition de sa grande rivale, Colette Peignot ; à peine un entrebâillement dans le défilé de ses amitiés féminines, prostituées ou non, et dans la place occupée par celle que l'écrivain révélerait et occulterait ensuite sous le nom de Laure.

L'itinéraire public de Bataille avait commencé en 1929, un an après la publication secrète d'*Histoire de l'œil*, quand le groupe surréaliste fondé en 1923 par André Breton, auquel il avait appartenu non sans quelque indépendance, commença à se désagréger. Artaud, Delteil, Masson, Soupault, Vitrac et Bataille lui-même ont figuré à l'Index de ce petit dictateur qui imposait à ses troupes des critères absolus : les surréalistes ne pouvaient écrire ni romans, ni œuvres théâtrales, ni articles pour les journaux, ni se permettre d'autres libertés intolérables pour le chef, comme, par exemple, prendre des boissons vertes. C'est alors que Bataille décida de mener à bien sa propre guerre, qui prendra le nom de *Documents*.

Malgré son titre érudit, cette revue qui parut entre 1929 et 1931 fut élaborée dans un bordel par Georges Bataille et ses deux mousquetaires, Michel Leiris et André Masson, et conçue comme une attaque en règle contre le fastidieux idéalisme des surréalistes. Son intention était d'explorer les chemins du « bas matérialisme » cher à Bataille. L'un des articles que Bataille signa dans *Documents* s'intitulait « La mutilation sacrificielle et l'oreille coupée de Van Gogh ».

En 1930, la polémique atteignit son point culminant avec la publication du pamphlet *Un cadavre*, dont le titre rappelait celui que Breton avait lancé contre Anatole France. Il était signé par son propre instigateur, Bataille, et plusieurs surréalistes « historiques » : Robert Desnos, Jacques Prévert, Michel Leiris, Raymond Queneau. La phrase la plus aimable disait : « Ci-gît le bœuf Breton, le vieil esthète, le faux révolutionnaire à tête de Christ. » De son côté Breton, dans le *Second Manifeste du surréalisme*, faisant référence à Bataille, avait aligné les adjectifs suivants qui revenaient souvent dans son œuvre : « souillé, sénile, rance, sordide, égrillard, gâteux ».

Mais au cours de l'hiver 1933-1934 se produisirent des événements poussant à mettre de côté les querelles de famille. En janvier, les mouvements d'extrême droite profascistes manifestèrent dans la rue. En février leur répondit une manifestation de gauche où Bataille intervint, quoique, au fond, l'idée d'une violence conduisant à la catastrophe le fascinât bien plus que le pacifisme. La manifestation eut lieu le 12 février sur le cours de Vincennes. Pour s'y rendre, Bataille quitta son lit – il souffrait de rhumatismes – et retrouva là-bas Leiris, Queneau, Simone Kahn, des amis et membres de « son organisation ». Laquelle ? Pour quelques-uns, le Cercle communiste démocratique dont nous parlerons ensuite. Pour d'autres, le groupe Masses.

Masses était un groupe d'extrême gauche. Ce qui n'a toujours pas été élucidé, c'est s'il s'agissait vraiment d'une expression du communisme officiel ou d'un mouvement antibureaucratique ouvert à la discussion. En tout cas, lorsque René Lefeuvre lança un appel en faveur du dissident Victor Serge, les communistes affiliés se retirèrent de Masses. C'est alors que de nouveaux dissidents s'intégrèrent au groupe. Parmi eux, une femme appelée à figurer dans cette histoire : Simone Weil. Ce 12 février fut à l'origine du Front populaire, et nous ne croyons pas nous fourvoyer en supposant que Dora était là avec les autres.

Un an plus tard, la menace du nazisme réunit à nouveau les deux rivaux, Breton et Bataille, pendant cette brève période qu'on a appelée *Contre-Attaque*.

Dora fut ainsi la maîtresse occasionnelle de l'auteur d'*Histoire de l'œil*, sa compagne de route et, très certainement, son oreille attentive. L'écriture serrée, sans espace ni blancs ni respirations, la logorrhée envahissante de Bataille nous permettent de penser qu'il n'était pas un amant silencieux. Ce qui laisserait supposer qu'il n'était pas non plus un amant prodigieux. Avec une certaine malice, un psychiatre français qui a demandé l'anonymat m'a dit : « Ceux qui s'expriment tellement par écrit ne passent jamais à l'acte. D'autre part, dans ses séminaires, Lacan ne se privait pas d'insinuer que Bataille n'était pas grand-chose au lit. Il était bien placé pour le savoir, à cause de Sylvia. » Sylvia Maklès, ex-Mme Bataille, qui épousa Lacan en secondes noces.

Qu'est-ce que Bataille a donc raconté à Dora dans la cave de sa maison, après lui avoir montré les revues pornographiques et le supplice du Chinois, et après avoir fait l'amour (ou non, si nous penchons pour ce qu'indique *Le Bleu du ciel*) ? Le thème politique tel que l'envisageait la gauche ne constituait rien de nouveau pour Dora. En revanche, la théorie du potlatch que Bataille venait d'exposer dans un article, « La notion de dépense », publié dans *La Critique sociale*, était de celles qui pouvaient la troubler, comme le font ces idées qui paraissent nous être destinées.

Il n'est pas vrai, soutenait Bataille, que dans une société ne comptent que la production, l'accumulation des biens. Ce qui compte aussi et surtout, c'est la dépense. A partir de l'étude de sociétés primitives, et s'appuyant sur les analyses de Marcel Mauss, Bataille évoquait les guerres, les deuils, les cultes, les rites, les jeux, les spectacles, les astres... les sacrifices. Au-delà du troc, considéré comme la base économique de la société primitive, il y avait le don, manifesté à travers une lutte ou rivalité dans laquelle des tribus entières se ruinaient somptueusement pour obliger leurs ennemis à dilapider leurs richesses au lieu de les accumuler. Tout cela, Bataille le désignait d'un nom emprunté aux tribus amérindiennes de la côte Nord du Pacifique : potlatch. Un jour non lointain, Dora devra revenir sur l'idée de la dépense inutile, lorsqu'elle s'offrira elle-même dans un sauvage rituel d'automutilation et d'oblation.

En dehors du potlatch, une autre des idées de Bataille semblait avoir été pensée pour elle : l'œil pinéal.

Depuis 1927, le jeune penseur vivait obsédé par un autre œil, différent de celui, blanchâtre, de son père. Ce n'était plus l'œil d'un aveugle. Il ne ressemblait ni à des œufs ni à des testicules de taureau. Il ressemblait à la partie du cerveau humain qu'on appelle épiphyse ou glande pinéale. Le rêve de Bataille consistait à imaginer qu'un troisième œil, qu'il appelait pinéal, allait apparaître au sommet de notre crâne, traversant l'os. Cet œil serait capable de regarder le soleil, alors que les deux yeux de nos orbites s'en détournent avec une obstination stupide. Au-delà de la conscience, disait-il, au-delà de toute rationalisation possible, il y avait dans la compréhension une « tache aveugle » qui rappelait la structure de l'œil, mais plus décisive que la tache de l'œil, au point que son sens dépassait la compréhension.

Œil pinéal, œil du pinacle d'une certaine tour *mira-dora*, d'un certain cylindre dressé au milieu d'un parc. La réserve de Dora l'a-t-elle empêchée de décrire à son amant les délires de son père ? Il est difficile de l'imaginer ouvrant son cœur à Bataille (ni à qui que ce soit). Nous aurions plutôt tendance à supposer que la similitude des deux délires l'ait poussée à se protéger par l'ironie, comme elle en avait l'habitude. Pinéal ? Ce mot ne viendrait-il pas d'un autre, qui est l'une des manières françaises les plus populaires de désigner le pénis ? Pinéal ne viendrait-il pas de *pine*, et l'œil pinéal ne serait-il pas en fin de compte l'œil du phallus ?

La réponse de Bataille n'a pu être qu'affirmative. Oui, un œil, un anus, un pénis, tout cela à la fois. En 1927, Bataille avait vu, au jardin zoologique de Londres, un singe dont l'anus saillant avait produit sur lui une « sorte d'abrutissement extatique ». La saillie de l'orifice anal était comme « un grand pénis rose (ignoble), ivre de soleil [...] qui aurait vibré, me faisant pousser des cris atroces, cris d'une éjaculation grandiose mais malodorante[3] ». La même année il écrit *L'Anus solaire*, où « le soleil est au fond du ciel comme un cadavre au fond d'un puits », et où il exprime ses désirs : « Je désire être égorgé en violant la fille à qui j'aurais pu dire : tu es la nuit. Le Soleil aime exclusivement la Nuit et dirige vers la terre sa violence lumineuse, verge ignoble... L'anneau solaire est l'anus intact de son corps à dix-huit ans, auquel rien d'aussi aveuglant ne peut être comparé à l'exception du soleil, bien que l'anus soit la nuit[4]. »

Nocturne ou solaire, pinéal ou anal, il est indéniable qu'un œil les unissait. Georges Bataille était le fils d'un aveugle, un enfant jamais regardé, jamais vu par son père. Dora Maar était la fille d'un père voyeur. Ici, et nulle part ailleurs, se trouvait leur premier point de contact.

Le second était un contact imaginaire : les taureaux. Le malentendu apparent, comme il arrive souvent, occultait une compréhension de caractère obscur. L'apparente hispanité de la brune exotique avait un rapport avec une autre des grandes obsessions de Bataille.

En 1922, le jeune homme récemment reçu à l'Ecole des chartes avait étudié quelque temps à l'École des hautes études hispaniques de Madrid. Il s'y était passionné pour les corridas, surtout après avoir assisté à l'énucléation et à la mort du torero Manuel Granero. L'épisode d'*Histoire de l'œil* où l'héroïne réclame les testicules du taureau, aussi pâles, aussi lisses et aussi semblables à des œufs que les yeux d'un aveugle, avec l'intention de les manger, comme c'est l'usage chez certains aficionados, mais qui finit par se les introduire dans le vagin, fut inspiré par cette scène.

Les deux mousquetaires de Bataille étaient eux aussi des amateurs de tauromachie. En 1938, Leiris publia son *Miroir de la tauromachie* avec des illustrations d'André Masson. Le livre était dédié à la mémoire de Colette Peignot, morte peu auparavant dans le lit de Bataille. Certaines phrases de ce livre méritent d'être citées : « Ignominie des chevaux étripés, du taureau ruisselant de sang (bien qu'il s'agisse ici d'un sang *noble*, d'un sang de bête de caste, qu'on pourrait opposer au sang ignoble des chevaux, de même qu'il est permis de regarder comme radicalement différents, en matière de religions primitives, le sang sacrificiel et le sang menstruel) [...][5]. » Et plus loin : « Au taureau la noble mort, qu'il reçoit à coups d'épée ; aux chevaux passivement étripés le papier des latrines. »

Remarquons au passage que dans le langage de l'époque des bordels les prostituées étaient justement appelées ainsi, latrines, parce qu'elles permettent l'évacuation. Et aussi que Picasso, dans les corridas, adorait tout particulièrement le rôle du picador : l'homme à cheval qui plonge la pique dans l'échine du taureau tandis que celui-ci décharge sa fureur sur le ventre de la monture qu'il pénètre de ses cornes. Pour Picasso – avec qui Bataille, dans les années cinquante, assisterait à plusieurs corridas dans le Sud de la France, alors que pour tous deux Dora n'était qu'un lointain souvenir –, le taureau symbolisait l'homme, et le cheval, la femme, dont le « sang menstruel », à lui non plus, ne paraissait pas très noble.

Dans *L'Age d'homme*, Michel Leiris reprend à son tour l'obsession des surréalistes pour le thème de l'œil, que Buñuel portera à son paroxysme dans sa célèbre scène de l'œil coupé par une lame de rasoir, faisant allusion aux jeux d'enfants au cours desquels l'un des joueurs doit enfoncer le doigt dans de la mie de pain mouillée. A ce moment, la victime supposée avoir l'œil crevé doit lancer des cris déchirants. « La signification de l'"œil crevé" est très profonde pour moi, ajoute Leiris. Aujourd'hui, j'ai couramment tendance à regarder l'organe féminin comme une chose sale ou comme une blessure, pas moins attirante en cela, mais dangereuse par elle-même comme tout ce qui est sanglant, muqueux, contaminé[6]. »

Les dessins de Masson pour *Miroir de la tauromachie* n'écartent pas non plus le souvenir de Picasso, y compris l'inévitable Minotaure. Ce sont des massacres compliqués où le taureau, le torero, la femme, l'animal, l'homme, le sexe et la mort apparaissent mêlés. Mais dans leurs stylisations, aussi sexuelles soient-elles, persiste, comme dans l'œil conventionnel de la couverture d'*Histoire de l'œil*, un certain mauvais goût. Le thème est provocateur. La facture du dessin affaiblit le message.

Dora arrive d'Argentine affublée de sa triple identité et tombe sur des Français de pure souche qui adorent la tauromachie. Que pouvait-elle leur dire ? Dissiper le malentendu et, avec lui, son excitant prestige de presque native d'un pays supposé avoir des habitudes cruelles ? Avec son expérience antérieure – sa qualité d'étrangère à Buenos Aires –, elle a déjà dû apprendre à utiliser l'équivoque comme certains lutteurs se servent de la force de leur adversaire. Si séduire consistait à tourner l'erreur à ses propres fins, elle n'allait pas détruire les illusions de Bataille en lui disant qu'en Argentine, pays civilisé au moins dans ses lois, ces jeux sauvages étaient interdits. D'autre part, sa relation avec les taureaux, bien que précoce et fugace, avait été effective : l'aventure de José Markovich avec Nicolasito Mihanovich à Colonia del Sacramento servait enfin à quelque chose.

Or, à l'époque où il la fréquenta, Bataille se trouvait-il à même d'être fasciné par une Dora réelle ou fantasmée, ou alors toute sa capacité d'imaginer était-elle fixée sur Colette Peignot ? Et qui était cette Colette à laquelle il ne sacrifiait aucune de ses autres maîtresses, mais qui l'empêchait, même à sa façon, de les aimer ? Nous revenons ici au mot clé, *sacrifice*, aussi personnellement destiné à Dora que l'œil pinéal, mais moins qu'à Colette. S'il s'agissait de compétition, Dora perdit face à une femme plus encline qu'elle-même à l'offrande de soi.

Lorsque Bataille fit sa connaissance, Colette Peignot était la compagne de Boris Souvarine. Ce révolutionnaire juif qui se nommait en réalité Boris Lifschitz, né en Russie bien qu'élevé en France et de langue française, est considéré comme l'un des fondateurs du parti communiste français. En 1931, déjà dissident, il créa *La Critique sociale,* une revue indépendante à laquelle participèrent les signataires de *Un cadavre*, parmi eux Raymond Queneau, Michel Leiris et Georges Bataille. Ce dernier y publia deux articles importants, « La notion de dépense » et « La structure psychologique du fascisme » (où il soutenait que ce dernier devait être combattu par ses propres armes – celles qui à vrai dire le séduisaient plus qu'il n'était avouable –, et non par les insipides arguments démocratiques). Colette Peignot collaborait sous le pseudonyme de Claude Araxe. Un autre des collaborateurs était Jean Bernier, ex-membre de la revue *Clarté* et ex-amant de Colette, pour qui elle avait tenté de se suicider.

D'après Bataille lui-même, Colette et lui se virent pour la première fois l'année de la fondation de *La Critique sociale*, à la brasserie Lipp du boulevard Saint-Germain. Ce soir-là, Bataille était accompagné de Sylvia et Souvarine de Colette. Souvarine, âgé de trente-six ans, était l'une de ces rares personnes ayant un élément éthique aussi perceptible sur son visage qu'un trait physique. (Avec bien peu de délicatesse, Bataille se demande, dans ses souvenirs de Colette, comment il se pouvait qu'une femme aussi belle accompagnât un homme aussi laid.) Sylvia, vive, douce et pétillante à la fois, et aussi femme, dans le sens de l'intégrité, que Souvarine était homme. Bataille cachait sous son sourire fermé et ses manières trop courtoises un repli intérieur, d'autant plus fascinant pour des femmes ayant la fibre maternelle qu'il le rendait puéril et pleurnichard. Et Colette, très fine, très étrange, très fragile, mais à l'évidence indomptable et avec l'une de ces beautés qui, au dire de Bataille, n'apparaissait qu'à la vue de ceux qui savent regarder.

La relation entre Colette et Bataille ne semble pas avoir vraiment commencé avant 1934. Pendant toutes ces années ils s'étaient vus chez Souvarine, au siège de la revue. Ensuite, elle lui rendit visite à Issy-les-Moulineaux. Bataille était au lit avec l'une de ses crises de rhumatisme. Ils devinrent enfin amants le 3 juillet 1934. Le lendemain, Colette partait pour le Tyrol avec Souvarine. Quelques jours plus tard, Bataille l'y rejoignit, probablement avec Sylvia. Le quatuor de Lipp se recomposait, cette fois au bord de la dissolution. Le 25 juillet, Colette quitta Souvarine pour suivre Bataille.

Ce n'était pas un amour triomphant. Reconstruire la vie de Colette à partir de son autobiographie incomplète, *Histoire d'une petite fille*, et de la *Vie de Laure*[7], également incomplète, écrite par Bataille après sa mort, nous permettra de comprendre pourquoi.

Colette était née dans une famille bourgeoise dont quatre hommes (son père et trois de ses oncles) étaient morts à la guerre de 1914-1918. Depuis lors, sa mère avait revêtu l'habit sacerdotal de veuve et de patriote. Personne n'avait souffert plus qu'elle, personne ne pouvait la battre sur le terrain de l'abnégation et du courage. Profondément catholique, elle avait éduqué Colette et son fils aîné, Charles, dans une atmosphère de sacristie, mais par malchance le curé de la famille avait tenté de violer la petite, provoquant chez elle une réaction d'angoisse et de nausée qui dura toute sa vie, et qui l'explique en partie. Le frère se réfugia dans le dandysme. Frivolité libératrice à laquelle sa sœur n'atteignit pas, ou qu'elle dépassa, selon le regard qu'on lui porte : en faisant l'impossible pour se distinguer de sa mère, Colette tomba dans l'une de ces oppositions qui sont en réalité des ressemblances. La mère était la championne de la dignité ? Elle serait celle de l'abjection. Elle n'était pas hors compétition. Elle participait à une course dans laquelle gagner revenait à se perdre.

Bataille ajoute dans sa *Vie de Laure* que lorsque, des années plus tard, il vit Colette pour la première fois, son nom lui évoquait « les orgies parisiennes de son frère, de celles dont on m'avait parlé bien des fois ». Mais elle lui était apparue comme « la pureté et l'orgueil mêmes ».

L'un des amants de Colette fut un Allemand qui l'emmena à Berlin. Il « lui fit porter des colliers de chien, raconte Bataille ; il l'attachait, la faisait se mettre à quatre pattes et la frappait à coups de fouet comme une chienne. [...] Un jour, il lui donna un sandwich tartiné de sa merde ». Ensuite, Colette partit en Union soviétique où elle s'efforça de partager la vie des paysans russes (de même que, pendant la guerre, Simone Weil partagerait celle des ouvriers français). Lorsque Colette tomba malade, son frère alla la chercher et la ramena à Paris. D'après Bataille, le frère et la sœur firent l'amour dans la cabine du train. Enfin, à Paris, après d'autres aventures où il assure qu'« elle ne jouissait pas », elle rencontra celui qu'il appelle « Léon Bourenine » – lisez Boris Souvarine –, qui la soigna comme une malade et comme sa fille, l'empêchant, par exemple, de lire *Histoire de l'œil*, et qu'elle quitta cependant pour Bataille. Souvarine a toujours jugé avec mépris les coutumes de son rival, qu'il considéra non sans raison comme responsable de la mort de Colette.

La lecture des *Ecrits de Laure*, publiés par un neveu de Colette, Jérôme Peignot, qui adore sa tante morte comme un être mythologique, est impressionnante par la poésie même, par les méditations, par les confessions, mais aussi pour saisir un Bataille vu à travers les yeux d'une femme. Une femme aussi pressée que lui de se dégrader, mais librement, sans crainte, et surtout sans culpabilité, comme si l'engloutissement était une nécessité de caractère neutre, quelque chose d'ordonné par cette force numineuse qui ne fréquente pas les bénitiers.

« Pure et orgueilleuse », avait dit Bataille, mais aussi : « intraitable et pure ». C'est que cette sainte de l'abjection cherchait l'absolu. En d'autres temps, elle serait allée au martyre en chantant, elle se serait laissé arracher les seins avec le sourire extatique du Chinois Fou Tchou Li. Dans les années trente, son martyre était le sexe. Non le plaisir de la chair, mais l'expérience de l'horreur. Bataille ne se trompait pas en affirmant que ses rencontres avec des hommes sadiques ou sordides ne visaient pas le plaisir. Elles visaient la nausée. Et la mort.

Une mort concrète, programmée, annoncée, comme le prouve ce texte trouvé dans ses papiers :

« 1. Ne pas entrer dans la partie du bois des Yvelines, qui fut nommée Cruye, sauf dans les conditions qui excluent toute possibilité de discordance avec le caractère de sanctuaire que cette région aura pour nous. 2. Ne pas pénétrer dans une réserve limitée, à délimiter ultérieurement, sauf pendant les rencontres d'*Acéphale*. »

Qu'était donc cette société secrète créée par Bataille alors qu'il vivait avec Colette près du bois de Saint-Germain-en-Laye ? *Acéphale* fut d'abord une revue qui, à partir de 1936, remplaça *Contre-Attaque*. Le projet naquit à Tossa de Mar, imaginé par Bataille et dessiné par Masson : un homme qui perd littéralement la tête, autrement dit qui se libère de la prison de la raison. Le premier numéro comportait, entre autres choses, un article de Pierre Klossowski – frère du peintre Balthus qui deviendrait l'un des grands amis de Dora – sur le marquis de Sade.

Mais au-delà de la revue, un groupe de collaborateurs décida de fonder une société fortement hiérarchisée et régie par des lois strictes ; parmi ses membres on comptait, outre Colette et Bataille : Klossowski, déjà cité, Patrick et Isabelle Waldberg, Georges Ambrosino, Roger Caillois (qui à partir de 1939 irait s'installer en Argentine, invité par Victoria Ocampo) et, en qualité d'amis ou de voyeurs, Michel Leiris, André Masson et Jacques Lacan.

L'antinazisme d'*Acéphale* était résolu. Quelque peu infantile, certes, bien que sympathique : la forme de résistance imaginée par ses membres consistait à ne pas serrer la main d'un antisémite. Mais le véritable rituel de la société secrète avait un rapport avec la « mise en scène des terreurs nocturnes et cette sorte de crispation extatique que propage la mort ». Non la mort conquérante du nazisme, expliquaient-ils, mais la mort qui rassemble, qui agglutine, la mort créatrice d'une communauté tragique. D'aucuns ont suggéré que la différence entre les deux n'est pas abyssale, surtout pour celui qui la subit.

La femelle gibbon, par exemple, cette guenon entourée de ficelle comme un poulet prêt à mettre au four et attachée à un piquet tête en bas, à côté d'une fosse, avec l'orifice anal vers le haut, selon les obsessions déjà décrites par Bataille dans *L'Anus solaire* après l'excitante vision du jardin zoologique de Londres. Un autre de ses textes, *Le Sacrifice du gibbon*, écrit entre 1927 et 1930, annonce le sacrifice projeté – on ignore s'il fut réalisé, quoique tout paraisse l'indiquer – par les participants à l'orgie. Ceux-ci, nus, jettent de la terre pour couvrir la tête de l'animal. Une femme se couche alors sur la fosse pleine, à côté des fesses pelées où se détache l'anus saillant et ouvert au ciel (fesses qui ressemblent au crâne où, un jour, se dressera l'œil pinéal) : « [...] la chair muqueuse de ce faux crâne chauve quelque peu souillé de merde à la fleur radiée du sommet est encore plus inquiétante à voir touchée par de jolis doigts blancs. Tous les autres sont autour, retiennent leurs cris, essuient leur sueur ; les dents mordent les lèvres ; une bave légère coule même des bouches trop troublées : contracté par l'étouffement, et aussi par la mort, le beau furoncle de chair rouge s'est embrasé de puantes flammes brunes[8]. »

Le sacrifice souhaité par Bataille ne devait pas s'arrêter à la guenon. Les initiés d'*Acéphale* étaient destinés à s'unir autour d'un sacrifice humain. On a dit que Colette s'était offerte comme victime. On sait que personne ne s'est proposé comme sacrificateur.

Décrire ce qui précède de façon détaillée a un sens dans la mesure où Dora précéda Colette, ou coexista dans le temps avec elle. Et de même que nous verrons le dénominateur commun ou les oppositions alternées entre les femmes de Picasso, il nous intéresse de la même façon de connaître Colette afin qu'elle nous dessine les contours d'une femme qui ne parvint pas à être comme elle, qui n'atteignit pas ses limites ou qui le fit avec timidité, mais qui possédait certains de ses traits. D'autre part, dans son prologue aux écrits de Laure, Jérôme Peignot fait certaines observations qui frôlent de façon tangentielle l'histoire de Dora.

Jérôme, fils de Charles Peignot, dit sur son père, qu'il déteste : « Bataille reconnaissait que la personne de mon père était entourée d'une aura de scandale. C'est pourquoi il lui portait une certaine considération. Mais chez mon père cette attitude n'était qu'une grimace. Sa liberté sexuelle ne sortait pas du cadre bourgeois, des formes conventionnelles dans lesquelles, finalement, il voulait se maintenir[9]. »

Par recoupements, la conversation téléphonique qu'eurent Victoria Combalía et la vieille dame renferme une confession intéressante : le premier à publier une photographie de Dora avait justement été Charles Peignot. Comme me l'a expliqué Sophie, une autre fille de Charles, la famille possédait une fonte de caractères d'imprimerie célèbre, inaugurée par Balzac : l'Industrie Debergny-Peignot. Sur cette base, l'héritier avait créé une revue qui, en 1932, publia la photo de Dora. Le fait révélait que celle-ci, au début de sa carrière, avait été en relation avec un homme « entouré d'une aura de scandale ». Serait-elle aussi, comme Colette, arrivée jusqu'à Bataille avec cette auréole sur la tête ?

Pour savoir à quoi m'en tenir, je décidai de consulter directement Bernard d'Anglejean-Châtillon, ex-mari de Sophie Peignot. Avec un naturel mi-mondain mi-amusé, M. d'Anglejean me répondit : « Il est certain que mon ex-beau-père a organisé chez lui des parties carrées, mais seulement jusqu'en 1932. Cette année-là, il a épousé l'actrice Emmy Line qui lui a mis le grappin dessus parce qu'elle voulait s'embourgeoiser. Aussi je vous le dis sans l'ombre d'un doute : en 1932, il n'a pu coucher avec Dora, parce qu'il était en train de changer de vie et voulait devenir respectable. »

Comme se faisant l'écho de cette tranquille certitude, Laure avait écrit dans une lettre non expédiée : « Qu'est-ce qui est le plus comique, ou le plus odieux ? Est-ce le crime qui se pare des vertus de l'innocence, ou l'innocence qui se pare des vertus du crime ? » Toute la vie de Dora entre dans la seconde partie de cette question. Les années trente auréolaient le « crime ». Impossible d'être à la mode si l'on était prude. A mon modeste avis, *Le Bleu du ciel* de Bataille pourrait être la démonstration que le halo peccamineux dont les autres ont entouré Dora Maar, ou dont elle-même a essayé de s'envelopper jusqu'à sa « conversion » religieuse, avait beaucoup moins d'éclat que ce qu'on a voulu faire croire.

Le Bleu du ciel met en scène trois personnages féminins présents et un quatrième, à distance. Le protagoniste, Troppmann, qui représente Bataille, est marié à Edith, qui l'aime et s'est sacrifiée pour lui comme une épouse dévouée. Cette femme invisible n'apparaît dans aucune des villes où se déroule l'histoire, et il a été prouvé qu'il s'agissait de Sylvia Maklès.

Troppmann aime Dorothea, qu'il appelle Dirty (sale) en manière d'hommage : il ne peut aimer que ce qui est maculé. Le roman commence dans un hôtel de Londres où la belle femme, complètement ivre, vomit et se conchie. Ils viennent de faire l'amour entre les tombes et Troppmann craint d'être devenu impotent à force de nécrophilie : et si, désormais, seule l'odeur des cadavres parvenait à l'exciter ? Lui aussi vomit, et pleure, tout cela en abondance. Ces amours ont moins à voir avec le génital qu'avec le digestif. On sait que Dirty représente Colette Peignot.

Le troisième personnage est un « oiseau de mauvais augure », une intellectuelle « de race juive », toujours vêtue de noir, aussi sale que Dirty, mais pas sur le plan sexuel. Le protagoniste, qui se trouve beau garçon (rappelons-nous son observation sur la laideur de Souvarine) s'étonne de rechercher l'amitié d'une femme si peu gracieuse, avec laquelle, bien sûr, il ne couche jamais. Elle est d'une intelligence impressionnante et d'un idéalisme exaspérant. Elle s'est convertie au christianisme et veut elle aussi se sacrifier, non en s'offrant à un amant sadique, mais à la Révolution. Afin de se préparer peu à peu au martyre, elle demande qu'on lui introduise des aiguilles sous les ongles. Dans le roman, elle porte le nom de Lazare. Les critiques s'accordent à reconnaître Simone Weil sous ses traits.

Enfin, dans le quatrième personnage, Xénie, on a vu une jeune bourgeoise vaguement surréaliste, mais sans lui donner de nom. Je pense avoir trouvé suffisamment d'indices pour reconnaître Dora sous les traits de Xénie.

Voici la scène où Troppmann, qui a déjà pas mal bu, entre dans un restaurant où il rencontre un groupe d'amis :

« Ma voisine s'appelait Xénie. A la fin du repas, elle me dit qu'elle revenait de la campagne et que, dans la maison où elle avait passé la nuit, elle avait vu aux cabinets un vase de nuit plein d'un liquide blanchâtre au milieu duquel une mouche se noyait : elle en parlait sous prétexte que je mangeais un cœur à la crème et que la couleur du lait la dégoûtait. Elle mangeait du boudin et buvait tout le vin rouge que je lui servais. Elle avalait les morceaux de boudin comme une fille de ferme, mais c'était une affectation. C'était simplement une fille désœuvrée et trop riche. Je vis devant son assiette une revue d'avant-garde à couverture verte qu'elle traînait avec elle. Je l'ouvris et je tombai sur une phrase dans laquelle un curé de campagne retirait un cœur du fumier au bout d'une fourche. J'étais de plus en plus ivre et l'image de la mouche noyée dans un vase de nuit s'associait au visage de Xénie. Xénie était pâle, elle avait dans le cou de vilaines touffes de cheveux, des pattes de mouches[10]. »

La scène continue par un acte quelque peu sadique : le héros enfonce sa fourchette dans la cuisse de la jeune fille, elle crie, relève sa jupe en montrant du beau linge et de jolies cuisses et découvre la minuscule blessure. Il se précipite pour sucer le sang, elle pleure un peu, pas trop, et, au moment de sortir, il paie l'addition pour lui et pour elle, « comme s'il avait voulu prendre possession » de Xénie.

Les nombreuses photographies que nous connaissons de Dora ne permettent pas de se rendre compte si elle avait ou non de « vilaines touffes de cheveux » dans le cou. En revanche, elle en avait sur le front. Elle n'avait pas le front large, et nous avons déjà fait allusion à son épaisse chevelure, raide, difficile à dompter. Lorsqu'elle se peignait en arrière, la naissance des cheveux laissait à découvert les mèches évoquées, noires en effet, et pouvant évoquer des pattes de mouches sur sa peau très blanche. Surtout aux yeux d'un homme passablement ivre et enclin à se complaire dans la chose dégoûtante. Une donnée que sa compagne de table, si proche de la mode qu'elle ne sortait pas dîner sans emporter sa revue d'avant-garde, ne pouvait ignorer. Séduire un écrivain célèbre en lui servant ses propres obsessions sur un plateau faisait partie du jeu. Tout devient sérieux, du moins pour elle, quand Xénie accepte d'abord d'être blessée, puis achetée.

Le joyeux groupe va danser chez Fred Payne. Là, Troppmann s'amuse à brandir sa ceinture, comme prêt à punir plusieurs femmes qui trouvent cela fort drôle. Puis il va aux cabinets. Un moment après on le trouve assis sur le siège, pantalon baissé. Bien sûr, il vomit.

Un peu plus tard, il tombe malade et Xénie va lui rendre visite. Lorsqu'il la voit arriver, Troppmann s'étonne de la trouver si simple, si humaine. La surprise serait encore plus justifiée si nous acceptions d'identifier Xénie avec Dora, qui en 1934 avait déjà adopté l'apparence d'une vedette extravagante, telle qu'on la verrait un an plus tard sur une célèbre photo de Man Ray qui fascina Picasso : la tête emplumée comme un chef sioux. Xénie, étrangement « simple » et « humaine » parce qu'on se serait, de sa part, attendu à des attitudes de diva et non à des humilités de collégienne amoureuse, le surprend encore plus lorsqu'elle lui baise la main. Il lui dit : « Pourquoi m'embrasses-tu la main ? Tu le sais bien. Je suis ignoble au fond. »

Elle lui répond sans se rallier au tutoiement, en signe de dévotion : « Je le sais. Tout le monde sait que vous avez une vie sexuelle anormale. Moi, j'ai pensé que vous étiez surtout très malheureux. Je suis très sotte, très rieuse. Je n'ai que des bêtises dans la tête, mais, depuis que je vous connais et que j'ai entendu parler de vos habitudes, j'ai pensé que les gens qui ont des habitudes ignobles... comme vous... c'est probablement qu'ils souffrent[11]. »

La déclaration de pitié ne tombe pas dans l'oreille d'un sourd. Fin connaisseur, le malade continue à jouer de ses terribles souffrances, lui donnant des espoirs et les lui retirant, admettant qu'il n'est peut-être pas aussi ignoble, mais sans aucun doute un homme perdu, et qu'il désire mourir. Il le dit presque sincèrement : un pur mensonge n'aurait-il pas pour effet de transformer Xénie en postulante salvatrice qui s'exclame, « avec une brusquerie presque folle » : « Je ne veux pas que vous mouriez. Je vous soignerai, moi. J'aurais tellement voulu vous aider à vivre[12]... »

Le feuilleton change de ton. De mauvais goût qu'il était il devient à présent de plus en plus agressif :

« Alors, brûlé de fièvre, je lui dis avec une exaspération démente :

« — Ecoute-moi, Xénie [...], tu t'es mêlée à l'agitation littéraire, tu as dû lire Sade, tu as dû trouver Sade formidable – comme les autres. Ceux qui admirent Sade sont des escrocs – entends-tu ? – des escrocs... [...] Est-ce qu'ils avaient mangé de la merde, oui ou non[13] ? »

La réponse de Xénie (ignorant sans doute le contenu des sandwichs que l'amant allemand avait donnés à Colette), est un prodige de tendresse :

« [...], je t'en supplie – elle devenait alors, penchée sur moi, une sorte de fée souffrante et la passion inattendue de sa voix presque basse me brûlait – arrête de parler... tu es trop fiévreux pour parler encore[14]... »

Et dans le paragraphe suivant : « le son étrange et envahissant de sa voix ». La description de Dora serait incomplète sans l'allusion à ce timbre que Marcel Duhamel qualifie de « roucoulant » et que ses amis, James Lord ou Bernard Minoret, comparent à un chant d'oiseau. Le sculpteur anglais Raymond Mason m'a même dit qu'il regrettait de n'avoir pas enregistré le dernier message téléphonique de Dora, à cause de la beauté de sa voix que tous s'accordent à trouver merveilleuse. Personne ne l'a entendue chanter dans la vie réelle (Xénie le fait, elle, dans *Le Bleu du ciel*), mais son ton, lorsqu'elle parlait, était exactement celui d'une fée.

Après avoir observé, avec une complaisance pleine de condescendance, la robe de soie bleu marine à col blanc, les bas clairs et les souliers blancs de Xénie, et l'avoir trouvée jolie avec ses cheveux noirs bien peignés (ce sont plus des observations de modiste que d'amant), le malade la complimente, elle s'agenouille à côté de son lit, il lui met la main sous la jupe et à cet instant précis apparaît la bonne avec le thermomètre. Alors il se l'introduit où il se doit tandis que la pauvre Xénie ne trouve même pas la force de tourner la tête.

« A son tour, ma belle-mère arriva voulant savoir ma fièvre : je lui racontai sans lui répondre que Xénie, qu'elle connaissait depuis longtemps, resterait là pour me soigner. Elle pouvait coucher dans la chambre d'Edith, si elle voulait. Je le dis avec dégoût, puis recommençai à sourire méchamment, regardant les deux femmes.

« Ma belle-mère me haïssait pour tout le mal que j'avais fait à sa fille [...]. Elle demanda :

« — Vous ne voulez pas que je télégraphie à Edith de venir[15] ? »

Il lui répond que Xénie s'occupera de lui. Tandis que la belle-mère prend une mine de circonstance, Xénie, retenant un sanglot, sort en courant pour aller chercher ses affaires. Pourquoi pleure-t-elle ? Non parce qu'elle a entendu les derniers mots de Troppmann au moment où elle sortait (« Qu'elle s'en aille au diable »), mais à cause du rôle lamentable qu'elle joue devant la mère de son amie, Edith-Sylvia. Pourquoi revient-elle, alors, près du lit du malade ? Pour s'exposer à de nouvelles humiliations, dont on peut déjà, à présent, se faire une idée ? Oui, les dés sont jetés : c'est pour cela qu'elle vient et tous deux le savent.

La belle-mère du roman, Mme Maklès, avait eu quatre filles dans la vie réelle : Sylvia, qui après la naissance de sa fille Laurence était entrée dans la bande de Prévert et le groupe Octobre (cette douce Sylvia qui pour Elisabeth Roudinesco avait « un esprit d'abnégation proche du sacrifice ») ; Bianca, si belle et de gauche, comme sa sœur ; Rose, qui épousa André Masson en 1934, l'année même où le peintre s'installa à Tossa de Mar, où Bataille écrivit le roman dont nous parlons ; enfin Simone, qui épousa Jean Piel, cofondateur avec Bataille de la revue *Critique*. Le « clan Bataille-Maklès » complétait deux autres « clans », tous composés d'amis de Dora : celui de Michel Leiris, marié avec Louise Kahnweiler, surnommée Zette, et celui de Raymond Queneau marié avec la sœur de la première femme d'André Breton, Simone Kahn. Le fait que la belle-mère connaisse parfaitement et depuis « longtemps » Xénie devient une information utile pour reconnaître en elle Dora Maar.

Dans cette nuit de folie, Troppmann demande à Xénie qu'elle se déshabille devant lui, qu'elle chante, qu'elle se soûle, qu'elle se couche à côté de lui. Elle obéit aux ordres, un à un. Ne vient-elle pas de lui dire qu'elle fera absolument tout ce qu'il lui dira ? Mais la soumise commet des erreurs de débutante devant le maître sévère. Elle se trompe, se trouble, fait tomber le plateau, les tasses, se précipite, parle trop. C'est comme si elle ne connaissait pas les rythmes de l'obéissance que Dirty-Colette-Laure domine comme personne. Elle gémit, se plaint, lui déclare que c'est elle qui va mourir parce qu'il lui a « mis la mort dans la tête », et commence, assise au bord de la fenêtre, un balancement suicidaire. Il en profite pour lui raconter son histoire préférée, la même qu'il a déjà racontée à Dirty et à Lazare, ou qu'il leur racontera plus tard : celle de sa mère.

Bataille a bien des fois raconté cette histoire, non plus sous un nom d'emprunt, mais à visage découvert, comme pour que nous hésitions à le croire. Sa mère, qui vient de mourir, gît dans la pièce voisine. Il dort avec sa femme, Edith-Sylvia, et avec ses fils-fille (Laurence). Soudain il se lève et va regarder le cadavre de celle qu'il accuse, dans *Ma mère*, d'avoir été son initiatrice sexuelle. Et, sans pouvoir se retenir, il se masturbe devant elle.

Changement de décor, Troppmann est en Espagne. La guerre civile se prépare. Lazare-Simone Weil est elle aussi venue se joindre au mouvement populaire et sacrifier, pour être précis, sa vie. Mais le héros continue à boire et à vomir. L'exaltation de la rue ne l'atteint pas un seul instant. C'est là qu'il décide d'appeler la pauvre Xénie, avec laquelle il n'a pu faire l'amour pendant sa maladie, chose que, du reste, à aucun autre moment du roman il ne met en pratique avec personne.

Xénie arrive à Madrid. A la gare, elle se montre de nouveau maladroite : elle fait tomber ses affaires, elle a l'air d'attendre, mais il lui suffit de voir Troppmann, plus sinistre que jamais, pour comprendre que son voyage a été une erreur. Ou peut-être une réponse juste, mais en sens inverse : non pas de jouissance, de souffrance.

Dirty, sa rivale, bien mieux disposée qu'elle pour les choses de la souffrance, vient elle aussi d'arriver. Elle est pâle, malade. Mais il lui reste encore des forces pour demander pardon à son amant, lui qui aime tant les cadavres, de ne pas être morte à Londres.

Et la rencontre entre les deux, inévitable, se produit. Troppmann et Dirty sont dans la chambre de l'hôtel lorsque Xénie frappe à la porte.

« Xénie tremblait. Je regardai Dorothea, je la vis provocante. Muette, mauvaise, elle était debout, les seins nus.

« Je dis brutalement à Xénie :

« — Il faut retourner dans ta chambre. Il n'y a rien d'autre à faire.

« Dorothea m'interrompit sans la regarder :

« — Non. Vous pouvez rester, si vous voulez. Restez avec nous.

« [...] Elle m'entraîna à l'autre extrémité de la chambre et me dit à l'oreille :

« — J'ai une idée horrible, tu comprends ?

« — Quelle idée ? Je ne comprends plus. Pourquoi inviter cette fille à rester ?

« [...]

« — Tu sais que je suis une bête.

« L'autre pouvait entendre.

« Je me précipitai vers Xénie, la suppliant :

« — Va-t'en tout de suite.

« Xénie me supplia elle aussi. Je répliquai :

« — Comprends-tu ce qui va se passer si tu restes ?

« Dorothea riait cyniquement en la fixant. Je poussai Xénie vers le couloir : Xénie, qui résista, m'insultait sourdement. Elle était affolée dès l'abord et, j'en suis sûr, sexuellement hors d'elle. Je la bousculai, mais elle résista. Elle se mit à crier comme un démon. Il y avait dans l'air une telle violence ; je la poussai de toutes mes forces. Xénie tomba de tout son poids, s'étalant en travers du couloir. Je fermai la porte au verrou. J'avais perdu la tête. J'étais une bête, moi aussi, mais, en même temps, j'avais tremblé[16]. »

Après la mort d'un ami de Troppmann, qui tombe amoureux de Xénie et auquel elle dit avoir fait « ce que tu as fait avec moi », Xénie retourne en France avec Lazare. Si nous remplaçons ces noms par ceux de Dora Maar et Simone Weil, nous trouvons deux femmes qui se connaissent pour avoir partagé des idées, des discussions, des manifestations. Deux camarades qui marchaient côte à côte ce 12 février sur le cours de Vincennes. Deux mystiques dont l'une aurait pu signer ce que l'autre a écrit dans *La Pesanteur et la Grâce* : « Quand on aime Dieu à travers le mal, c'est vraiment Dieu que l'on aime. »

Ne quittons pas la description du récit sans nous arrêter sur ces noms. Celui de Troppmann semble mettre en évidence une expression de désir : en mélangeant le français et l'anglais, ou l'allemand, nous aurions quelque chose comme « trop homme ». Lazare, avec son manteau noir et sa pâleur de cire, ferait penser à quelqu'un qui sort de la tombe, et Xénie, à l'étrangère : un renseignement de plus pour l'identifier comme la Franco-Croate argentine. Le petit jeu qui consiste à mélanger non pas les langues mais les femmes est également intéressant : Sylvia, il l'appelle Edith, qui, dans ses journaux intimes de la période où il était en train de se séparer d'elle, est le nom de l'une de ses nombreuses maîtresses. Et Dorothea sonne comme Théodora à l'envers.

Conclusions ? Dans ce mélodrame nécrophilique et coprophagique, par moments très comique et qui ne parvient en aucune manière à atteindre l'émotion d'*Histoire de l'œil*, Xénie reste à mi-chemin. C'est une petite bourgeoise qui est sur le point de se suicider, sur le point de coucher avec Troppmann, sur le point d'entrer dans la tanière du loup où Dirty propose une orgie à trois, mais qui ne le fait pas. Rester dans le couloir, « sexuellement hors d'elle » mais pas suffisamment pour accepter l'« horrible » idée de l'autre, telle est l'attitude qui caractérise Dora Maar. La tentation, oui, sûrement aussi le voyeurisme hérité de son père et de sa mère – et qui en a fait une photographe (nous le verrons quand Picasso, sur la Côte d'Azur, couche avec ses amies presque devant ses yeux) –, mais pas la participation. C'est comme si le balancement, l'oscillation de la lumière dans le film *Le Corbeau* faisait partie de cette jeune femme qui se balance à la fenêtre en menaçant de se tuer, mais qui se garde bien d'exécuter sa menace. S'il est certain que Bataille, assez bon garçon dans tout cela, l'a empêchée de tomber dans les griffes de Colette, il est également certain qu'elle s'est éclipsée après quelques insultes.

Et à propos d'insultes : les trois maigres fragments extraits de trois lettres de Bataille adressées à Dora qu'il me fut donné de lire au début de cette recherche m'ont confortée dans mon idée que celle-ci exhibait socialement l'« aura du crime », et peut-être s'en parait-elle dans ses rêves, sans jamais s'en coiffer.

Mais avant tout, pourquoi ces fragments étaient-ils maigres ? Revenons à mes premières difficultés concernant le mur de silence contre lequel je butai en mai 2000, à mon arrivée à Paris.

Après la mort de Dora, les hommes de loi et d'affaires qui envahirent son appartement avec des yeux comme des lanternes et un filet de bave aux commissures des lèvres trouvèrent, entre autres choses, des textes écrits par elle et des lettres qui lui étaient adressées. Le critère selon lequel ils ont décidé d'en vendre certains aux enchères publiques et de cacher les autres m'échappe. Ce qui est certain, c'est que les lettres de Bataille, précieux documents qui permettaient de capter la teneur de ses amourettes avec l'exquise photographe furent vendues.

Le reste, composé de documents de nature variée, dort aux Archives nationales de la ville de Paris, attendant l'autorisation des héritiers pour être consulté, et pour figurer dans une exposition que le musée Picasso pense consacrer en son temps à la maîtresse du génie.

Le monsieur dont je n'ai pas vu le visage, mais que j'ai entendu au téléphone et qui a exigé l'anonymat, m'a mise sur une piste présumée que, à en juger par sa voix, lui-même trouvait effrayante : les textes cachés – un journal intime auquel James Lord a également fait allusion dans son livre sur Dora – auraient un caractère érotique. Contrairement à ce qui semble s'être passé avec ceux qui les ont dissimulés, la nouvelle m'a à peine surprise.

Parmi tous les catalogues publiés pour la vente, l'un d'eux contenait les textes brefs que les organisateurs avaient accepté de montrer. En y trouvant les trois maigres fragments, j'ai demandé à l'un des cabinets qui avaient réalisé la vente l'adresse du ou des acheteurs des lettres de Bataille. Le silence s'accentua, cette fois avec une note de pudeur outragée : non, madame, il est impossible de révéler le nom de l'heureux possesseur. Ces choses-là ne se demandent pas. On ne parle pas de ces choses. Et lui faire parvenir une lettre, un petit message ? Pas davantage !

Pliée mais pas brisée, je me présentai au cabinet du célèbre expert en documents littéraires qui s'était occupé du catalogue. M. Galantaris – galant, en effet – me dit : « J'ai eu les lettres de Bataille entre les mains. Elles n'étaient pas très longues. Je n'ai pu établir toutes les dates, mais je suis parvenu à authentifier la signature, Georges, à peine lisible. » Et il ajouta de façon quelque peu inattendue : « Nous avons résolu de présenter une image digne de Dora Maar. » Je lui demandai : « Existait-il des éléments pour en présenter une autre ? — Nous aurions pu la montrer comme une nymphomane, mais nous ne l'avons pas fait », me répondit-il.

Me sentant tout autant que la pauvre Xénie dans le couloir extérieur aux événements, devant la porte fermée au verrou de l'hôtel madrilène, je me concentrai avec innocence sur la lecture de ce que j'avais : les trois maigres fragments.

Quatre, en réalité. Le premier est une dédicace, écrite sur le premier jet très raturé d'un essai, qui dit : « *à Dora que j'aime* ».

Le deuxième est extrait d'une lettre envoyée d'Espagne : « ... Je voudrais t'écrire pour que tu viennes. Je suis sûr que tu serais heureuse ici. Je t'écris de la chambre la plus follement jolie que tu aies jamais, que j'aie jamais habitée. »

Le troisième : « ... tu savais bien [...] que ta lettre devait me faire du mal : je ne peux pas savoir si elle n'est pas définitive, tellement les quelques mots que tu m'écris sont brutaux. [...]. Je ne peux pas m'empêcher d'être effrayé par ce qu'il y a en toi de fragile, à la merci de chaque saute d'humeur. Tu ne peux pas savoir ce que tu aimes vraiment si bien que tu n'aimes rien vraiment et ainsi tout se perd [...]. Je te supplie de m'écrire vite... »

Et le quatrième, envoyé le 9 juin 1943 de Vézelay : « Comme je suis paresseux pour écrire. Pourtant j'aurais mille raisons de le faire [...]. Il me semble souvent être mort et qu'un personnage poreux prend ma place [...]. Tout se passe entre fantômes mous, genre fumée, nuage... Ecris-moi [...]. Je ne peux plus boire : le vin d'ici fait mal à l'estomac[17]... »

Le désespoir provoqué chez moi par ces points de suspension entre crochets – des fragments de lettres à Dora qui sembleraient poser de petits cailloux ou des miettes de pain sur le chemin menant à Xénie – ne se dissipa que plusieurs mois plus tard, lorsque Combalía, qui y avait eu accès avant la vente, les publia presque intégralement dans le catalogue d'une exposition consacrée à Dora, en Allemagne, en 2001. Certaines phrases qui vinrent combler les parenthèses de la première lettre (« Je voudrais vraiment que tu aies confiance en ce qui nous unit, une confiance d'enfant comme moi ») et de la deuxième (« Je crois que tu te trompes en t'éloignant de moi... Nous avons joué à une sorte de négociation. Mais je ne veux plus y jouer et il ne m'importe plus de savoir si c'est un bonheur ou un malheur : je t'appartiens entièrement... Je suis sûr que la vie a été très dure avec toi. Avec moi elle est dure comme une pierre ») finirent par me révéler une relation plus sentimentale que prévu. Ce qui n'exclut absolument pas l'élément de « jeu » que l'auteur des lettres dit avoir totalement abandonné. Bien que la tendresse ne soit pas absente, la séduction afflue : étant donné les caractéristiques du personnage, ni Dora ni aucune autre femme moyennement sensée ne lui aurait accordé la confiance enfantine demandée, ni n'aurait donné un crédit excessif à ses déclarations « de totale appartenance ».

Dans *Le Bleu du ciel*, Troppmann appelle Xénie de Madrid. Dans la réalité de ces lettres, d'après le texte de Combalía qui les accompagne, Bataille appelle Dora de Tossa de Mar, où justement il écrivit ce roman. Combalía – pour qui l'appel a peut-être eu lieu en mai 1935 – rectifie ici ce qu'elle avait déjà écrit à ce sujet. En effet, lorsqu'elle demanda par téléphone à Dora si après son premier voyage à Tossa de Mar en 1932 elle y était retournée une fois, la vieille dame lui répondit d'un catégorique et concis « jamais ». Pourtant, plusieurs photographies de Dora trouvées par Combalía après cette conversation démentent l'information : elles sont de Tossa de Mar et datées de 1934. Si nous acceptons l'hypothèse que Xénie est Dora, l'invitation de Bataille peut ne pas dater de 1935, mais correspondre justement à ce voyage de 1934. Un voyage que Xénie-Dora avait bien des raisons de vouloir effacer de sa mémoire dans sa vieillesse, puisqu'il ne lui avait procuré que honte et humiliation. Sauf qu'adopter cette hypothèse revient à admettre que les amours de Dora et de Bataille furent d'une affligeante chasteté.

Dans la deuxième lettre, nous voyons que Dora a insulté Bataille, apparemment avec vigueur, qu'elle a mis fin à leur relation et que Bataille le regrette. Répétons que si Xénie était Dora, il serait naturel qu'aux insultes proférées de vive voix dans le couloir de l'hôtel elle ait ajouté une rupture écrite noir sur blanc. D'autre part, la phrase sur l'incapacité d'aimer que Bataille observe chez Dora pourrait s'interpréter comme une revanche (le séducteur ne supporte pas que sa proie le quitte), mais sa préoccupation concernant la fragilité psychique de son amie, qui inquiétait également Picasso, montre de la tendresse. Une tendresse que, malgré tout, le personnage de Xénie éveille aussi chez Bataille. Xénie est émouvante dans sa maladresse. L'apprenti sadique joue avec l'apprentie masochiste, qui lui inspire de la pitié pour la tournure déplorable que prend sa candide soumission.

Troisième lettre : neuf ou dix ans plus tard (au moment même, dit Galantaris, où Picasso commence à s'éloigner d'elle), Bataille écrit à Dora de la maison de Vézelay où il s'est réfugié pendant la guerre avec sa maîtresse du moment, Denise Rollin, le fils de cette dernière et, peu après, sa propre fille, Laurence. (D'après la psychanalyste lacanienne Catherine Millot, Laurence, qui haïssait son père, racontait que Sylvia, poursuivie par les lois antijuives, avait demandé à son ex-mari de l'accompagner lors d'un voyage en train, et que celui-ci avait refusé par pure lâcheté.)

Juste à côté de sa maison de Vézelay, Bataille en a réservé une autre pour Sylvia, qui doit venir l'occuper avec son nouveau compagnon, Jacques Lacan. Au lieu de quoi s'y installe Diane Kotchoubey de Beauharnais, qui sera la femme de Bataille jusqu'à la fin de sa vie. Ces événements, décisifs pour lui, ont lieu entre avril et octobre 1943, c'est-à-dire exacement à l'époque où il dit à Dora qu'il se sent comme un fantôme poreux et que le vin lui fait mal. Les « brutales » insultes sont oubliées. Aujourd'hui, Dora et lui sont amis ; mais Bataille continue à jouer de ses douleurs physiques et morales, faisant allusion aux problèmes digestifs qui le préoccupent tant, et à une tristesse qui lui va fort bien.

Le Bleu du ciel ne fut pas publié du vivant de Colette, qui n'aimait pas ce roman. Bataille ne le donna à connaître qu'en 1957. Dans le prologue de cette édition, il parle du « malaise » que ce livre a longtemps provoqué en lui, mais il le défend en l'incluant dans une liste prestigieuse d'ouvrages tels que *L'Idiot* ou *Le Procès*, que leurs auteurs ont écrits en obéissant à une « nécessité ». La sienne, ajoute-t-il, provient d'une « monstrueuse anomalie ». Il faudrait se demander ce que pensait ce chat échaudé de Colette d'un caractère anormal, qu'elle voyait sans doute comme plus adolescent que réellement monstrueux.

Colette, Simone Weil, Bataille et, nous le savons maintenant, Dora Maar se trouvaient vraiment en Espagne à peu près à l'époque dont il est question – 1934 –, un peu avant ou un peu après. Cela ne signifie en rien que les relations entre l'écrivain et les trois femmes aient été les mêmes que dans le roman, du moins dans les détails. Mais elles ont dû l'être en essence : quel que soit le lieu, Madrid ou Tossa de Mar, où se déroulent les faits, Dora, rejetée par Bataille qui lui préfère Colette, reste en dehors de l'histoire et s'en va, offusquée. L'autobiographique ne doit pas non plus nous induire en erreur en ce qui concerne la description des trois femmes, cette fois si monstrueusement dénaturée, surtout dans le cas de Simone Weil, qui mérite sans doute un plus grand respect.

Une dernière question au sujet du *Bleu du ciel* : Dora l'a-t-elle lu lorsqu'il fut enfin publié ? Et lorsqu'un an plus tard, en 1958, elle décida de se retirer définitivement du monde, le dépit provoqué par la vision de Xénie a-t-il influencé sa décision, en supposant qu'elle se soit reconnue en elle ? Le roman ne figure pas parmi les nombreux exemplaires dédicacés à Dora par des dizaines d'auteurs célèbres et trouvés chez elle après sa mort. Cela ne prouve pas qu'elle ne se soit pas plongée dans sa lecture, mais prouve en revanche que Bataille ne s'est pas décidé à le lui envoyer avec une autre dédicace affectueuse.

Jusqu'en quelle année leur amitié a-t-elle duré ? Au-delà de 1943 et de la liaison de Bataille avec Diane Kotchoubey ? La découverte dans l'appartement du 6, rue de Savoie, d'un texte manuscrit, dédié à Dora et qui porte deux titres, *Le Monstre humain* et *De l'insuffisance à l'incertitude et du temps à l'universalité de l'être humain* (vaste programme), prouve que l'écrivain et la photographe ont partagé une complicité intellectuelle. Dans ce sens, Xénie est loin d'être Dora. La caricature d'une femme d'avant-garde de bon ton qui rêve de s'offrir à genoux n'a pas grand-chose à voir avec la réalité d'une artiste intelligente, fervente lectrice, amie des plus grands de son temps et capable de blesser l'auteur du roman par des paroles cinglantes que celui-ci n'a pas su mettre dans la bouche de sa pauvre Xénie.

Mais le rêve de s'agenouiller pour souffrir contredit-il l'intelligence, l'invalide-t-il ? Il suffit de jeter un coup d'œil aux textes des femmes surréalistes, contemporaines de Dora ou postérieures à elle, pour comprendre qu'il leur arrivait quelque chose de grave. Quelque chose qui dépassait leur puissance intellectuelle. Quelque chose ayant certainement un rapport avec le nazisme annoncé, ou avec ce qui était déjà survenu et, inutile de le préciser, avec leur « féminité ». Colette ne fut pas la seule à désirer la torture. D'autres se seraient vues reflétées dans le supplice de la femelle gibbon.

Chapitre IV

L'œil surréel

1935 et 1936 furent des années de gloire pour Dora, comme 1910 l'avait été pour le péremptoire architecte. C'était une chasseuse d'images célèbre, qui de plus, comme dans un jeu de miroirs, arborait sa propre image. Parallèlement, tout convergeait dans une direction déterminée, vers l'événement que sans le savoir, ou le sachant dans l'ombre, elle s'apprêtait à vivre et qu'elle désigna par ces simples mots : « J'ai été couronnée reine. »

Mais ce qui nous intéresse à présent, c'est de l'observer entre le couronnement supposé et l'espace qui lui correspond en vertu de son propre mérite. Un espace visible qu'aucun des silences ne peut effacer. Il suffit de regarder ses photographies de cette période et celles prises par Man Ray, à son tour chasseur du visage de la photographe, pour nous introduire dans l'instant décisif de Dora Maar.

D'abord, elle avait son propre studio. Une fois sa collaboration avec Pierre Kéfer dissoute pour des raisons inconnues, son orgueilleux géniteur avait décidé de lui offrir un lieu pour remplacer le petit palais de Neuilly : 29, rue d'Astorg. L'adresse n'est pas de celles qui s'oublient. Le 29 bis de la même rue était occupé par Kahnweiler, le marchand de tableaux de Picasso. Et Picasso lui-même avait son élégant appartement et son atelier à deux pas de là, au 23, rue La Boétie, où il vivait encore, plus pour très longtemps, avec l'ex-ballerine Olga Kokhlova.

Dans les « clans » qui entouraient Bataille on comptait, comme nous le savons, celui de Kahnweiler, dont la fille, Louise, surnommée Zette, était mariée à Michel Leiris. D'après René Passeron, qui me le confirma lors d'un entretien téléphonique, Louise confia à Sylvia Bataille qu'un appartement restait libre juste à côté, et celle-ci le dit à Dora, qui n'était pas femme à mettre au panier la nouvelle d'une occasion immobilière. Elle le démontrerait peu après en trouvant pour Picasso un appartement rue des Grands-Augustins, près de la rue de Savoie où elle-même allait s'installer pour toujours. Ce petit monde féminin avait l'habitude de se tenir les coudes, de se faire passer les informations et les bonnes adresses.

29, rue d'Astorg est de plus, ou surtout, le titre de l'une des plus célèbres photographies de Dora Maar. Cette œuvre de 1936 représente une statuette de femme à tête d'autruche ou de tortue, assise sur un banc dont le siège est incliné. Le fond est constitué par une succession d'arcades également tordues qui débouchent sur une porte fermée. Une autre porte sur le côté semble être exposée à une lumière plus quotidienne, davantage de notre monde.

L'angoisse qui émane de cette image serre littéralement la gorge. Et la clé se trouve peut-être dans le mot gorge. Le cou, aussi long que celui d'Alice au Pays des merveilles dans l'une de ses transformations, fait penser à une strangulation à laquelle ne sont pas étrangères les « gorges » successives du couloir voûté. Le petit corps de femme replète qui soutient d'une main potelée le pli de sa robe contraste avec ce cou aux dimensions anormales. L'autre main s'agrippe au banc. Les pieds ne touchent pas le sol. La position est inconfortable, comme celle de quelqu'un sur le point de tomber. Les jambes sont monstrueusement enflées et couvertes de gros bas tombants. Et la tête d'inqualifiable reptile, totalement étrangère au corps féminin pathétique et fatigué – bien que ne manquant pas d'une certaine sensualité qui inspire à la fois pitié et dégoût –, partage avec celui-ci l'innocence : la créature double, surgie d'un rêve atroce, n'est pas notre ennemie. Elle est victime de sa propre horreur.

Dora a placé la statuette dans d'autres décors, sur un fond végétal ou un mur délavé. Mais la poser entre des voûtes et donner à la photographie son adresse en guise de titre était une distorsion du réel : la maison du 29 de la rue d'Astorg et le quartier où elle est située sont d'une irréprochable respectabilité bourgeoise. Cette photographie est une image encore plus intérieure que les autres dans la mesure où son titre l'insère dans la réalité extérieure. Une image subjective qui en suscite d'autres, similaires. Et qui les justifie : je ne peux quant à moi me défaire de l'idée que cette femme au corps vacillant, mais à la tête attentive, qu'on ne peut regarder sans que l'idée de « nuque tordue » nous vienne à l'esprit, est Louise Julie, qui a peut-être occupé l'appartement avec Dora. Seule une mère peut produire chez une jeune femme semblable oppression, semblable rejet, semblable peine.

Les voûtes distordues n'étaient pas nouvelles dans son œuvre. Dora avait déjà, auparavant, utilisé la voûte de l'Orangerie du château de Versailles pour créer des atmosphères de strangulation. L'illustration d'un guide touristique lui servit pour renverser le plafond et le transformer en sol. Elle a placé dans ce décor retourné une photographie intitulée *Silence* (le mot est écrit sur un côté), où trois personnages dorment, l'un à peine visible, l'autre une petite fille et, le troisième, une femme au nez proéminent et aux lèvres entrouvertes, avec un visage d'Anglaise, tous trois étendus sur la pierre courbe.

Une observation à propos de cette supposée « Anglaise ». Exception faite des portraits, l'art classique nous a depuis toujours habitués à des visages féminins aux traits réguliers. Et semblables. Lorsqu'un artiste classique représente deux femmes, il les peint identiques, comme des jumelles. Si la photographie de Dora s'était limitée au décor et à trois femmes endormies aux visages peu identifiables, son étrangeté serait moindre que celle obtenue avec cette femme déterminée, presque reconnaissable, comme si elle provenait de ces cauchemars dans lesquels un visage inconnu, mais vivant et nettement dessiné, nous trouble sans que nous sachions pourquoi.

Une autre des célèbres photographies de Dora, *Le Simulateur*, reprend un vieux thème qui paraît l'avoir obsédée tout autant que celui des aveugles : le gamin plié en arrière.

Celui-ci apparaît sur des photographies prises à Barcelone en 1932, où un enfant au corps courbé appuie ses jambes contre le mur et la tête sur le sol. Et il se répète sur une photographie de 1935, également pourvue d'arcades, comme s'il existait une relation entre elles et l'arc du corps, où un deuxième gamin en porte un autre sur son épaule, dans la même position : non pas tête en bas, comme ce serait commode et naturel, mais tête en haut avec l'épine dorsale violemment pliée en arrière. Exactement la même position qui, dans *Le Simulateur*, soulève à nouveau notre angoisse, adoptée par un jeune garçon qui s'arque à l'envers, les yeux blancs, entre des voûtes inversées. Le simulateur souffre ou jouit, son extase est de douleur ou de plaisir, mais il ment, comme Dora elle-même mentira en déguisant et faussant sa véritable identité. Le simulateur adopte aussi l'attitude précise des patients soumis aux électrochocs, lorsqu'ils reçoivent l'une de ces décharges électriques que Dora recevra dix ans plus tard, à l'hôpital Sainte-Anne, à Paris.

Le voyage en Espagne lui fournit des images qu'elle utilisera plus tard dans un sens nouveau. *Jeux interdits*, également de 1935, est une scène érotique qui elle aussi évoque l'inversion. La scène se déroule dans un intérieur de style 1900. Un homme est accroupi, plié, cette fois en avant, tandis qu'une femme légèrement vêtue le monte à califourchon. (Tout rapport avec l'anecdote de la Dora expéditionnaire montée sur Maurice Baquet en descendant de la montagne est purement fortuit.) Le corps de la femme est féminin. Le visage, non : il porte des lunettes d'employé de bureau ou d'avocat et semblerait plus à son aise sur un corps d'homme en costume gris. Sous le bureau, un garçon pauvre et malicieux les regarde. Ce jeune curieux a été tiré d'une photographie également réalisée à Barcelone en 1932.

Jeu de regards, voyeurisme, grivoiserie. Dans *Pickpocket*, un couple est assis sur un banc, sur le pont d'un bateau, dirait-on. Elle serre son sac à main contre elle (autre obsession très typique de Dora) et ferme les yeux. Lui a de petites moustaches de rustre et la regarde avec avidité. Si nous suivons la direction de son regard, nous comprenons qu'il a jeté son dévolu sur le sac. Sur une sorte de cloison métallique qui se trouve derrière eux est écrit, en anglais et en français : ATTENTION AUX PICKPOCKETS.

Ou encore, c'est un homme ou un gamin qui se penche pour regarder à l'intérieur d'une vitrine ; ou bien une petite fille debout sur les épaules d'une autre, qui épie par-dessus un mur ; ou alors, dans l'une des plus connues, un homme qui a enlevé le couvercle d'une bouche d'égout et, la tête entièrement plongée dans le trou, observe à l'intérieur. Ses fesses pointent vers le haut. L'idée du coup de pied vient d'elle-même à l'esprit.

Attraction du grotesque et de l'absurde. Cet énorme kangourou de paille que quelqu'un a posé sur le trottoir pour séduire les clients d'un magasin, qui sait lequel ? Cet homme qui fait une grimace en comprimant le menton de façon à ce que sa bouche disparaisse complètement et qu'il ne lui reste que les yeux et le nez. Ou, au contraire, cette effrayante bouche avec ses grandes dents au premier plan, les narines étant transformées en yeux.

Et l'érotique sous sa forme presque directe. Dans *Liberté*, une main aux ongles peints tient une autre étrange statuette levant un bras terminé par un poing serré, pour ne pas dire un moignon. Ou un sexe. L'attitude de cette petite femme est de défi. Le fond : une mer resplendissante à l'horizon de laquelle s'élève la statue de la Liberté. Mais pourquoi la Liberté en miniature semble-t-elle brandir son bras en érection ? Et pourquoi cette image de gloire et de revendication nous donne-t-elle l'impression d'être la jumelle de *Vue du pont Alexandre-III*, où l'on voit les péniches sur la Seine et, au premier plan, le flambeau d'une sculpture soutenue par une autre main féminine ? Flambeau phallique, bras phallique, tous deux tenus en hauteur par des mains de femme.

Une photographie de cette période marque la transition entre les images de rue et le regard surréel. C'est celle intitulée *Enfant au coin de la rue des Genêts avec une chaussette tombée sur la chaussure*. En général, on l'appelle *Enfant aux souliers dépareillés*. Les deux titres la décrivent, mais l'important, c'est la chaussure différente à chaque pied. Deux chaussures de formes et de couleurs distinctes, qui font allusion à la pauvreté mais aussi, secrètement, à Dora elle-même.

Cette enfant riche, qui développait ses photos dans une piscine de Neuilly, d'où lui venait donc son amour pour la misère ? Pour le tortueux, le brisé, le sombre, l'opacité des guenilles ? C'était une mode, c'est clair. Tout comme lire Sade sans avoir vraiment « mangé de la merde ». Une mode vis-à-vis de laquelle Susan Sontag[1] est tout sauf tendre. Pour elle : « Persuadés que les images dont ils étaient en quête provenaient de l'inconscient [...], les surréalistes n'ont pas compris que ce qui était le plus brutalement émouvant, le plus irrationnel, le moins assimilable, le plus mystérieux, c'était le temps lui-même. [...] Le surréalisme est une attitude bourgeoise [...]. La conception qui faisait de la réalité un trésor exotique dont le diligent chasseur d'images doit retrouver la trace et s'emparer [...] marque le point de rencontre entre la contre-culture surréaliste et l'aventurisme social des classes moyennes. La photographie a toujours été fascinée par les hautes sphères et les bas-fonds. [...] Depuis plus d'un siècle, les photographes entourent les opprimés et assistent aux scènes de violence avec une bonne conscience spectaculaire. La déréliction sociale a inspiré aux nantis le besoin irrépressible de prendre des photos, ce qui est le plus délicat des pillages, afin de témoigner d'une réalité cachée, c'est-à-dire d'une réalité qui leur était cachée. »

Soit. *Eppur si muove*. Hormis le fait que les opprimés auraient difficilement pu se photographier eux-mêmes, n'ayant pas le matériel nécessaire, ces gestes et ces objets de la pauvreté reflétés par Dora la reflétaient aussi. Nous l'avons déjà vu à propos des images de vieilles femmes étreignant un trésor vide, des portraits de la vieille qu'elle-même incarnera un jour. S'il est certain que Dora sortait chasser « telle une version armée du marcheur solitaire qui explore, guette, parcourt l'enfer urbain, promeneur voyeuriste qui découvre dans la ville un paysage aux extrêmes voluptueux », *dixit* Susan Sontag, il n'est pas moins certain que son choix se fixe sur cette partie du « caché » qui lui est familière. La photographie du garçon de la rue des Genêts nous le dit : la photographe savait ce que c'était que d'enfiler une chaussure différente à chaque pied. Malgré les richesses qu'aurait amassées son fantastique père, et qui d'après elle n'étaient pas immenses, l'émigrante à la double origine restait marginale. Elle était bilingue et appartenait à deux continents. L'un de ses pieds était chaussé par Markovich, l'autre par Voisin.

L'identification entre pauvreté et maternité, visible dans son œuvre, paraît aussi évoquer sa condition de femme stérile, qu'à cette époque elle ignorait encore. Dans l'univers de Dora, aucune femme de la haute ou de la moyenne société ne semble jamais avoir donné le jour. Seules les misérables ont des enfants. Et si les misérables, parfois, sont des créatures à moitié humaines, comme la statuette de la rue d'Astorg, leurs enfants – leurs pauvres enfants abandonnés et sans protection – peuvent aller jusqu'à être tout à fait des bêtes.

Portrait d'Ubu. Ainsi est intitulée la plus terrible et la plus émouvante image qui soit sortie de l'appareil photo de Dora Maar. Jusqu'à la fin de sa vie, l'auteur a refusé de révéler ce que c'était. La bestiole pâle, aux yeux blafards, la tête à demi enveloppée dans un capuchon en peau, comme l'un de ces bébés emmitouflés ou empaquetés que les mères de Barcelone serraient contre leur sein, a gardé tout son mystère. Cette peau répète le dessin alvéolé de l'ample front lisse et brillant, sûrement doux, peut-être mouillé et couvert d'un imperceptible duvet éclairé, sur un fond de nuit. Sur son corps nous devinons des écailles et ses petites mains alanguies, comptant trois ou quatre doigts exsangues, presque transparents, sont d'une finesse saisissante.

Pourquoi l'appeler *Ubu* ? La répugnance que peut nous inspirer ce probable fœtus de tatou, sorti de quelque flacon où il aurait été conservé dans un liquide rance, n'a pas grand-chose à voir avec ce qu'éveille en nous le personnage d'Alfred Jarry. Le Père Ubu, créé en 1896, qui répétait son « merdre » comme un cri de guerre, le glouton cupide et lâche qui envoyait ses ennemis « dans la cave de la machine à hacher les cochons » n'était pas exactement un petit animal à l'état d'embryon.

Mais dès le jour de la première, *Ubu Roi* avait donné lieu à une « guerre civile littéraire ». André Breton l'appelait « l'œuvre la plus prophétique et vengeresse de l'ère moderne », et Antonin Artaud avait donné à son théâtre le nom de Jarry. L'énergie destructrice d'Ubu en faisait, aux yeux des surréalistes, un provocateur anarchisant, sur lequel Maurice Heine prononçait ces mots inquiétants : « C'est le prototype moderne du Dictateur. » Mots qui mettent à nu l'ambivalence surréaliste vis-à-vis du fascisme (Ubu considéré à la fois comme révolutionnaire et tyran, un peu à la manière dont Bataille considérait Hitler), mais qui n'ont pas le moindre rapport avec la mystérieuse bestiole de Dora Maar. Selon moi, cela ne fait cette fois aucun doute, Dora a totalement sacrifié sa créature sur l'autel de la mode.

Et, du moins au début, cela ne lui servit de rien : lorsque, en 1937, fut réalisé un Programme de vingt-quatre créations plastiques et littéraires à l'occasion de la première de *Ubu enchaîné* produit par Sylvain Itkine, Dora ne figurait pas parmi les participants. Il y avait des œuvres de Picasso, de Miró, de Magritte, de Jean Coutaud, de Jean Eiffel, mais pas de Dora Maar. Aujourd'hui, la bestiole est au Centre Pompidou, son mystère toujours intact.

Aucune des visions exposées n'exprimait l'horreur particulière du *Père Ubu* : c'étaient soit des illustrations descriptives, soit des compositions librement inspirées par le gros avec sa spirale sur le ventre dessinée par Jarry lui-même. Mais nous admettons que la photographie de Dora, même si elle eût sans doute plus impressionné que les dessins par la puissance d'une image extraite de la vie même ou, mieux, de la mort, ne transmettait pas non plus l'horreur d'Ubu. Elle transmettait la sienne. Une horreur féminine. Une horreur maternelle. Une horreur sacrée.

Deux romans bien postérieurs à l'époque de Dora, écrits par deux romancières extraordinaires, l'une italienne et l'autre brésilienne, illustraient cette horreur particulière à laquelle je fais référence. Le premier est *L'Iguane*, de Anna Maria Ortese, dont l'héroïne est une petite bonne à la peau verdâtre, une créature sans défense qui parfois traverse la frontière de l'espèce pour se transformer en un reptile aux griffes délicates. Le second roman est *La Passion selon G. H.*, de Clarice Lispector, où une bourgeoise dont la servante est partie trouve un cafard dans la chambre de bonne. Ecœurée, mais dans un acte de communion (Rudolf Otto s'accorde avec Bataille pour considérer la répulsion comme l'une des façons de percevoir le numineux), la dame finit par s'agenouiller pour l'embrasser.

Dans les deux cas, l'animal horrible et redouté, mais innocent, est pauvre. Excitation de classe devant le mystère de la misère, ou sentiment profond ? Dora finira par vivre comme une misérable. Dès le début elle semblait le savoir : peu de riches nous évoquent la vision d'une tortue, d'un tatou, d'un insecte, autrement dit peu – pour le dire dans la langue qu'elle emploierait après s'être convertie –, entrent au royaume des cieux.

Où trouvait-elle ses objets, la statuette à tête d'autruche, le fœtus de tatou ? Cette question nous conduit à André Breton, que Dora connaissait depuis au moins un an et qu'elle lisait depuis son adolescence. L'une des grandes idées du fondateur du surréalisme, celle de « la découverte fortuite et nécessaire » à laquelle Sontag refuse de croire, fut à l'origine de ses recherches.

Pour Breton, tout avait commencé en 1926. Il marchait dans la rue lorsqu'il était tombé par hasard sur une jeune fille très étrange qui prononçait des phrases à la manière d'oracles. Breton le raconte dans *Nadja*, relatant le parcours des promenades dans les rues avec celle qu'il qualifie de « génie libre » et d'« âme errante ». Nadja devient Mélusine, sirène, femme-enfant. Elle devient aussi la maîtresse du poète. Ce qui n'empêche pas celui-ci de s'enfuir épouvanté lorsqu'elle sombre dans la folie. « Je ne veux pas te faire perdre un temps nécessaire pour les choses supérieures – lui écrit de l'hôpital Sainte-Anne "la femme surréaliste" par excellence, celle qui fait rêver tant qu'elle dérange peu, mais qui doit se sacrifier et disparaître lorsqu'elle ne se limite pas à ses fonctions. Il est sage de ne pas s'attarder dans l'impossible. »

L'héroïne de *L'Amour fou*, son « roman » suivant (Breton aurait détesté cette définition, lui qui interdisait à ses troupes de s'adonner à ce genre), écrit en 1937, est une « ondine » dans laquelle nous reconnaissons Jacqueline Lamba. La description que fait l'auteur de cette première rencontre « fortuite et nécessaire » est devenue un classique. Il est dans un café, celui de la place Blanche où son groupe se réunit, lorsque entre une femme aux « cheveux pâles », « scandaleusement belle », qui s'assoit pour écrire, concentrée sur son travail, sans lui jeter un regard. Il est évident qu'une femme si belle et de plus écrivain doit attirer l'attention du poète. Ils se parlent à la sortie du café et entreprennent une promenade de toute une nuit que Breton nous décrit avec la même minutie qu'il nous racontait ses randonnées avec Nadja. Au matin, de retour chez lui, Breton trouve un poème écrit longtemps auparavant, « Tournesol », où toutes les circonstances de la rencontre et de la promenade sont décrites dans leurs moindres détails. La rencontre devait se produire parce qu'elle était déjà écrite.

Dans la version de Dora[2], les choses se produisent de façon plus préméditée. Et malicieuse. Jacqueline Lamba était nageuse dans un ballet aquatique, modèle pour des artistes et artiste peintre. Un jour, alors qu'elle posait dans son atelier, elle dit à la photographe : « Et ces surréalistes dont on parle tant, où sont-ils ? J'aimerais beaucoup en rencontrer un. — Ce ne sera pas difficile », lui répondit Dora. Breton était seul. Il venait de se séparer de sa première épouse,

Simone Kahn. Toutes deux organisèrent l'arrivée de Jacqueline au café de la place Blanche, avec ses cheveux décolorés tirant sur le jaune paille, son carnet et son crayon.

C'est ainsi que nous la voyons, le carnet en moins, sur une photo prise par Dora, apparaissant à une fenêtre et regardant dans le vide. La ruse a porté ses fruits : le portrait est un cadeau de naissance. Jacqueline vient d'avoir une fille de Breton, prénommée Aube. C'est une femme mince et fragile, et le vieux mur de pierre de la maison ajoute à sa noblesse. Mais les cils épilés et peints, selon le goût de l'époque (une mode que Dora refusa de suivre), unis à sa chevelure « scandaleusement » teinte, lui donnent une certaine vulgarité. D'autres photographies d'elle prises par Dora dans des circonstances douteuses viendront accroître cette impression.

Pour Breton, les découvertes de personnes ne se distinguaient en rien des découvertes d'objets. Ceux-ci, disait-il, nous mettent en contact avec nos zones inconnues et, tout comme les rêves, avec nos actes futurs. Voilà pourquoi, avec le peintre De Chirico ou le sculpteur Giacometti, il se baladait dans les rues dans un état de « distraction supérieure » (ou de « *flâneur** de classe moyenne », dirait Sontag), aussi passif que possible pour que le flux de l'écriture automatique le traverse, du moins le croyait-il, sans aucune intervention de sa volonté. Les mots du demi-sommeil « frappaient aux vitres » ? Les objets aussi. Le petit soulier de Cendrillon qu'il cherchait sans chercher et qu'il trouvait sans s'en rendre compte était un cadeau du hasard, « cette manifestation de la nécessité intérieure qui s'ouvre un chemin dans l'inconscient de l'homme[3] ».

Dora n'avait pas la mâchoire d'une personne passive (Breton non plus). C'était une travailleuse obstinée. La « beauté convulsive » de ses objets semble tout autant cherchée que trouvée. Mais il est évident que les théories de Breton ont influencé sa manière de parcourir le monde avec l'esprit disponible qui nous permet de faire des découvertes : certaines créatures, certains objets semblent nous attendre, être là pour nous dire quelque chose. Ce qui n'exclut absolument pas, ni chez le maître ni chez la disciple, une certaine manie d'accumulation typique de l'antiquaire. Fréquenter les marchés aux puces est une manière d'aller au-devant du hasard.

Les trois portraits de Breton réalisés par Dora le montrent de profil. L'angle choisi donne une vision exacerbée de la mâchoire prognathe et de l'épaisse chevelure sur la nuque, deux protubérances qui en lui coupant le cou lui donnent un aspect tassé. Il a cette célèbre lèvre inférieure qui avance. La libraire Adrienne Monnier le décrivait en 1916 comme un « archange » à « la bouche lourde et excessivement charnue », mais déjà à cette époque la forte sensualité mise en évidence par ce trait se voyait compensée, toujours d'après Monnier, par « un dessin rigoureux dans l'excessif [qui] indiquait une personnalité dans laquelle se mêlaient le devoir et le plaisir[4] ».

A l'époque où Dora consacre du temps à l'observer, le sens du devoir s'est imposé face à l'autre, conférant à son apparence un caractère massif peu engageant. C'est comme si l'image de sa mère, Marguerite de Gouguès – qu'il décrivait comme « autoritaire, mesquine, malveillante, préoccupée par le succès social » – apparaissait en fraude sur le visage du fils. Les photographies de Dora révèlent aussi quelque chose de fugitif, en partie comme si Louis Breton, le père faible et indécis, se glissait à son tour dans l'image, et en partie comme si la photographe escamotait à nos yeux son propre sentiment. En voyant les photos de Tanguy, de Cocteau, de Barrault ou bien sûr d'Eluard, nous savons quel sentiment Dora éprouvait à leur égard. En voyant les photos de Breton nous l'ignorons totalement, et le renseignement est éloquent. Peut-être le caractère évasif de cette vision de Dora avait-il à voir avec la solidarité féminine ; peut-être Dora s'est-elle identifiée aux problèmes conjugaux de son amie Jacqueline, bien vite déçue par un mari qui refusait de la reconnaître comme artiste.

Il est en tout cas curieux que la rancune de Breton pour le manque d'affection maternelle ait pu engendrer un concept du féminin auquel tant d'artistes ont adhéré à cette époque, et dont bien des femmes du groupe surréaliste furent victimes. « Pour eux je n'ai jamais été autre chose qu'un phénomène, me confessa amèrement Gisèle Prassinos, lancée par les surréalistes à quatorze ans : une enfant prodige qui n'écrirait plus en grandissant (en réalité elle continua) et qui devait rester inconsciente de ses dons, acceptée dans la mesure où elle ne prétendrait jamais accéder à un type d'intelligence qui ne fût pas intuitif. » Breton idéalisa la femme, il la divinisa, il l'inventa. Son idole fut la chanteuse Musidora, « fée moderne adorablement douée pour le mal, et puérile – oh, sa voix d'enfant ! » En même temps, la femme réelle, concrète, ni déesse ni fillette, l'irritait. Jacqueline se plaignait de ce que sa maternité l'eût diminuée à ses yeux : allaiter signifiait pour lui s'éloigner irrémédiablement du monde des idées et de l'art.

Incertitude secrète ? Son amitié avec Jacques Vaché, le dandy hautain et indifférent aux femmes qui lui avait inspiré une admiration passionnée, et qui fréquentait, au grand scandale et à la fureur de Breton, les « androgynes ailés », avait été déterminante : après le suicide de son ami, Breton s'était retranché derrière une haine de l'homosexualité qui allait devenir légendaire. Dora photographiait avec l'œil, mais aussi avec l'inconscient. Dans le regard revêche et la posture rigide apparaissent à la fois l'ambiguïté de Breton et sa volonté de la réprimer.

De façon impérative, la galerie de portraits doit continuer avec le meilleur ami de Dora, Paul Eluard. L'une des premières photographies qu'elle prit de lui, en 1935, le montre à contre-jour. L'éclairage idéalise le visage long plongé dans une demi-pénombre qui efface la protubérance du front. Eluard avait entre les cils un sillon vertical profond et courbe où venait prendre naissance son long nez. Avec son œil inquisiteur, Picasso accentuera ce pli dans l'un de ses portraits (ce qu'il fera aussi avec Dora), au point de diviser sa tête en deux. La tête et le sexe : dans cette même œuvre, Eluard apparaît en costume d'Arlésienne, donnant le sein à un chaton.

De Chirico, certes après une altercation avec le groupe surréaliste, ne fut pas tendre non plus avec le visage du poète : « un grand jeune homme au nez tordu et à l'expression de crétin mystique[5] », opina-t-il en 1925. Mais la photographie de Dora montre clairement la tendresse que lui inspirait le présumé crétin, dont les lèvres serrées en une grimace contrite – cette bouche froncée qu'en France on qualifie de « cul de poule » – ne paraissent pas ici affligées, mais douces et sensibles.

Elles auront paru douces et sensibles en ce 21 mai 1930 où Paul Eluard et René Char regardaient passer les jeunes filles près des Galeries Lafayette. Gala, sa « drogue », sa complice, sa maîtresse perverse, l'adolescente russe qu'il avait connue à dix-sept ans dans une clinique suisse pour tuberculeux, l'avait définitivement quitté pour Salvador Dalí. Et Eluard n'arrivait pas à comprendre cela. Pourquoi l'exclure, si lui-même l'avait incitée à additionner les amours plutôt qu'à les soustraire ? N'avaient-ils pas partagé leur lit avec des amis, dans le meilleur des mondes ? La relation passionnée entre Gala et Max Ernst l'avait poussé à partir en voyage, mais il avait toujours affirmé qu'au fond il aimait le peintre allemand plus que cette épouse russe par moments invivable tant elle était dramatique. Le dramatique avait désormais gagné la partie. Le dramatique et l'ambition : Gala avait rencontré l'artiste de l'avenir sur qui investir le capital de son effort.

Quelqu'un à forger de ses propres mains. Entre Eluard le tendre et Dalí le malléable, le choix était fait.

Marcher dans les rues ou s'arrêter à un carrefour pour faciliter des rencontres comme celle de Breton avec Nadja était l'un des sports surréalistes, semblable à celui qui consistait à fréquenter les marchés aux puces. La petite jeune fille fragile qui par hasard passa par là ce 21 mai s'appelait Marie Benz, mais tout le monde la surnommait Nusch. Elle travaillait comme figurante au Grand-Guignol. Elle accepta sans faire de manières l'invitation des poètes et se jeta sur les croissants avec une avidité qui en disait long.

Les lèvres d'Eluard restaient douces et tremblaient tandis qu'il écoutait le récit de la petite Nusch. Lui-même n'avait pas connu la faim, mais sa famille oui. L'enfance de sa mère, Jeanne Marie, avait été digne de celle d'un personnage de Dickens. Entre la lignée paternelle des Grindel, appartenant à une solide dynastie ouvrière plus tard devenue riche, et la lignée maternelle des Eluard, déracinés vulnérables, Paul avait choisi la seconde. A cause de leur vision douloureuse de l'existence. A cause de leur condition d'offensés et d'humiliés. Et à cause de la douceur du *l* : Grindel était un nom grinçant, Eluard évoquait le bruit de l'eau. La mollesse morale que Breton détestait chez Eluard l'homme (il l'appelait *le partouzard**) se changeait, chez Eluard le poète, en lacs et rivières d'une clarté parfaite.

Nusch était la fille d'un saltimbanque de Mulhouse. Elle avait connu de meilleurs moments en faisant du théâtre en Allemagne. Mais une succession d'infortunes la tenait aux abois. Elle le racontait avec un mélange d'ingénuité et d'espièglerie qui contrastait avec la prépotence de Gala. Et quand Eluard l'emmena chez lui, rue Becquerel, la vêtit, la respecta et la combla de toujours plus de croissants, la gratitude de chien abandonné avec laquelle Nusch récompensa ses bontés accentua encore les différences avec l'âpre Muse.

Les deux couples officialisèrent leur relation en même temps et avec le plus grand sérieux. Le 14 août 1934, André Breton et Jacqueline Lamba se marièrent à la mairie du XVIIe arrondissement. Une semaine plus tard, ce fut le tour de Paul Eluard et de Marie Benz. Il est difficile de croire que Dora n'ait pas été présente, toujours à sa manière, telle une ombre au milieu des autres. Il est facile en revanche d'imaginer le clin d'œil de complicité échangé entre la blonde « scandaleusement belle » et son avisée conseillère.

Les photographies de Nusch prises par Dora témoignent de la même complicité. Même plus tard, quand Eluard poussera sa femme à coucher avec Picasso sous le nez de Dora, celle-ci ne nous la montrera pas autrement que comme une poupée pathétique qui inspire affection et pitié. Et Jacqueline elle non plus, que les photographies dont nous avons parlé et sur lesquelles nous reviendrons auraient pu signaler comme sa rivale devant Picasso, ne semble avoir éveillé en elle autre chose que du chagrin.

Cette apparente absence de jalousie, ajoutée au voyeurisme qui n'est que rarement un péché féminin, nous inciterait à nous poser des questions sur la « féminité » de Dora. En tout cas, la série de portraits de 1935 décrit une Dora fascinée par Nusch. Nusch le visage dans les mains, les ongles légèrement enfoncés dans la chair, le regard fixe sur un point mort, le sourcil un peu froncé par l'effort de retenir une pensée insaisissable. Nusch les yeux ouverts, l'un d'eux phosphorescent, l'autre sombre, et ce nez, cette bouche, ce teint d'une indicible délicatesse, comme de fleur qui ne peut durer. Nusch, surtout, les yeux fermés sur une image de sommeil, de mort, qui se répétera souvent, un an plus tard, sur les photos de vacances.

Et Nusch au milieu de toiles d'araignée. Cette terrible photo, intitulée *Les années nous guettent*, est celle où le modèle plonge ses doigts dans une chair étrangement moelleuse pour tant de minceur. Mais le petit visage de camée est à présent couvert d'un tissu rond au centre duquel – centre qui correspond à l'endroit où les sourcils se froncent – une araignée travaille. Dora sait déjà sur cette photo ce qui va advenir, tout comme elle l'a su en ce qui concerne sa propre vie en photographiant ses aveugles, ses mendiantes agrippées à des valises vides ou ses mères avec leurs bébés. Le « grand consolateur de temps déchirés », comme on a appelé Paul Eluard, ne pourra empêcher la tisseuse de mener à bien son œuvre sur le visage de Nusch.

La galerie de portraits continue à raconter une histoire.

Voici Lise Deharme avec son chignon noir de petite reine de Saba et son sourire enfantin près d'une cage pleine d'oiseaux. Lise, la frivole et toute fine Lise avec ses petites histoires faussement candides (*Il était une petite pie*, illustrée par Joan Miró, *Le Cœur de pic*, avec des photographies de Claude Cahun) et ses châteaux en vrai. L'amusante millionnaire qui accorda plusieurs fois ses faveurs à Eluard et garda pour lui une amitié espiègle. La mystérieuse dame au gant bleu qui rendit fou Breton, à qui elle n'accorda rien.

Il y a la vicomtesse Marie-Laure de Noailles, la redoutable bienfaitrice des surréalistes, avec son long visage de cheval soigneusement embelli par la photographe, le menton aigu et le nez pointu idéalisés, noyés dans une sorte de vent qui allège ce que l'os a de catégorique. Marie-Laure, mariée au tolérant vicomte de Noailles, descendait du marquis de Sade. Sa grand-mère maternelle était la comtesse de Chevigné, dont Proust s'inspira pour créer le personnage de la duchesse de Guermantes. Son père, un banquier juif fabuleusement riche du nom de Bischoffsheim, était apparenté au baron de Hirsch qui fonda les colonies juives d'Argentine. Marie-Laure produisit certains films de Luis Buñuel et entretint autour d'elle une cour d'artistes comme Picasso, Balthus, Dalí, Giacometti, qui peignirent son portrait, et d'autres moins célèbres comme le musicien Igor Markevitch ou le peintre Oscar Domínguez, à la triste mort.

Toutes deux, Lise et Marie-Laure, seraient les dernières amies de Dora, avant que l'abandonnée ne s'abîme dans la solitude.

Nous trouvons aussi Yves Tanguy avec son air de reproche. Le peintre des sols désertiques semés de créatures indiscernables mais pleines, chacune avec son ombre à côté pour montrer sa consistance de goutte solidifiée, regarde la photographe bras croisés, le regard intense et un rictus d'amertume sur ses fines lèvres. Il semble lui reprocher une trahison. Et en effet, il s'agissait bien de cela : Dora capta son instant de rancœur, un peu enfantin, comme d'enfant mis à l'écart dans la cour de récréation. Trois lettres de Tanguy datées de 1936, c'est-à-dire de l'année où débute la liaison de Dora avec Picasso, ont été retrouvées parmi les livres et documents de la photographe. Ces lettres prouvent qu'il y eut quelque chose entre eux, et que ce quelque chose se termina de la même façon que les amours de Dora avec Georges Bataille : elle dans son rôle de femme qui fustige les hommes. « Je veux absolument ne pas faire de phrases, mais je t'assure que je commence à étouffer. Quelque chose de plus, que de ne pas te voir, m'angoisse. » « Maintenant je regrette *beaucoup* de ne t'avoir pas donné cette lettre. Je n'ai pu partir sans venir secrètement te dire au revoir. [...] Ne sois pas fâchée de cet enfantillage... » « Pourquoi, Dora, m'avoir humilié aussi honteusement [...] *I am poor nothing. I love you. I like you.* » Signé : « Petit Yves qui vous aime[6] ».

Les phrases en anglais se révélèrent prémonitoires. Tanguy finit par épouser une riche surréaliste américaine, Kay Sage, qui se suicida après la mort de son mari. Une lettre de Jacqueline Lamba adressée à Dora de New York en septembre 1941 (le couple Breton avait émigré aux Etats-Unis pendant la guerre, comme

Tanguy) contient une petite phrase assassine qui est aussi un clin d'œil de complicité entre femmes : « A voir, il n'y a de supportable que [...] Yves [Tanguy] qui est malheureusement bel et bien marié avec la "princesse", la pire emmerdeuse qui soit. Yves ne parle pas, tu vois cela d'ici[7]. »

Parmi les portraits d'hommes (un René Crevel impressionnant de beauté, de fraîcheur, avec ses larges sourcils et sa chevelure frisée telle une grappe de raisin, et dans lequel rien ne laisse présager le terrible mot que l'on trouvera sur son cadavre après son suicide ; un Jean Cocteau habillé comme un duc, et peigné comme un coq avec sa crête spongieuse) se détache celui du comédien Jean-Louis Barrault, le corps à demi nu. La rigueur de Dora, sa sensualité sans retenue se révèlent comme jamais dans ce torse et ces jambes admirablement ciselés. Ici apparaît le désir. La peau de la statue vivante semble exhaler une chaleur, une odeur qui entrent par les yeux. Les muscles ont été consciencieusement travaillés, le cou est long, puissant et à la fois délicat, le visage a des pommettes taillées en plans droits et une très belle bouche amère. Quelque chose, pourtant, nous déconcerte dans l'image : la tête couronnée de boucles ne semble pas appartenir au corps. Elle est grande, comme en trop, non seulement par sa taille mais par l'expression d'intelligence d'un visage qui porte les marques de l'insomnie. Ce visage est plus vieux et plus sage que ces muscles et ces pectoraux parfaits, trop parfaits. L'impression générale est celle d'un intellectuel qui a fait beaucoup de gymnastique, mais la réalité n'est pas dans les biceps.

Et Léonor Fini, Argentine élevée à Trieste, l'artiste peintre des vamps maudites à tignasses de feu (cette femme qui lève la main, laissant voir la vipère qui zigzague à l'intérieur du gant, grande obsession surréaliste). Dora a fait son portrait dans des attitudes de diva ambiguë avec ses bas troués et un chat entre les jambes, ou se roulant par terre dans un grand désordre de vêtements et de chaussures, environnée d'une atmosphère raréfiée, d'un luxe baroque, entre des colonnes avec des guerriers et des rideaux pleins de poussière.

L'Argentine poursuivait Dora Maar. Parmi ses amis et modèles on comptait, hormis Léonor, la surréaliste anglaise Eileen Agar, née à Buenos Aires, que nous trouverons partageant les vacances de Picasso et Dora sur la plage de Mougins, et le poète Georges Hugnet qui était parti à Buenos Aires avec ses parents la même année que Dora, en 1910.

Hugnet publia en 1937 une série de cartes postales surréalistes parmi lesquelles il inclut *29, rue d'Astorg*. Dora entretint avec lui une amitié particulière qui dura jusqu'à bien après la catastrophe – l'abandon de Picasso. Une photographie prise par elle dans les années trente montre le poète avec sa cravate blanche et sa chemise noire de mafieux sicilien. Sa veuve, Myrtille, a également conservé le portrait à l'huile réalisé par Dora vers 1950, sur lequel les traits de Hugnet apparaissent, à peine visibles, sur un fond obscur et sale de peinture qui dégouline. « Dora et lui s'enfermaient des heures entières dans l'appartement de la rue de Savoie pour qu'elle le peigne – me dit Myrtille, une petite blonde mariée très jeune au poète déjà âgé. Elle ne l'a pas très bien réussi, n'est-ce pas ? Il est possible qu'ils aient été amants », ajouta-t-elle en haussant les épaules, émettant ce feulement caractéristique, si français, qui signifie : « Je m'en fiche complètement ».

Dans cette galerie doivent obligatoirement figurer deux portraits de Dora réalisés par Man Ray en 1935-1936. Obligatoires en raison de leur splendeur, mais aussi d'une histoire qui m'a été transmise par Anne Baldassari, la conservatrice du musée Picasso. « Picasso avait vu l'une de ces photographies – le célèbre rayogramme où Dora apparaît avec une coiffure de plumes – dans le studio de Man Ray. Il en fut ébloui et voulut que Man Ray lui fît cadeau de la photo. Je crois, ajouta Baldassari, que la relation de Picasso avec Dora était fondée sur l'image photographique qui l'intéressait au plus haut point. Elle était pour lui, avant tout, une photographe et une photo. »

La suggestion du visage de Dora vu par Man Ray justifie la stupeur de Picasso. Le visage aux lignes fortes jaillit d'une auréole emplumée de chef sioux. La bouche grande et grossière, le nez aux ailes élargies par une respiration chaude, les grands yeux allongés par un maquillage oriental expriment une sexualité primitive, qui n'a rien de tendre, effectivement rien de « féminin » au sens insipide du terme. Cette femme est une reine barbare ; une amazone. Elle a le bras levé et laisse retomber ses doigts aux ongles peints comme un bijou sauvage sur son front, entre les cils. Deux petites mains de poupée, aux ongles également peints, se trouvent sur un côté du visage. L'imagination masturbatoire l'accompagne.

Le deuxième portrait de Man Ray est le jumeau du premier, et sa contrepartie. Ici, pas d'ornements de civilisations anciennes ni de signes surréalistes. Sur un fond noir, un bras levé encadre un côté du visage, mais la main fuit vers l'arrière. Réduit à l'essentiel, dégagé et dépouillé, le visage de Dora est l'objet le plus beau qui se puisse imaginer. Les coups de pinceau des sourcils, les paupières mi-closes, les cils courbés, l'air de clarté et en même temps de rêve, tout cela, si beau et si cristallin, se retrouvera bientôt dans la peinture de Picasso.

Ils se cherchaient sans le savoir, ils se croisaient de loin. Elle avait entendu parler de lui, bien sûr, mais lui avait déjà vu son portrait, peut-être était-il passé sans s'arrêter à côté d'elle, sa voisine, dans la rue La Boétie, sentant que des yeux lui brûlaient le dos, et sans doute l'avait-il déjà saluée à la première du film de Jean Renoir, *Le Crime de Monsieur Lange*, où Dora Maar était photographe de plateau, présentée au réalisateur, dit-on, par Cartier-Bresson.

Sans nier le rôle joué dans ce cas par le compagnon de Dora dans l'atelier d'André Lhote, elle avait mille chemins pour obtenir ce job. L'un d'eux était Sylvia Bataille, qui dans le film incarne une secrétaire amoureuse.

Voici l'histoire. Le patron d'une maison d'édition qui publie un journal est un vieux séducteur machiavélique du nom de Batala. Dans l'entreprise travaille un jeune écrivain timide et rêveur appelé Lange, dont est amoureuse une autre secrétaire, une blonde qui a déjà couché avec le patron qu'elle méprise maintenant pour sa bassesse. L'actuelle maîtresse de Batala est la brune Sylvia, délicieuse avec sa frange bouclée, ses volants bordés de fines dentelles, ses petits chapeaux cloches et ses cols en fourrure. Pareille aux autres petites femmes aux cheveux courts et ondulés, aux sourcils peints jusqu'aux tempes, Sylvia a des manières de petite fille et des attitudes de victime. L'une de ces petites femmes a été séduite et abandonnée par l'horrible patron. Lorsque celui-ci s'en va, Sylvia reste sur le quai, regardant le train qui part. Et elle pleure. A ce moment, nous nous rendons compte que même les pleurs sont datés : aucune femme de notre époque ne pleurerait de cette façon, sans cacher ses larmes, la bouche ouverte, sanglotant de façon impudique en mordant son mouchoir.

En mordant son mouchoir. Cette scène extraordinaire en elle-même prend une autre dimension si l'on tient compte du fait que Picasso est dans la salle, la dévorant des yeux. Son regard a pu croiser celui de Dora avant que les lumières ne s'éteignent. Nous savons comment le peintre emmagasinait les images. Son dévoué secrétaire, Jaime Sabartés, l'a fort bien expliqué : « Picasso – je cite de mémoire – n'avait besoin de copier aucun modèle parce qu'il connaissait les formes de toutes les choses, des animaux, des plantes. » Sylvia pleurant tout haut, le mouchoir entre les dents, ne peut pas ne pas être entrée dans ce grand dépôt de formes. Et Dora était là. Dora, la future pleureuse représentée des centaines de fois la bouche grande ouverte, la langue triangulaire dépassant, les larmes pointues comme des couteaux et le mouchoir mordu. Pourquoi ne pas se dire que ce soir-là, dans l'obscurité d'une salle de cinéma, est née *La femme qui pleure* ?

Le patron, Batala, est un petit brun aux yeux pétillants, de type méditerranéen. Un petit tyran qui prend plaisir à soumettre et manipuler les autres. Une force de la nature qui parvient à s'imposer grâce à sa formidable énergie et aux ressources de son ingéniosité. Au risque de pousser l'association trop loin, disons qu'il y a en lui quelque chose de Picasso, mais aussi d'un personnage argentin que Dora n'a pas connu, mais qui entre dans cette histoire par l'intermédiaire d'une femme en quête de pouvoir.

Lorsque, en 1944, Evita décida de se lier à l'homme qui tenait alors les rênes en Argentine, elle réfléchit à la façon d'approcher Perón. On a élaboré bien des hypothèses sur la manière exacte dont elle s'y prit. Ce qui est certain, c'est que la petite star ambitieuse profita de l'occasion que lui procurait une cérémonie rassemblant une grande foule au Luna Park, au bénéfice des victimes du tremblement de terre de San Juan, pour se frayer un chemin en donnant des coudes et s'asseoir à côté de lui. Cet acte de volonté changea sa vie, de même que celle de ce pays.

A l'époque de Dora, et dans le milieu artistique qu'elle fréquentait, Picasso était Perón. Une jeune artiste volontaire ne pouvait rêver d'un homme plus puissant que Picasso. Il suffisait qu'elle se trouvât à côté de lui pour que les projecteurs la tirent de l'ombre.

La scène raconté par Picasso lui-même à Françoise Gilot ressemble comme deux gouttes d'eau, bien sûr à sa manière, à celle d'Evita distribuant des tapes pour arriver jusqu'au militaire (et, de façon plus lointaine, à celle de Cléopâtre se faisant envelopper dans un tapis pour se présenter devant Jules César, telle une offrande).

Octobre 1935. Picasso est aux Deux Magots avec son groupe d'amis. Le nez tordu d'Eluard ne doit pas se trouver bien loin. A un moment donné les têtes se tournent vers la porte, comme le jour où Jacqueline Lamba fit son apparition programmée au bar de la rue Blanche, et dans le même but : conquérir l'homme qui peut distribuer les destins.

Celle qui vient d'entrer est elle aussi « scandaleusement belle » ; elle n'a pas les cheveux décolorés mais d'un noir de jais resplendissant. Elle est vêtue de la couleur de sa chevelure. Elle a une expression immuable, un air de danseuse de tango qui avance vers son compagnon avec une orgueilleuse soumission. Nous ne savons encore rien d'elle, sauf ceci : que son arrogance n'a d'égal que son désir de s'humilier. Il demande qui elle est : Eluard, toujours prêt, lui répond à l'oreille : « Dora Maar ». Quand Picasso la regarde, elle soutient son regard sans un clignement d'yeux. Puis, très lentement, elle enlève ses gants. « Ils étaient noirs, avec des applications de petites fleurs roses », racontera Picasso à Françoise.

Dora s'est assise, elle a ouvert son sac à main et en a sorti un couteau à la pointe aiguisée.

Avant que personne ne réagisse et encore moins le lui interdise (de plus, qui l'aurait fait ?, les temps étaient cruels), Dora plaque sa main gauchc sur la table et de la pointe du couteau, très rapidement, en trace le contour. Lorsqu'elle la retire, on s'aperçoit que, malgré sa précision, la dessinatrice a commis des erreurs : le bord des doigts et la paume sont couverts de sang.

Picasso se lève pour lui demander le gant, celui de la main rouge. Il n'a pas l'intention de l'emmagasiner seulement dans sa mémoire : il le rangera dans l'armoire où il garde ses trésors.

La disciple de Bataille est venue lui dire : « Prends ma main, je m'abandonne. » Elle sait à qui elle le dit. Picasso aussi sait que cela n'est pas un jeu. La brune que tout le monde qualifie de volcanique, et dont on lui a déjà raconté l'histoire amoureuse, est en train de lui offrir sa main, sa main blessée, pour qu'il fasse usage d'un droit qu'elle lui concède avec morgue.

Serrant le gant dans sa poche, le petit homme à la tête en forme d'œuf baisse les yeux, fait demi-tour et, de façon très virile, s'enfuit comme si le diable le poursuivait.

Chapitre V

Des yeux d'étoile

Le « sacrifice de la main » eut un témoin, une présence discrète qui, plus ou moins dans l'ombre, joua le rôle de Célestine : Paul Eluard.

Le poète traversait une période de réflexions intenses. Son amitié avec Breton, qui durait depuis sept ans, se détériorait inexorablement. Peu de temps auparavant, le 14 juin, Breton avait giflé Ilya Ehrenbourg, délégué soviétique au Congrès international des écrivains pour la défense de la culture, dirigé par les communistes. Les gifles étaient une vengeance aux insultes qu'Ehrenbourg avait proférées à l'encontre des surréalistes dans le journal *Izvestia*. L'épisode aurait pu passer pour un caprice de plus, comme cela était la coutume dans le groupe.

Mais les temps avaient changé, en moins drôles. Trois jours après les claques, René Crevel appela Eluard au téléphone pour lui demander de parler à Breton. Il persistait dans sa tentative de rapprocher les surréalistes et les communistes. Breton ne répondit pas à l'appel, apparemment parce qu'il n'avait pas reçu le message. Pour le jeune homosexuel qui souffrait dans sa propre chair l'homophobie de tous, surréalistes et soviétiques, cet échec fut le dernier : le lendemain soir,

René Crevel ouvrit le robinet du gaz sans autre explication qu'un mot écrit, trouvé sur son cadavre : DÉGOÛT.

Eluard en éprouva une grande peine. A cause de cette mort et à cause de ses propres doutes, que le drame de Crevel réactualisait. C'est à cette époque, celle de la rencontre aux Deux Magots entre Picasso et Dora, que le groupe surréaliste, accusé par les soviétiques d'être trotskiste, se joignit à Bataille pour créer Contre-Attaque. Malgré ses querelles avec Bataille, Breton était fasciné par l'atmosphère de société secrète de ce groupuscule qui se réunissait dans un grenier de la rue des Grands-Augustins prêté par Barrault et qui sera appelé à jouer un grand rôle dans la vie de Dora, de Picasso et de l'histoire de l'art. Ils signèrent plusieurs manifestes, rédigés par Bataille, qui pronostiquaient la déroute du Front populaire gangrené par la bourgeoisie et proposaient ce que le surréaliste Jean Dautry a appelé le « surfascisme ». Dora apposa sa signature sur plusieurs d'entre eux. La même petite signature complète, presque scolaire, en lettres d'imprimerie, qu'elle avait apposée en août 1935 au bas d'une virulente semonce de Breton dans laquelle il disait que l'URSS pouvait bien rétablir la religion puisqu'elle avait rétabli la patrie et la famille. Eluard signa aussi, l'une comme l'autre, il n'y avait pas d'autre solution, mais sans grand enthousiasme. Pour lui, l'illusion du Front populaire était toujours debout.

Ce même automne eut lieu un événement qui, en transformant la vie du poète, modifia celle de Dora. Eluard fut envoyé en Espagne pour représenter la France lors d'un grand hommage à Picasso : une exposition itinérante qui le conduisit de Barcelone à Madrid, et de là à Séville. En janvier, Picasso dessina un portrait de son brillant propagandiste. Le retour à Paris représenta pour Eluard le dernier acte de son appartenance au mouvement de Breton. Le 16 mars, celui-ci diffusa un manifeste également sorti de la plume de Bataille. Hitler avait violé le traité de Versailles et Bataille écrivait : « Aux traités internationaux nous préférons [...] la brutalité antidiplomatique de Hitler, certainement moins mortelle pour la paix que l'excitation baveuse des diplomates et des politiciens[1] ». Eluard refusa de signer. Le mois suivant, sa rupture définitive avec Breton devint effective.

Mais Eluard ne restait pas seul. Il avait à présent un nouvel ami, Pablo Picasso, qui l'invitait avec Nusch dans son château de Boisgeloup, près de Gisors, dans le Vexin normand, où il accumulait de gigantesques sculptures inspirées par Marie-Thérèse Walter, sa blonde maîtresse, dont il venait d'avoir une fille prénommée Maya. Un ami important, Picasso, autant ou davantage que le petit chef surréaliste que Paul Eluard venait d'abandonner à son sort. Et, disons-le sans ambages, bien plus productif.

Eluard partageait avec Breton une passion pour l'art et les antiquités qui ne se limitait pas à la trouvaille « fortuite et nécessaire » de l'objet qui nous attend pour nous murmurer quelque chose sur nos mystères intérieurs. Tous deux étaient des collectionneurs avisés. Et si Breton interdisait aux siens de vivre du journalisme ou des lettres, il ne leur interdisait pas ce qui pour lui-même, de même que pour Eluard, était devenu un gagne-pain : se procurer les œuvres d'amis artistes, en manière d'acte d'amour mais aussi d'investissement. En 1938, quand le chef du mouvement surréaliste partit au Mexique pour y rencontrer Trotski, celui-ci fut stupéfait de constater l'avidité du Français pour les objets d'artisanat, qui le poussait à interrompre des conversations politiques pour se précipiter sur un petit miroir dans un cadre en fer-blanc. L'exilé hochait la tête : tant d'ardeur pour quelques babioles ne lui paraissait pas digne d'un intellectuel sérieux.

Il est évident que Picasso et Eluard se portaient mutuellement une admiration sincère et qu'ils en vinrent même à se prendre en affection. Cependant,

Pierre Daix le dit clairement : « Eluard avait associé le surréalisme et la libération sexuelle comme un explorateur capable de toutes les audaces. Il fuyait toute idée de possession de la femme aimée et croyait à une "fidélité supérieure", presque mystique. Nusch y adhéra sans la coquetterie perverse de la Russe qui l'avait précédée. » Picasso trouva ce couple plein de charme. C'était un homme curieux, ajoute Daix, et « Eluard apaisait de bien des manières cette curiosité ». D'autre part, le poète jouait le rôle de « spectateur brillant du théâtre picassien » et celui de l'ami qui « sait transposer dans ses poèmes les faits de son amitié ». « Le seul inconvénient – conclut Daix – c'est que, comme beaucoup de surréalistes, il n'échappait pas au commerce de la peinture et des livres rares. Mais Picasso s'était résigné à ce sujet[2]. »

Une lettre d'Eluard à Gala datée de fin mars de cette année-là éclaire ce que Pierre Daix laisse entendre : « De nouveau je suis sans un sou et de nouveau j'ai des dettes. Picasso [...] est parti brusquement pour longtemps – adresse inconnue. L'espoir de plusieurs fois 500 francs est parti avec lui. »

Picasso s'est résigné : ce caractère mercantile fait donc inévitablement partie de toute relation avec l'un des artistes les plus cotés, déjà à cette époque, de la planète. Il l'a aussi accepté comme le prix à payer pour compter sur un « spectateur brillant » et poétique qui deviendra bientôt son courtisan favori. Et, *last but not least*, il a dû l'admettre parce que le couple plein de charme satisfaisait son besoin de nouveautés.

Tragique malentendu, c'est ici que Dora Maar entre en scène. Dora avec ses gants noirs à petites fleurs roses, ses doigts ensanglantés et ses airs de diva. Dora, la maîtresse de Bataille, entourée de l'« aura de scandale » que Colette Peignot avait gagnée avec son sang, mais qu'elle portait en guise d'ornement. Les deux protagonistes de la rencontre se pliaient à l'empire de la nécessité : Dora, celle de jouer un rôle, celui de la femme dissolue.

Picasso, celle de s'arranger avec l'intérêt des autres sur l'autel d'intérêts que l'ennui et l'âge éveillaient en lui.

Eluard et Nusch n'avaient rien d'attardés. Leurs visites à Boisgeloup les avaient mis en contact avec ces immenses têtes de la blonde Marie-Thérèse, au nez phallique pénétrant dans la petite bouche, ouverte et stupéfaite comme celle d'une poupée gonflable. Il ne leur aura pas fallu longtemps pour s'apercevoir que Picasso avait besoin d'un aliment nouveau : quelqu'un gardant moins la bouche ouverte, quelqu'un qu'il aurait du mal à apprivoiser, telle la mégère de Shakespeare. La chair fraîche devait représenter tout le contraire de Marie-Thérèse.

Un jour, ils invitèrent Dora à se joindre à eux lors d'une visite au château, situé dans une région connue depuis toujours pour son goût de la sorcellerie, et dont le nom finissait, certes par hasard, par le mot « loup ». Bois du loup, gueule du loup. Le groupe, composé, outre Dora, par le couple charmant et le critique d'art Roland Penrose, s'arrêta respectueusement devant l'imposant portail avec ses trois décors de fruits ronds qui ressemblaient eux aussi aux têtes de Marie-Thérèse. Le château était situé au milieu du village. Devant, la rue du Chêne-d'Huy ; derrière, la ruelle des Fontaines. Le mur laissait voir la grosse tour du pigeonnier, ronde et trapue, avec son coq en pierre. A l'intérieur les attendait Picasso en compagnie de Paulo, le fils qu'il avait eu avec Olga. Dora photographia le maître de maison entouré de ses visiteurs. Elle est sur cette photo sans y être, photographiée à son tour par le regard de Picasso qui brille encore pour nous d'une brutale intensité. Le désir de ces yeux la dessine devant les nôtres. Quand Eluard et Nusch s'aperçurent que Picasso observait la photographe d'un air « fasciné et rapace », au dire de Penrose, ils comprirent sur-le-champ : c'était elle qui incarnait le contraire de la blonde. Elle était brune, intelligente, elle parlait espagnol et elle avait fréquenté le théoricien du sadomasochisme : tout cela en faisait la femme idéale dans une période marquée par la « curiosité ».

L'histoire de Picasso, et celle de ses amours jusqu'à cet instant, peuvent se résumer ainsi. Il était né à Malaga le 25 octobre 1881. Son père, José Ruiz, était un peintre qu'à Malaga on appelait « l'Anglais », parce qu'il était grand, svelte et roux. Un monsieur distingué à la barbe blonde, très différent de la petite et brune María Picasso, aussi sceptique et méfiante que lui, douce et affable. Pablito grandit entouré de femmes, mère, grand-mère, tantes, et bonnes qui excusaient ses caprices : l'éducation espagnole typique, qui favorise l'apparition du mâle dominant, mais peureux dans le fond. Lorsque Pablito eut trois ans naquit sa sœur Lola. Trois ans plus tard, ce fut Conchita, qui mourut de diphtérie à huit ans. Toutes deux le firent souffrir : Lola pour l'avoir supplanté dans l'affection de ses parents, Conchita par sa mort. L'enfant, qui dessinait et peignait avant de savoir parler, avait fait un pacte avec Dieu : abandonner ses pinceaux s'Il sauvait sa sœur. Mais sa sœur mourut et, peu après, son père, le maître admiré qui lui avait appris tout ce qu'il savait en peinture, avait donné ses pinceaux à l'enfant de treize ans, jurant qu'il ne peindrait plus jamais, car son fils l'avait dépassé.

A partir de 1890, la famille avait dû « s'exiler » à La Corogne où don José avait obtenu un poste de professeur de peinture. Pablito n'était pas heureux dans les brumes galiciennes, dans lesquelles il était aussi mauvais élève que sous le soleil de Malaga : sa dyslexie l'empêchait de retenir les connaissances les plus simples. Les pinceaux à la main, c'était un élève prodige ; avec la table de multiplication, il avait l'air d'un idiot.

Enfin, les Ruiz Picasso s'installèrent à Barcelone, où le prodige entra à l'Ecole des beaux-arts, la Llotja, où il se retrouva au milieu d'un monde intellectuel mouvementé. La ville catalane était la capitale de l'anarchisme européen. Le jeune Picasso y absorba un mélange définitif de nihilisme et d'idées libertaires, quoique sans faire abstraction de la religiosité superstitieuse du milieu féminin qui l'avait entouré dès sa naissance.

Ce fut l'époque des joyeux camarades, des bordels du Barrio Chino, du premier prix obtenu à l'exposition de Madrid de 1896, avec un tableau sentimental qui représentait son père sous les traits d'un médecin. Don José, dont il admirait tant la beauté masculine, fut le premier modèle sur lequel Picasso commença à s'acharner. Déjà pointait à cette époque sa peinture magique, d'homme des cavernes qui dessine le bison pour le chasser. C'est également à cette époque qu'il choisit le nom de sa mère, à cause du prestige des deux *s*, plus original que cette brève signature du nom paternel, Ruiz, qui obligeait à faire le sourire de *cheese*.

Et c'est encore à cette époque qu'il se prit de passion pour une jeune prostituée surnommée Rosita de Oro (« Petite Rose d'Or »), qu'il tomba malade, vraisemblablement de syphilis, et partit avec Pallarés à Horta del Ebro, un village de montagne où ils dormirent tous deux dans une grotte avec un jeune gitan, peintre lui aussi. On a dit que Picasso et le petit gitan avaient vécu dans cette grotte des amours idylliques. Et il est vrai que plusieurs tableaux peints par Picasso en 1906, avec des adolescents nus et à cheval, sont empreints de nostalgie pour cette liberté, pour cette tendresse.

Lorsque plus d'un siècle plus tard, à Paris, j'eus un entretien avec James Lord, je lui demandai franchement s'il croyait que Picasso avait eu des expériences homosexuelles, et quelle part de vérité il y avait dans sa plaisanterie lorsqu'il se désignait lui-même comme un « homosexuel honoraire ». Il me répondit tout aussi franchement : « Personnellement, je n'ai pas couché avec lui, donc je ne sais pas. Cocteau soutenait que oui, mais pour Cocteau tout le monde était homosexuel. En revanche, Françoise Gilot m'a affirmé que Picasso avait eu au moins un amant dans sa jeunesse. Elle a également évoqué son amitié avec Max Jacob. Rien d'étonnant, a-t-elle ajouté, vu son insatiable curiosité : il voulait goûter à tout. »

A son retour à Barcelone, Picasso se rebella contre l'enseignement de la Llotja et il se mit à peindre seul. En 1899, il rencontra celui qui serait son fidèle ami, son serviteur et son ombre : l'aspirant écrivain Jaime Sabartés. Prisonnier pour toujours du charme de Picasso, Sabartés a écrit : « Quand je m'adressai à lui pour lui dire au revoir, j'étais prêt à le vénérer, déconcerté par le pouvoir magique qui émanait de tout son être, le merveilleux pouvoir d'un sorcier qui offrait des présents si riches en surprises et en espoirs[3]. » Picasso lui-même l'a dit une fois : « Je n'ai pas eu de vrais amis ; seulement des amoureux. »

En 1900, nous le trouvons dans un nouvel atelier avec un nouvel ami, Carlos Casagemas, peintre lui aussi. Casagemas était timide avec les femmes et Picasso lui présenta Rosita de Oro. Ce fut sa première tentative pour partager ses maîtresses, mais en vain cette fois. En revanche, ils partageaient des discussions sur Bakounine au café Els Quatre Gats. Et sur Nietzsche, sur la « volonté de puissance ». Une volonté que Picasso réaffirma dans un autoportrait intitulé *Moi, le Roi*, qu'il dessina peu de temps avant de partir pour Paris avec Casagemas, tous deux vêtus de noir.

Il arriva dans la ville de son destin à dix-neuf ans, sans connaître le français et sans un sou. Mais rien n'entamait son enthousiasme devant la splendeur des musées, des rues et de l'Exposition universelle, où peut-être a-t-il croisé, dans le pavillon austro-hongrois, un jeune architecte croate du nom de Joseph Markovitch.

Les deux amis trouvèrent refuge chez les Catalans, parmi eux le sculpteur Manuel Hugué, surnommé

Manolo, qui resta jusqu'au bout son ami. Une autre des grandes nouveautés du voyage : une espèce inconnue en Espagne, celle des femmes libres, mais non prostituées. Plusieurs petites Françaises tombèrent sous le charme du sorcier, tandis que Casagemas s'énamourait de Germaine, un modèle dont les incartades le faisaient souffrir.

C'est alors qu'apparut Pere Manyac, un jeune galeriste homosexuel qui attribua à Picasso une mensualité bien plus généreuse qu'il n'était coutume. L'amour possessif de Manyac, devenu une véritable manie, asphyxiait Picasso, qui réagit par un curieux caprice : lorsque Berthe Weill, une collectionneuse renommée envoyée par Manyac, frappa à la porte de son atelier, Picasso ne répondit pas. Et quand ils ouvrirent la porte avec la clé de Manyac, ils le trouvèrent au lit avec Manolo.

A Madrid le surprit la nouvelle du suicide de Casagemas. Son triste ami s'était tiré une balle après avoir tiré sur Germaine, qui en réchappa. La scène de l'enterrement se répéta de manière obsessionnelle dans l'œuvre de Picasso, qui revint à Paris peu de temps après, résigné à accepter la protection de Manyac. Celui-ci le présenta au célèbre marchand Ambroise Vollard. La carrière de Picasso était déjà sur des rails. Et pour exorciser le souvenir de Casagemas, il coucha avec Germaine.

C'est à ce moment qu'il fit la connaissance du plus émouvant de ses amis-amoureux, le poète Max Jacob. Max tomba foudroyé d'admiration devant le talent de l'Espagnol qui venait de commencer sa série de mendiants et d'arlequins d'un bleu triste. Mais si l'homosexualité sublimée de Max ne semble pas s'être interposée entre eux malgré l'insinuation de Françoise Gilot, celle de Manyac était une continuelle persécution qui l'irritait, peut-être parce qu'elle le confrontait à lui-même. Dès qu'il reçut un peu d'argent de son père, raconte Sabartés, Picasso jeta au galeriste « un regard horrible, fit une grimace de mépris », et le quitta pour toujours.

La fortune ne dura guère. Ce furent des temps de pauvreté et de froid, dans des chambres partagées, jusqu'à ce qu'il arrive dans celle de Max où il n'y avait qu'un lit, qu'ils occupaient à tour de rôle. Ce furent aussi des temps de mélancolie, d'idées de suicide, contrecarrées par la lecture des lignes de sa main que lui fit le poète : « Toutes les lignes semblent naître de la ligne de chance. C'est comme la première étincelle dans un déploiement de feux d'artifice. Ce point neutre brillant est très rare, il n'existe que chez des individus prédestinés. »

Max avait baptisé du nom de Bateau-Lavoir l'immeuble labyrinthique du 13, rue Ravignan, à Montmartre, qui servait d'habitation et d'atelier à une multitude d'artistes. La lutte pour la pitance quotidienne n'adoptait plus ici un caractère triste, surtout grâce à Manolo, qui avait développé un art de la survie issu du picaresque espagnol. La couleur rose commença à apparaître dans la peinture de Picasso, remplaçant le bleu. Avec le rose apparut la belle et élégante Fernande Olivier, qui fut la première femme importante et stable dans la vie de Picasso, la première qu'il présenta à ses amis et ses parents, celle qui le consacra homme.

Dans le livre qu'elle écrivit des années plus tard sur leur liaison[4], elle le présente comme un jeune homme sans attrait particulier, mais avec une expression « étrangement insistante » et « un magnétisme auquel [elle était] incapable de résister ». Plus tard, la description de Coco Chanel fut presque identique : insistance du regard, magnétisme irrésistible. Et qui n'avait rien d'inconscient : Picasso s'obstinait, pilonnait, écarquillant les yeux, les fixant et pénétrant du regard d'une manière envahissante que les hommes français ou anglais ne pratiquent jamais, leur éducation le leur interdisant. Au contraire, la séduction de Picasso, libérée de l'entrave des manières déférentes que son père,

« l'Anglais », utilisait, mais que personne n'avait imposées au petit génie mal élevé, était primaire, grossière, et cependant efficace. Elle contrastait avec la réserve d'Européens d'autres climats et s'imposait avec la force conquérante de l'armée mongole lorsqu'elle s'opposa à l'armée chinoise : celle-ci tardait à attaquer, faisant moult courbettes, les Mongols foncèrent sur l'ennemi et gagnèrent. L'une des raisons du succès de Picasso en France fut son furieux élan dénué de toute courtoisie, accentué par le mépris que lui inspiraient ces êtres mous, hommes et femmes, qui fondaient comme cire entre ses mains.

(Constatations qui permettent de comprendre un peu mieux la scène des Deux Magots : Dora n'était ni l'Espagnole portant la croix au cou ni la Française facile. C'était un être exotique venu du néant : ni Slave, ni Française, ni Argentine, et tout cela à la fois. Elle le défiait en « lui offrant sa main » de façon volontaire, telle une fiancée ensanglantée, et soutenait son regard sans broncher, avec la même insistance que la sienne. Elle ne défaillait pas et était capable de se refuser : elle attaquait d'abord, comme un Mongol, sauf qu'elle fonçait pour perdre, pas pour gagner.)

1905 est l'année où Picasso fait la connaissance de Guillaume Apollinaire. Autre étranger talentueux et marginal, avec lequel il forme aussitôt un trio d'excentriques fumeurs d'opium qui comprend Max Jacob. Puis vient Gertrude Stein, la riche, épaisse, hommasse et bohème Américaine dont Picasso fit le portrait de mémoire (« Je ne peux te voir quand je te regarde ») et qui l'aida à sortir de la misère. C'est à cette époque qu'eut lieu la rencontre la plus importante de sa vie : celle des masques africains.

Quelques années plus tard, il la raconta à André Malraux : « Les masques, ils n'étaient pas comme les autres. Pas du tout. Ils étaient des choses magiques. [...] Les Nègres, ils étaient des intercesseurs. [...] Contre tout ; contre des esprits inconnus et menaçants.

[...]. Moi aussi, je suis contre tout. [...] Mais tous les fétiches, ils servaient à la même chose. Ils étaient des armes[5]. »

Les Demoiselles d'Avignon, peintes au cours de l'automne 1907, exactement au moment où Dora venait de voir le jour, rue d'Assas, fut la première et violente agression que réalisa Picasso avec ses propres armes : un groupe d'horribles prostituées. Cette œuvre décisive marqua une direction perturbatrice et destructrice dans l'art de notre temps, annonçant la naissance du cubisme. Elle provenait directement des masques magiques, non sous forme d'imitation ou de recherche d'inspiration dans d'autres cultures, mais d'appropriation d'une méthode pour combattre la peur.

Pour Jean Clair, directeur du musée Picasso de Paris[6], 1907 est une année de changements dans notre vision du monde. A cette époque commence à se répandre l'expression « avant-garde » appliquée à l'art. Une expression qui vient des saint-simoniens, de la politique, mais aussi du langage militaire : dans une armée, l'avant-garde est celle qui s'avance pour *regarder*, mais aussi pour *garder*, ce qui, transposé à l'art, revient à dire que l'œil s'expose à tous les risques de sa position avancée. L'œil, concrètement, en tant que globe oculaire, organe du visible.

Cet œil de l'avant-garde prolonge jusqu'à ses ultimes conséquences le scandale de l'*Olympia* de Manet, qui met fin au nu académique identifié à la norme. *Olympia* – qui semble illustrer la phrase de Baudelaire : « La femme est naturelle, donc abominable[7] » – ouvre au XIXe siècle le processus qui mène, au début du XXe siècle, à la disparition du nu féminin. Jusqu'à ce que *Les Demoiselles d'Avignon* le ramène. Non pas comme un problème d'ordre plastique résolu d'une manière différente, mais comme un exorcisme face au sentiment de danger : « Non plus comme une œuvre destinée à un but [...] – poursuit Clair –, mais comme instrument d'ouverture [...] : le trou sans fond de la mort, le puits inépuisable du sexe. »

Les femmes de cette œuvre, objet de substitution plus que de représentation, poursuit le critique d'art, sont des femmes seules, sans autre homme que le peintre, qui en les possédant du regard les prive de leurs attributs concrets et les transforme en signes. Femmes qui sont là pour donner corps à la peur et à la répulsion qu'inspirent leurs seins et leurs hanches véritables, à l'attirance ambiguë pour « le désirable et gratifiant et ce qui est ressenti comme "mal", répugnant, funeste, dangereux ». Femmes fragmentées, désarticulées, auxquelles l'exorciste « a retiré leur intégrité anatomique », comme les reflétant dans une multitude de miroirs brisés. Pourtant, dans ce tableau dont les versions antérieures comportaient deux personnages masculins que Picasso finit par éliminer, la seule chose qui n'a pas changé, c'est l'œil. Neuf yeux immenses, noirs, vides, neuf trous qui révèlent l'obsession de Picasso pour le regard transformé en « cuirasse et bouclier autant qu'en armes offensives ».

Dora naissait tandis que Picasso imaginait son bordel de corps en morceaux. Au même moment, un homme d'affaires arrivait à Paris de son Allemagne natale. Il était jeune et audacieux, il s'appelait Daniel-Henry Kahnweiler et fut à Picasso ce que Roger Caillois fut à Jorge Luis Borges. Le poète argentin s'amusait à douter de sa propre existence, affirmant qu'il était une invention de Caillois. Picasso a toujours dit que Braque et lui n'auraient pas existé sans Kahnweiler. Tous deux plaisantaient, bien sûr. Mais il n'existe pas de carrière artistique qui ne soit fondée sur la rencontre d'un créateur et d'un promoteur, d'un mécène, d'un admirateur qui a du pouvoir.

Kahnweiler venait d'inaugurer sa galerie parisienne lorsqu'il se rendit rue Ravignan pour voir *Les Demoiselles d'Avignon*. Il était d'une famille de banquiers et avait eu assez de cran pour s'écarter de la route toute tracée et se lancer sur le marché de l'art. Lorsqu'il débarqua à Paris la première fois, il n'arrivait même pas à comprendre les impressionnistes. Mais il le fit. Puis, pas à pas et à sa façon méthodique, sans une pincée d'humour mais avec beaucoup d'audace, il comprit Braque, Derain, Vlaminck, Van Dongen, et jusqu'à Picasso. Lorsque celui-ci entreprit avec Braque son aventure cubiste, Kahnweiler considéra que l'art, c'était ça : un art qui ne se contentait pas de montrer ce que voit l'œil, mais aussi ce que sait le cerveau, c'est-à-dire les parties d'un objet ou d'un visage qui sont du côté opposé à celui perceptible par la vue.

Au début, Picasso le traita avec méfiance. Il finit par lui permettre de vendre son œuvre en Allemagne, en Belgique, en Russie, de lui verser une mensualité importante quelle que fût sa production, grâce à deux ou trois collectionneurs qui à cette époque suffisaient à faire vivre le peintre et le marchand. Mais jamais il ne se livra à Kahnweiler comme le fit le beau, le digne, le fidèle Juan Gris (que Picasso fit tout son possible pour détruire, peut-être à cause de sa ressemblance avec un autre beau monsieur espagnol, don José Ruiz).

Difficile d'imaginer plus grandes différences entre deux hommes : le Picasso cosmique et aux multiples facettes, qui à chaque étape de sa création et devant chaque nouvelle femme changeait de style, et l'inamovible Kahnweiler fixé pour toujours dans une découverte artistique irrévocable. Lors d'une conversation avec Pierre Cabanne[8], l'obstiné galeriste admet, comme si c'était évident, que les seuls peintres du XXe siècle furent ceux de sa propre galerie : Picasso, Braque, Juan Gris, et à peine deux ou trois autres. Si plus tard il n'a pu en découvrir d'autres, dit-il, c'est qu'il n'y en a pas eu.

Georges Braque fut lui aussi scandalisé lorsqu'il vit *Les Demoiselles d'Avignon*, mais il ressentit une émotion qui le rapprocha de Picasso, et tous deux, « tels deux alpinistes encordés ensemble », explorèrent le chemin du cubisme avec l'appui inconditionnel de Kahnweiler. Cette période d'expérimentation presque scientifique les unit de telle manière que Picasso ira un jour jusqu'à dire : « Braque a été la femme qui m'a le plus aimé. » Il donna aussi le surnom de « Madame Picasso » à son compagnon d'aventures, comme pour bien établir qui était le chef. Appliquée à Matisse, cette féminisation devenait moins hiérarchique que péjorative : « A côté de la mienne, avait-il l'habitude de dire, sa peinture est celle d'une demoiselle. »

Le succès économique eut pour conséquence l'adieu à la rue Ravignan. Picasso et Fernande s'installèrent dans un élégant appartement du boulevard Clichy. C'est à cette époque qu'il commença à avoir des problèmes digestifs. De l'acidité. Il ne but jamais plus de vin. Le hachisch aussi était oublié. Le Picasso qui demandait dans les bars une bouteille d'eau minérale qu'il ne buvait jamais naquit en même temps que le Picasso triomphateur.

Le 7 octobre 1909, Max Jacob découvrit le Christ reflété sur le mur de sa chambre. Picasso, qui était très superstitieux en matière de religion, fut son parrain de baptême en 1915. Des années plus tard, le 27 octobre 1954, dans une conversation avec Picasso transcrite par Dora et qui fut trouvée parmi ses papiers (la date contredit ce qu'a affirmé James Lord, pour qui le couple se serait rencontré pour la dernière fois le 25 avril de cette année-là), elle lui dit : « J'ai une nouvelle. Je me suis convertie au catholicisme. [...] Depuis deux ans. Mais cette évolution a commencé depuis longtemps, il y a environ neuf ans. Elle a commencé avec l'astrologie, et à cette époque tu m'as fait remarquer que Max Jacob était venu au catholicisme par le même chemin[9]. »

En 1912, Picasso se sépara de la grande et séduisante Fernande pour aller vivre avec la petite et timide Marcelle, celle qu'il appelait Eva : Eva Gouel. C'était la première fois qu'il changeait de femme en cherchant dans la nouvelle les traits opposés à l'ancienne. A l'avenir, ce comportement deviendrait coutumier, comme s'il formait des couples de femmes, une grande et une petite, une blonde et une brune. Mais sa terreur des séparations perfectionnerait peu à peu ce schéma : viendrait le moment où, au lieu de remplacer l'une par l'autre, il garderait les deux. Autre élément caractéristique : lorsqu'il la connut, Marcelle était la femme du peintre Marcoussis. Picasso avait aussi été l'amant d'Alice Princet, la femme de Derain. L'idée de l'échange s'affirmait.

L'année suivante mourut son père, don José. Puis ce fut la guerre. Apollinaire, Braque, Fernand Léger partirent pour le front. Kahnweiler, qui était allemand, quitta Paris. La fragile Eva mourut de tuberculose. Le monde se vidait. C'est à ce moment que Jean Cocteau « tomba sous le sortilège de Picasso et y demeura pour le restant de ses jours [10] ». Ce coup de foudre du poète dandy marqua une nouvelle étape dans la carrière de Picasso. Cocteau, s'étant rapproché de Diaghilev, décida de le présenter d'abord à Erik Satie, puis à Picasso, pour les faire travailler avec le Ballet russe.

C'était la rencontre de deux planètes : d'un côté la mondanité, de l'autre Montmartre et Montparnasse. Le café de La Rotonde fut sur le point d'exploser lorsque courut la nouvelle que Picasso avait accepté de peindre les décors du ballet *Parade*, dont la première eut lieu à Rome. Parmi les ballerines se trouvait une jeune aristocrate russe du nom de Olga Kokhlova. Danseuse médiocre, beauté médiocre. Picasso vit en elle un mélange d'ordre conventionnel et de mystère russe, mais aussi la voie ouverte vers le grand monde, tandis qu'Olga vit en lui l'homme célèbre qui lui donnerait une position sociale.

C'était le début du malentendu. Fernande et Eva lui avaient simplement plu en tant que femmes. A partir d'Olga, il commença à imaginer, à fantasmer, bref à se fourvoyer. Dans la vie, pas dans la peinture. Car il se mit aussi à idéaliser et à dénigrer, déshumanisation indispensable pour que ses femmes servent son art. Il en avait fini avec l'étape cubiste dans laquelle la peinture n'utilisait pas la femme. Il cherchait désormais quelque chose que chaque nouvelle présence féminine pouvait lui donner. Non seulement en tant que maîtresse, mais en tant que modèle. Il se transforma en vampire absorbant leurs formes et leur âme. Elles devinrent matière picturale. Et jetable.

Un Picasso en smoking, encore qu'avec la touche folklorique d'une large ceinture rouge, mélange de gentleman et de torero. Un appartement luxueux, celui de la rue La Boétie. Telle est la nouvelle image du peintre qui a abandonné son blouson bleu pour épouser Olga. Témoins : Max Jacob, le représentant de son passé, et Jean Cocteau, celui de son avenir. Villas somptueuses, soirées élégantes. Le succès d'une fête dépendait de ce que Picasso fusillât l'assistance de son regard. Les décors pour ballets se multiplièrent. De peintre qu'il était, Picasso se transformait en légende ou, comme dit Malraux, en « génie sans remède ».

Un éclat seulement assombri par la mort d'Apollinaire. La terreur que Picasso éprouva en apprenant la nouvelle tenait beaucoup de la culpabilité. Comment oublier sa trahison envers l'ami pendant l'obscur épisode du vol de la *Joconde*, dans lequel Apollinaire s'était vu impliqué tandis que Picasso le laissait seul face aux gendarmes, niant tout ? Peut-être pour ne pas penser, pour ne pas se souvenir, lorsque quelques années plus tard on lui commanda une sculpture pour un monument à Apollinaire qui devait être placé à côté de l'église de Saint-Germain-des-Prés, Picasso offrit une sculpture qu'il avait sous la main (« Je l'ai fait accidentellement », expliqua-t-il à Brassaï) et qui représentait la tête de Dora Maar. Personne ne comprit pourquoi. A cette époque, il l'avait déjà quittée. Quelle relation y avait-il entre Dora et Apollinaire ? Il est vrai que tous deux avaient la même puissante mâchoire. Il est également vrai que de cette façon Picasso les effaçait tous deux d'un trait de plume, les annulant ensemble. A cela s'ajoute un détail technique lui aussi « accidentel ». Picasso, comme Maillol, avait pour habitude d'uriner sur les bronzes pour leur donner une patine que Dora qualifiait de « vert dégoûtant ». La tête de Dora Maar, qui était supposée symboliser Apollinaire, avait été soumise au traitement de l'urine.

Et pour compléter le tout, la tête disparut de son socle en 1999, après la mort de Dora. Un vol que la police n'a jamais éclairci. Pendant plusieurs années, il ne resta que le piédestal vide avec les mots : « A Guillaume Apollinaire », et dessus, rien. Puis un jour la tête réapparut dans une décharge publique. Aujourd'hui, Dora Maar représente toujours Apollinaire à côté de l'église qu'elle fréquenta si assidûment. Etrange hommage que celui de cette tête à l'expression obtuse et triste qui figure un être insipide, à l'opposé de toute poésie.

En l'absence de Kahnweiler, Picasso avait travaillé pour un autre marchand, Paul Rosenberg. Quand son premier et fidèle galeriste rouvrit une galerie parisienne au 29 bis, rue d'Astorg, Picasso ne se pressa pas de revenir chez lui. C'était une manœuvre pour exiger de Rosenberg des prix plus élevés. En 1921, il gagnait déjà un million et demi de francs par an. Aragon fit son portrait dans son roman, *Anicet ou le panorama*, dans lequel Jean Chipre représente un Max Jacob pauvre et oublié, tandis que Bleu, un Picasso riche et célèbre, père d'un enfant pour le rendre encore plus identifiable, affirme avec suffisance : « Je n'ai jamais peint que pour séduire. »

Mais Max transforma la fiction en réalité : il partit vivre à Saint-Benoît-sur-Loire, près d'un monastère bénédictin. Il avait dit dans une lettre que Picasso était pour lui plus mort qu'Apollinaire. Pourtant, Picasso lui rendit visite avec Dora le 1er janvier 1937. C'est alors que Max écrivit à Liane de Pougy que son adoré compagnon d'aventures juvéniles était venu le voir avec une « jolie dame étrusque ». Des retrouvailles qui émurent le poète aux larmes, et que Picasso lui offrit en cadeau de Nouvel An, mais qui marquèrent Dora d'une autre façon. « La dame étrusque » montra plus tard à l'égard des bénédictins un intérêt qui n'était pas étranger à l'influence du juif converti, comme le prouve sa conversation ultérieure avec Picasso, dont nous avons déjà parlé, et l'anecdote suivante.

L'écrivaine argentine Gloria Alcorta m'a raconté qu'en 1938 elle assista à un repas dans un restaurant de l'île Saint-Louis, Le Bossu. C'était en hommage à Max, récemment revenu de son couvent. Picasso n'y était pas. Dora, toujours en noir, se plaça à côté d'une jeune fille blonde vêtue de tons doux. Le contraste entre les deux était remarquable ; noir de jais et or. Quelqu'un demanda : « Qui est cette jeune fille aux cheveux clairs ? — Sonia Mossé », lui répondit-on. Quelqu'un ajouta : « Juive ». Max dit d'une voix douce : « Comme moi. » « Sonia était dessinatrice et modèle de Derain, ajouta Gloria Alcorta. Elle était amoureuse de Balthus. A la fin du repas, elle quitta le restaurant avec Dora, qui était une femme très hautaine : à aucun moment elle ne m'a regardée ni ne m'a adressé la parole. » Max et Sonia finirent leurs jours dans des camps de concentration. Max à Drancy, Sonia à Auschwitz. La morale de cette scène est double. Premièrement, que l'antisémitisme d'origine croate qui s'éveilla chez Dora dans sa vieillesse ne fut pas son problème dans ces années-là, quoiqu'elle s'obstinât à affirmer que Markovitch était un nom chrétien. Et deuxièmement, que Dora fréquentait Max Jacob. Qu'elle s'intéressait à sa solitude, à sa réclusion, à sa foi.

Les Galeries Lafayette ont joué un rôle important dans l'histoire de l'art : c'est là que Paul Eluard fit la connaissance de la petite Nusch, et là que Picasso rencontra Marie-Thérèse Walter, une petite grosse athlétique avec des cheveux d'or, pas très futée mais bonne comme le pain, issue de la petite bourgeoisie et qui croisa son chemin juste au moment où l'épouse russe commençait à l'exaspérer avec sa rigidité conventionnelle, ses manies de l'ordre, ses airs de princesse.

Pendant quarante-sept ans, la blonde que Dora viendrait en partie supplanter, quoique jamais complètement, garda un silence obstiné sur sa liaison avec Picasso. Jusqu'à ce que Pierre Cabanne obtînt d'elle des confessions d'une telle innocence et d'une telle fraîcheur que je ne résiste pas à la tentation de les transcrire. Voici sa version de la rencontre : « J'avais dix-sept ans. J'allais faire des courses sur les boulevards. J'avais besoin d'un petit col. Il m'a regardée. Il portait une cravate superbe, rouge et noir, que j'ai toujours. Puis il s'est approché de moi et m'a dit : “Mademoiselle, vous avez un visage intéressant. J'aimerais faire votre portrait.” Puis il a ajouté : “Je sens que nous allons faire de grandes choses ensemble.” » C'était le samedi 8 janvier 1927, à six heures du soir. « Ensuite, c'est la vérité, il m'a dit : “Je suis Picasso.” Il m'a montré un gros livre en chinois, ou en japonais, sur lui, bien sûr. C'étaient comme des signes cabalistiques qui voulaient dire Picasso. Ça l'amusait beaucoup. Il m'a donné rendez-vous au métro Saint-Lazare. J'y suis allée, parce qu'il avait un beau sourire. Il m'a emmenée à son atelier, il a regardé mon visage et je suis partie. Il m'a dit : “Revenez demain.” Ensuite, c'était toujours demain. J'ai dit à ma mère que je travaillais[11]. »

Le jour de la rencontre, Marie-Thérèse ne savait pas qui était Picasso. Lorsqu'il commença à la peindre, il lui dit qu'elle lui avait sauvé la vie. « Je ne comprenais rien à ce qu'il voulait dire. » Et quand elle lui dit qu'elle était enceinte, il s'agenouilla, pleura, et lui assura que c'était le plus beau jour de sa vie. « Maya est née le 5 septembre 1935. Picasso m'a dit : “Je divorce demain.” Il passait son temps à me dire : je veux divorcer, je veux divorcer, je veux divorcer. [...]

Il restait toute la journée à la maison, c'était lui qui lavait le linge, faisait la cuisine, s'occupait de Maya, il faisait tout sauf, peut-être, les lits. Mais moi, la vie parisienne m'ennuyait, je ne la supportais pas, je n'avais pas de jardin, je n'avais plus rien. Je voyais que Picasso sortait un peu... Et je le comprenais, c'est pourquoi j'ai pensé que je ferais mieux d'aller à la campagne, et le 20 décembre 1937 j'ai déménagé pour aller chez Vollard, au Tremblay-sur-Mauldre. Picasso venait du vendredi jusqu'au dimanche. Il travaillait, travaillait. Comme un ange. Nous avons été heureux pendant des années. Seuls. Nous étions tous les deux et rien que nous deux. Même pas les enfants, même pas Maya. Moi, cela m'était égal qu'il soit célèbre, en plus j'étais plus célèbre que lui parce que c'était moi qui étais sur les tableaux. Il passait son temps à me dire : “Ne ris pas, ferme les yeux.” Il ne voulait pas que je rie. » Et toujours il la peignait endormie : « Il y a des femmes qu'il aimait autrement, moi je lui plaisais comme ça. » Le bonheur pour Picasso ? « D'abord il violait la femme, comme Renoir, disait-il, et ensuite on travaillait. C'était pareil, que ce soit avec moi ou avec une autre, c'était toujours comme ça. » Pour peindre « il était toujours debout, sur la pointe des pieds. Il reculait pour voir sa peinture, alors on aurait dit qu'il dansait, c'était très joli. » Dora Maar ? « C'est la femme qui lui a permis de changer de type. » Mais elle, Marie-Thérèse, était « un peu ange, alors que l'autre, pauvre choute, c'était la guerre ».

Marie-Thérèse a dit autre part qu'elle avait résisté à Picasso pendant six mois. Ensuite, elle s'est ravisée : « Il n'est pas possible de résister à Picasso. » Et, comme répétant une leçon : « Comprenez-moi bien : une femme ne résiste pas à Picasso. » La rengaine apprise par cœur résonne dans ses paroles. Déjà, lors de l'entretien avec Cabanne elle l'avait spécifié en toutes lettres : « Il nous a très bien éduquées » (Maya et elle). Education de « maître sévère », comme disent les annonces sadomasochistes ? Ses résistances vaincues, la petite blonde se révéla une disciple docile, soumise, prête à tout accepter, même l'idée fondamentale que personne ne résistait à son amant. L'opinion générale, justifiée par la vision de la peinture joyeuse qu'elle lui a inspirée, est que la grande passion sexuelle de la vie de Picasso fut Marie-Thérèse. Elle était son secret. Leur liaison dura vingt ans et jamais elle ne fut rendue publique.

Récapitulons : lorsque Picasso connut Dora, il avait cinquante-quatre ans. Il avait fréquenté quelques Rositas de Oro, il avait eu des aventures avec des femmes libérées de Montmartre et des relations stables avec Fernande et Eva, son opposée, puis avec Olga et son opposée, Marie-Thérèse. En résumé, rien d'extraordinaire : à son âge et dans son milieu, avoir fréquenté la prostitution, la vie libre, peut-être avoir flirté avec l'homosexualité – tout en la niant, comme s'il s'agissait d'un jeu – et changé quatre fois de femme n'était pas rare. Ce ne le fut même pas lorsque la liste s'enrichit de trois autres femmes : Dora Maar, Françoise Gilot et Jacqueline Roque. Ce qui est surprenant, ce n'est pas cette réalité, mais son propre acharnement à répandre la légende du terrible minotaure assoiffé de sexe. Une légende fondée sur des faits indiscutables – qui pourrait en douter ? –, mais utilisée avec le critère même par lequel il répandit celle de l'artiste possédé par le génie.

Et avec le même succès. Un après-midi, au musée Picasso, une mère accompagnée de son fils adolescent s'arrêta à côté de moi pour examiner de près les dessins érotiques où l'homme à tête de taureau se jette sur la jeune fille blonde. « Je serais tombé amoureux de Marie-Thérèse », annonça le garçon avec un filet de bave au coin des lèvres ; sensualité rétrospective qui me laissa stupéfaite, et que sa mère approuva, sans doute parce qu'elle la trouvait à la fois raffinée et irréalisable dans la pratique. Et Georges Besson écrivit en

1952 : « J'oubliais de vous dire [...] que cet homme, dont les goûts n'ont rien d'extravagant, a un faible pour les diamants noirs. [...] Il les porte à l'endroit où les autres ont les yeux. [...] Et je vous assure que les femmes vers lesquelles ces diamants dirigent leurs feux tombent littéralement foudroyées [12]. » Si connu dans mon pays qu'un ex-président argentin – imitant Perón lorsqu'il montrait Evita comme pour dire : « Regardez quelle femme je suis capable d'avoir » – utilise ses conquêtes féminines pour se faire admirer par le peuple ; le mythe sexuel agit de manière étrange sur... les autres hommes.

Génie. A quel moment de l'histoire de l'art cette idée est-elle apparue ? L'article de l'*Encyclopédie* de Diderot et d'Alembert nous la définit, tout en nous la situant dans le temps. On a commencé à parler de génie à l'aube du Romantisme. Les encyclopédistes écrivaient : « L'étendue de l'esprit, la force de l'imagination, et l'activité de l'âme, voilà le *génie*. [...] L'imagination gaie d'un génie étendu agrandit le champ du ridicule ; et tandis que le vulgaire le voit et le sent dans ce qui choque les usages établis, le *génie* le découvre et le sent dans ce qui blesse l'ordre universel. [...] Le goût est souvent séparé du génie. Le *génie* est un pur don de la nature ; ce qu'il produit est l'ouvrage d'un moment ; le goût est l'ouvrage de l'étude et du temps. [...] La force et l'abondance, un je ne sais quelle rudesse, l'irrégularité, le sublime, le pathétique, voilà dans les arts le caractère du génie ; il ne touche pas faiblement, il ne plaît pas sans étonner, il étonne encore par ses fautes. » Chateaubriand ajoutait : « Le goût est le bon sens du génie. »

Génie, donc, Picasso, pour son « âme étendue », pour son sens du ridicule, pour sa rudesse. Et génie romantique. John Berger, qui a analysé de manière convaincante la naissance du mythe picassien, arrive à une conclusion qui a un rapport avec cette distinction que font Diderot et Chateaubriand entre le génie, qui est « l'œuvre d'un moment », et le « goût », qui requiert travail et temps. C'est pour cette raison que Picasso niait l'évolution de son art. Comment pouvait-il évoluer s'il n'était pas le fruit de la durée, mais de l'instant ? D'autre part, la présence de Picasso, son charisme, dépassaient son œuvre. « Aussi étonnant que cela puisse paraître, dit Berger, [les spécialistes] présentent Picasso comme autre chose – ou plus – qu'un peintre [13]. » Ramón Gómez de la Serna le comparait à un « matador ». Manolo, l'ami sculpteur, disait : « Pour Picasso, la peinture est quelque chose de secondaire. » Picasso était « fasciné par sa propre créativité et il s'y consacrait entièrement. Ce qu'il créait était presque accessoire », affirme Berger. Picasso lui-même l'a dit et répété : « Ce qui importe, ce n'est pas ce que fait un artiste, mais ce qu'il est. » D'autres grands artistes, y compris Van Gogh ou Cézanne, ont considéré que « la ligne de vie passait par l'œuvre ». Pas Picasso : la ligne de vie passait pour lui par la vie. D'où la naissance du mythe, alimenté par l'idée du « génie comme manière d'être », à deux pas du demi-dieu.

L'« envoûtement » de Picasso, situé au-delà de l'œuvre achevée, était tout aussi espagnol que celui de *La Niña de los Peines* (« La Jeune Fille aux peignes ») dont parlait García Lorca, cette déesse du *cante jondo* [14] qui ne chantait bien que lorsqu'elle chantait mal, mais de toute son âme. Le jeune Malaguène avait grandi dans une société féodale qui méprisait le travail, et il s'était formé chez les anarchistes pour qui Bakounine était parole sainte. La passion de détruire est aussi une passion créatrice, disait Bakounine. Et Picasso : « Un tableau est une somme de destructions [15]. » Sa rage contre la bourgeoisie s'est changée en vengeance pécuniaire (demander les prix les plus exorbitants pour évaluer son pouvoir) et artistique : « Plus ce que je peins est laid, plus ça leur plaît. »

Mais en plus, il avait été un enfant prodige et il le serait jusqu'au bout. Un prodige ayant un don mystérieux, y compris pour lui-même. C'est pour cela qu'il a dit : « Je ne cherche pas, je trouve. » La conséquence positive de ce mystère, auquel il se vit confronté dès son enfance, fut d'être devenu l'artiste le plus expressif de notre temps. La conséquence négative, d'avoir rejeté le pouvoir de la raison pour rester fixé dans la magie.

Berger conclut en citant le réactionnaire mais lucide Ortega y Gasset : « L'homme qui commence à dominer l'Europe sera nécessairement, par rapport à la civilisation complexe où il est né, un homme primitif, [...] un envahisseur vertical[16]. » Nous l'avons déjà vu en évoquant son « regard insistant », sa séduction dénuée de toute courtoisie : Picasso fut un envahisseur vertical. Pour paraphraser Marie-Thérèse : une civilisation qu'il dénigrait parce qu'elle était féminine ne résistait pas à Picasso.

Génie romantique ou envahisseur vertical, lorsqu'il fit la connaissance de Dora il se trouvait à cette période de la vie qu'on appelle *le démon de midi**. Si on laisse de côté les histoires du petit gitan et de Manyac, il avait couché avec les femmes de ses amis, vivants ou morts, avait mis Marie-Thérèse dans son lit et l'avait plongée dans la stupéfaction avec des expériences de coprophagie qu'elle finit par confesser (autre coïncidence avec Georges Bataille). Mais il ne lui était jamais arrivé qu'un ami vivant lui abandonnât sa femme, comme Eluard le faisait avec Nusch. Ni même qu'un groupe d'amis complotât pour lui offrir une femme comme Dora. Soudain, il n'était plus un peintre libéré qui conquérait lui-même ses maîtresses. C'était un sultan à qui l'on servait tout sur un plateau.

Le biographe d'Eluard, Jean-Charles Gateau[17], affirme que la brusque disparition de Picasso le 25 mars 1936, tellement regrettée par Eluard à cause des multiples billets de cinq cents francs qui s'en allaient avec lui, représentait une fuite. Personne, sauf le fidèle Sabartés, ne savait où se trouvait Picasso. On suppose le plus souvent qu'il s'était réfugié à Juan-les-Pins, avec Marie-Thérèse et la petite Maya.

Pierre Daix[18] soutient quant à lui le contraire. Picasso, dit-il, n'était pas homme à s'enfuir. Ce qui en revanche a pu le pousser à partir pour éviter les difficultés, ce fut une aventure présumée avec la surréaliste Alice Paalen. Aventure que Georgiana Colville[19] donne comme un fait avéré, ajoutant que la poétesse, mariée au peintre Wolfgang Paalen, avait tenté de se suicider à la suite de ces amours. Pour se consoler, Alice Paalen fit un voyage en Inde où elle rencontra Valentine Penrose (l'auteur de *La Comtesse sanglante* tellement admirée par Bataille), qui venait de se séparer du critique anglais, et devint son amante. Quoi qu'il en soit, Picasso fut absent de Paris jusqu'au 15 mai, date à laquelle il fit, sans prévenir, son apparition à la galerie Pierre où le mari d'Alice exposait justement ses œuvres. En le voyant arriver, Eluard fut si heureux qu'il écrivit ce poème :

Bonne journée qui commença mélancoliquement
Noire sous les arbres verts
Mais qui soudain trempée d'aurore
M'entra dans le cœur par surprise.

Il n'est pas facile de comprendre le raisonnement de Daix, selon lequel un homme qui n'a pas l'habitude de fuir le fait dans le cas d'une femme, Alice Paalen, et non dans celui d'une autre, Dora. Il est en fait probable que Picasso ait fui, oui, mais pas Dora en particulier. Tous : elle, Alice Paalen, Paul Eluard, Olga, la file des femmes en extase qui ne tarissaient pas d'éloges sur son génie à la galerie de Paul Rosenberg où il exposait ses œuvres. Autrement dit : lui-même. Pourquoi ne pas penser que le quinquagénaire à qui il suffisait de lever le petit doigt pour devenir un despote ait voulu échapper à tant de douteuses séductions, en essayant de recréer avec sa femme et sa fille le petit monde paradisiaque dans lequel il les faisait vivre, et même de se le créer pour lui-même pendant un certain temps ? Des années plus tard, Picasso peindra un Ulysse vu d'en haut, seulement la tête, avec la bouche semblable à un sphincter anal, attaché à son bateau tandis que des Sirènes qui ont l'air de sardines essaient de l'attirer par leurs chants. Au moment de sa fuite, peut-être s'est-il assimilé à cet homme qui ne veut pas céder à la tentation. Un homme écœuré. Lui aussi, comme bien d'autres personnages de cette histoire, aurait pu signer le mot trouvé sur le cadavre de René Crevel.

Fuite de lui-même, de sa propre sécheresse. Se séparer d'Olga, avoir eu une fille de la blonde à la bouche ouverte juste au moment où il commençait à se lasser d'elle, tout cela avait des effets dévastateurs : Picasso ne peignait pas. Comme disait l'artiste peintre Marie Laurencin, pis encore, il écrivait. « Depuis son procès en séparation, Picasso se comporte d'une manière que l'on n'excuserait que chez une femme. Il écrit des vers et dit : "Je suis un poète." [...] Il ne peint plus parce que sa femme lui réclame des millions pour ses tableaux. Il est comme Marius devant les ruines de Carthage[20]. »

Ce n'était certes pas l'opinion d'André Breton, qui faisait l'éloge de la poésie picassienne pour deux grandes raisons : parce que, n'ayant ni points ni virgules, elle lui paraissait un exemple d'écriture automatique, et parce que c'était Picasso qui l'avait écrite. Son intransigeance s'évaporait, du moins pour le moment, devant l'artiste intouchable. En revanche, Gertrude Stein était capable de dire à son ami peintre qu'il était fort mauvais poète. Elle n'avait pas peur de le perdre, ni n'avait, de toute façon, rien à perdre : si la fortune aime les audacieux, sa possession engendre également l'audace.

L'éloignement des sirènes parisiennes eut l'effet attendu. Dès avril, Picasso revint à ses pinceaux. Deux mois plus tard, à Paris, nous le retrouvons en train de peindre un faune qui découvre une femme. C'est le 12 juillet. Mais qui est-elle ? Bien des années après, Daix lui posa la même question. Picasso sourit : « Non, ce n'est pas encore Dora. » En revanche, le 1er août, il dessine une femme vêtue d'une veste croisée à grands revers avec un foulard sur la tête, qui ouvre la porte d'une cabane où l'attend un dieu. Nu, barbu et magnifique, ce dieu est coiffé d'une couronne de laurier, il porte un bâton de commandement et un chien qui lui lèche la main est assis sur ses genoux. Cette fois, oui, la femme est Dora : une étrangère, une sorte de réfugiée d'Europe centrale, qui regarde le dieu avec crainte et vénération.

Mais l'homme n'est pas Picasso. C'est son père, le peintre raté, ce don José auquel il a toujours envié sa beauté et son allure, et dont il a toujours dit : « Pour moi, l'homme, c'était mon père. Chaque fois que je peins un homme je pense à lui. » Ce même superbe dieu à la barbe frisée batifole aussi auprès de son modèle nu, Marie-Thérèse, dans une série de gravures que Picasso a réalisée des années plus tôt à Boisgeloup. Le Minotaure est bien sûr Picasso, mais un Picasso qui se sait laid, qui cache son visage derrière celui de la bête, et qui viole ses femmes ou les cède en rêve à son père.

Le complot visant à lui livrer Dora suit son cours. Le 25 août, Eluard, Nusch et Man Ray arrivent à Mougins, sur la Côte d'Azur, et s'installent dans la villa d'amis du photographe, les Sauvard-Wilms. Peu après, tandis que Picasso arrive de son côté dans la luxueuse Hispano-Suiza conduite par son chauffeur Marcel, tous, plus Roland Penrose et la photographe américaine Lee Miller – devenue Mme Penrose après avoir été l'assistante et la maîtresse de Man Ray –, se retrouvent au cours d'un repas à Saint-Tropez, chez Lise Deharme, où, oh surprise !, ils tombent sur Dora.

Dans sa biographie de Picasso[21], Penrose a parlé d'une longue promenade sur la plage au cours de laquelle Picasso aurait confié en toute franchise à celle qu'on lui destinait comme maîtresse sa situation avec Olga et Marie-Thérèse, ainsi que la naissance de sa fille Maya. La réalité semble avoir été quelque peu différente, à en croire Maya elle-même, qui me l'a dit, elle, avec une totale franchise : « Cette pauvre malheureuse Dora, quelle manière de souffrir ! Imaginez-vous ce que cela a dû être pour elle d'apprendre ma naissance quelques années plus tard, pendant la guerre, lorsque nous sommes tous allés nous réfugier à Royan ! »

Où est la vérité ? Comme toujours, entre les deux. Dora connaissait l'existence de Marie-Thérèse, puisqu'elle avait vu à Boisgeloup les têtes monumentales, mais aussi celle de sa fille, car dans ce milieu où circulaient ragots et murmures il était impossible de ne pas tout savoir sur tous. Ce qu'elle n'a sans doute pas imaginé avant Royan, c'était l'importance de la mère et de la fille pour un Picasso qui utilisait vérité et mensonge à sa manière – celle de la séduction. Les pudiques omissions de Penrose illustrent l'adulation qui entourait le génie et le jeu ambivalent dans lequel tous l'accompagnaient pour le couvrir. Penrose, témoin oculaire de la plus grande partie des épisodes qu'il relate, estompe ses plus dramatiques histoires d'amour pour lui fairc faire bonne figure. C'est ainsi que Marie-Thérèse, Dora et, plus tard, Françoise Gilot, quittent la scène l'une après l'autre, comme sur la pointe des pieds, s'effaçant aimablement pour ne pas déranger, et pour que la cohérence du récit ne souffre aucun soubresaut.

La plage, donc. Picasso et Dora ensemble, enfin face à face, parlant en espagnol avec deux accents différents : lui, un andalou mâtiné de catalan ; elle, un argentin qui s'espagnolisera au fil du temps (après la mort de Dora, Ana Martínez Gómez, la concierge de son appartement de la rue de Savoie, m'assura que la dame parlait « comme n'importe qui », c'est-à-dire comme n'importe quelle Espagnole, sans arrière-goût *porteño*). S'exprimer dans la même langue est bon pour l'amour. Il y avait longtemps que Picasso n'aimait pas en espagnol. L'intimité, la complicité, la possibilité de tenir des propos galants ou de dire des obscénités lui avaient été refusées depuis ses lointaines Rositas de Oro. Voici qu'arrivait une petite rose noire pour combler sa nostalgie.

Que se sont-ils confié l'un à l'autre pendant cette promenade sur la plage ? Il est peu probable qu'ils se soient vus tels qu'ils étaient : leurs déguisements respectifs, lui de Minotaure génial, elle de libertine, occupaient tout l'espace disponible. Ce que nous pouvons imaginer, c'est que Picasso l'a sans doute séduite en lui disant ce qu'il supposait qu'elle voulait entendre. Tous ceux qui l'ont approché ont réitéré cette impression : Picasso semblait se mettre à la place de chacun. Il montrait une simplicité, une cordialité qui dilataient l'âme. En cela aussi il eut quelque chose de Perón ; quelque chose du séducteur horrifié de son propre vide, et qui remplit les autres de ce qu'il n'a pas, faisant naître en eux des sentiments qu'il n'éprouve guère.

Depuis un certain temps, Dora s'intéressait au bouddhisme, à la mystique – à propos de laquelle elle avait eu de longues conversations avec Bataille – et à l'astrologie, comme elle le fera remarquer à Picasso dans la conversation déjà citée. Aussi, avant de partir pour Saint-Tropez, chez sa mondaine et malicieuse amie Lise Deharme qui s'amusait du complot en laissant éclater ses rires aigus de petite fille gâtée, avait-elle fait l'horoscope de Picasso. Le résultat ne fut pas que celui-ci ressemblait à Perón, qui n'avait pas encore fait son entrée sur la scène politique et qui de plus, en France, n'était l'exemple de rien, mais à Louis XIV. Picasso réunissait les caractéristiques d'un leader plus que celles d'un artiste. Si le personnage du dictateur, que la littérature latino-américaine ne commença à analyser que dans les années soixante, avait alors été connu, Dora aurait pu l'assimiler à Picasso, qui incarnait *avant la lettre** le patriarche automnal de García Márquez, grand amateur de très jeunes filles.

Or si l'héroïne de ce récit croyait aux horoscopes, pourquoi ne pas essayer de la pénétrer, elle aussi, par ce même moyen ? Voici la synthèse astrologique que Norma Brugiroux, astrologue argentine résidant à Paris, a réalisée spécialement pour ce livre, accompagnée de la carte du ciel de Dora Maar et de celle de Picasso.

Charme, magnétisme, panache, sens artistique et originalité constituent les premiers traits de caractère de Dora Maar (Ascendant Balance, Soleil Scorpion, Vénus maître d'ascendant au trigone de Jupiter). Mais cette Vénus, représentative de son moi profond, fait partie d'une très dure dissonance où sont prises les deux planètes affectives – Lune et Vénus –, ainsi que Saturne et Pluton. La native éprouve une profonde souffrance, un sentiment d'infériorité, un plaisir morbide qui la conduit vers des hommes capables de la détruire, la volupté dans l'insatisfaction, la frigidité, le sadomasochisme.

Il s'agit d'une personnalité complexe, habitée par une agressivité retournée vers elle-même, par un désir d'être dominée (carré Soleil-Mars).

Cependant la native possède une intelligence créatrice, profonde et intuitive (trigone fermé en signes d'eau : Mercure en Scorpion en II, Saturne en Poisson en VI et Neptune en Cancer en X). C'est un être doué mais victime d'un psychisme perturbé sur fond d'idées fixes (Uranus carré Vénus, dissonances entre les maîtres de IX Mercure et III Jupiter) et de mysticisme exacerbé (Neptune culminant).

Comparaison des deux thèmes.

De nombreux textes astrologiques font référence aux astralités de Pablo Picasso. Il convient dans cette brève étude de rester sur un simple constat : ce n'est pas par hasard si leurs vies se sont croisées. Leurs cartes du ciel présentent des points de rencontre psychologiques et amoureux :

Dora Maar	***Pablo Picasso***
Ascendant 5° Balance	*Vénus 4° Balance*
Soleil 28° Scorpion	*Mercure 24° Scorpion*
Neptune 14° Cancer	*Mars 12° Cancer*
Jupiter 13° Lion	*Ascendant 14° Lion*
Vénus en Sagittaire	*Lune en Sagittaire*
Lune Noire 1° Lion	*Lune Noire 8° Lion*

Mais en cet été de 1936, et tout astrologue qu'elle était, Dora la volontaire était loin d'imaginer que son chemin et celui de Picasso avaient des tronçons communs, et qu'ils ne s'uniraient pas par hasard. Les horoscopes l'intéressaient, mais elle ne se laissait pas emporter par le destin, de même qu'elle ne restait pas assise à attendre la trouvaille « fortuite et nécessaire ». Le plus probable est qu'elle ait mis la main à la pâte sans perdre un instant, comme quelqu'un qui craint que le prix lui glisse entre les doigts.

Vite. Elle avait peu de temps, tout juste les quelques kilomètres qui séparent Saint-Tropez de Mougins, pour montrer son intelligence, son esprit, ses connaissances artistiques. Pour se présenter à lui comme dans ces entretiens d'embauche où l'on a cinq minutes pour vendre ses capacités. La fin de la promenade ou la fin de la nuit pouvaient signifier la fin de tout. Il fallait se dépêcher de le séduire, pas comme il le faisait avec elle, en se mettant à sa place, mais en parlant, tout comme Shéhérazade, avant que le cimeterre de l'aube ne tombât sur son cou. Quelques années plus tard, lorsque James Lord assista aux dialogues en espagnol échangés par Dora et Picasso sans en comprendre le sens, mais en en captant le ton, il remarqua la rapidité avec laquelle cette femme généralement peu bavarde s'adressait à son amant. La peur du jour naissant, la crainte d'être décapités aux premières lueurs de l'aube accélèrent notre rythme.

Certains disent qu'ils passèrent leur première nuit à l'hôtel Vaste Horizon de Mougins où ils s'installèrent aussitôt et où ils allaient loger trois étés. D'autres, que leur petit groupe d'habiles courtisans les laissèrent dans la villa des Sauvard-Wilms et s'éclipsèrent, un doigt sur les lèvres. L'homme de cinquante-quatre ans et la femme de vingt-huit ans se retrouvèrent seuls sur le lieu même de la vérité : un lit.

Contrairement à ce qui se passait avec Barrault, Picasso avait plus l'air d'être lui-même nu qu'habillé. Il portait avec aisance son corps typique d'Espagnol, courtaud et solide. Fernande Olivier l'avait blessé dans sa vanité ou, comme me l'a dit Anne Baldassari, dans son « auto-érotisme », en décrivant l'orgueil que lui procuraient sa bonne musculature, ses pieds et ses mains de petite taille, mais aussi la rage que soulevaient en lui les quelques centimètres qui lui faisaient défaut. Il mesurait un mètre soixante-cinq. En 1936, ses cheveux grisonnaient déjà, mais il avait toujours sa célèbre mèche sur le front, grâce à la ruse connue qui consiste à faire la raie très bas et à relever les cheveux de la droite vers la gauche. Son nez s'était élargi. Son regard noir venait d'yeux extraordinairement ouverts, qui pénétraient mais en même temps absorbaient jusqu'au dedans, comme deux trous. Encadrant la bouche, les plis des joues, bien modelés, constituaient le trait viril le plus désirable de son visage. Il avait des poils sur la poitrine, gris. C'était un homme très propre, comme l'observa de façon inattendue la mère du sculpteur anglais Raymond Mason[22]. Mais il est évident que son âge et ses maux d'estomac donnaient à sa transpiration cette odeur un peu aigre que Dora n'avait pas dû flairer avant chez ses amants plus jeunes. Appuyée contre l'oreiller, la mèche avec laquelle il essayait de compenser sa calvitie devait se décoller et se relever, raide de gomina. Bien qu'il fût bronzé et entretînt consciencieusement sa forme physique, sa chair devait révéler une certaine mollesse.

Et elle ? Il n'y a pas de photographies de cet été-là. Les portraits que Picasso fit d'elle pendant ces premières vacances montrent une Dora très différente de celle de l'année suivante, portant les cheveux plus longs, et plus lourde. *Dora à la plage* met en scène une jeune fille fraîche, sereine, au visage pur, avec quelque chose d'un garçon à cause de ses cheveux courts et en bataille. Le bleu léger de la mer, le jaune du sable et le verdâtre du ciel servent de fond au rose de la peau, au noir du chemisier et des cheveux : « un bijou rose et noir », comme a chanté Baudelaire en exaltant la *Lola de Valence* de Manet. C'est là l'une des rares images placidement réalistes de Dora. Les autres de la même période nous la montrent comme un être mythologique, avec une tête et des seins de femme, mais avec des ailes et des serres d'oiseau. Un être survolé par sa voix, cette voix mi-rauque mi-ailée dont ont tant parlé Lord, Mason, Duhamel.

Mais l'image à la fois la plus mythique et la plus explicite de leurs amours, celle qui nous permet d'entrevoir le mystère de ce lit où les habiles courtisans laissèrent le couple en tête à tête, est celle qui s'intitule *Dora et le Minotaure*, peinte à Mougins le 5 septembre 1936.

Il y a un fond d'incendie et de verdure, comme de crépuscule parmi des arbustes méditerranéens aux feuilles piquantes. Le Minotaure se dresse au-dessus d'une Dora très blanche, couchée, jambes écartées. Il est sombre et orageux. Sa gueule semble frôler le sexe de la femme. Ce n'est pourtant pas le cas ; il y a une fausse perspective : elle tord les jambes d'une manière étrange, comme si elle esquivait le sexe, qui n'est qu'en apparence à la hauteur de la monstrueuse bouche. Le Minotaure la regarde avec une expression troublée et même triste, bien moins bestiale que celle du même demi-dieu lorsqu'il attaque la blonde Marie-Thérèse.

C'est que l'attitude des deux femmes dans ces dessins érotico-mythologiques diffère du tout au tout. La blonde s'incline vers l'arrière, les yeux fermés, comme si elle était en train de pousser son dernier soupir. Au contraire la brune, qui a souvent plié de cette manière les gamins et les adolescents de ses photographies, reste immobile. Elle a les paupières entrouvertes, comme vivant un rêve merveilleux. Mais elle regarde. Son plaisir ne la fait ni se convulser ni fermer les yeux. Son plaisir est toujours de regarder. Sa main droite, aux ongles rouges, s'appuie avec douceur, presque avec distraction, sur le sein que la main du monstre palpe. Ce monstre sait qu'il ne la possède pas, comme l'autre femme, jusqu'à la dernière fibre. Ce monstre la contemple comme s'il ne pouvait croire à ce qu'il voit : une femme qui lui rend son regard. Ce monstre est stupéfait. A un moment ou un autre, il va vouloir se venger de sa propre stupeur, mais aussi de ce que Dora est ce qu'elle est. Une « créature kafkaïenne », comme il finira par la définir. Une femme capable de transcender l'ambition qui l'a poussée vers le Perón des arts et de concevoir pour lui un amour irritant à force d'absolu. Une prisonnière qu'on ne peut emprisonner.

Il a demandé à Marie-Thérèse de ne pas rire à tort et à travers comme elle a coutume de le faire. Maintenant, il se trouve face à Dora et son sérieux inaltérable. Un masque grave : c'est ce qui le fascine et c'est ce qu'il tentera de détruire. La femme qui lui a donné sa main blessée en le regardant droit dans les yeux, celle qui relève la tête pour soutenir son regard en plein acte d'amour, a un détachement de son corps qui renvoie à l'expérience. Pour la première fois depuis qu'il est sorti de sa bohème juvénile, Picasso a choisi une femme qui n'est pas vierge. Olga et Marie-Thérèse, qu'il a initiées, n'ont jamais été soumises aux expériences d'échanges de couples auxquelles il se livrera avec Dora, du moins devant elle. Dora paiera, entre autres dettes en suspens, pour son peu d'étonnement devant lui, le terrible Minotaure.

Le reste de l'été s'écoula à l'hôtel Vaste Horizon, où Picasso et Dora passeraient également leurs vacances de 1937 et 1938. Cet hôtel existe toujours. Il est situé à un angle du petit village escarpé qui s'élève derrière Cannes comme sur un balcon. Devant, la vue étendue de la rue des Alpes, face à la mer. Derrière, un figuier géant et des ruelles obliques : rues des Escarasses, rue des Glissades, très peu conseillée pour les sandales à semelle compensée qui étaient alors à la mode. En bas, un cimetière avec des cyprès. Dans chaque ruelle, des bougainvilliers, d'un mauve violent, recouvrent entièrement les murs en pierres. L'hôtel est peint en jaune. La chambre que « Monsieur Picasso » occupera plus tard, l'année suivante, et où il peindra une fresque que le propriétaire indigné lui demandera de couvrir de peinture blanche, est la suite royale. Vue de l'extérieur, la grande fenêtre est couronnée d'un arc de *génoises**, qui semble constitué de rayons. Dora, qui avait trouvé le lien entre Picasso et Louis XIV, n'aura pu faire moins qu'apprécier le symbole : elle était la maîtresse du Roi Soleil.

La disposition de l'hôtel semblait également correspondre à un critère courtisan. La multitude des petits escaliers, des couloirs et des méandres qui confluaient vers la grande chambre centrale facilitait les allées et venues, les montées et descentes plus ou moins clandestines ou licites, les escapades plus ou moins furtives d'une pièce à l'autre. Excepté les nuits où Picasso n'ouvrait pas sa porte à Dora mais à Nusch, les jeux de rôles, d'identités et de couples ne commencèrent vraiment que l'été suivant.

Le 18 juillet, la guerre civile avait éclaté en Espagne. Peu après, Federico García Lorca avait été assassiné.

Sur la terrasse de l'hôtel, vêtu de sa marinière de rameur à rayures bleues et blanches, et devant un groupe d'admirateurs composé du couple toujours aussi plein de charme, de Roland Penrose (qui avait failli le tuer dans un accident d'automobile), du marchand Paul Rosenberg, du créateur des *Cahiers d'art*, Christian Zervos, et son épouse, Yvonne, du poète René Char et de Cécile Grindel, la fille d'Eluard, avec son fiancé, le jeune poète Luc Decaunes, Picasso plaquait encore plus sa mèche sur son front et se mettait une brosse à dents noire au-dessus de la lèvre supérieure pour imiter Hitler.

Chapitre VI

Des yeux qui pleurent

Pour la nouvelle favorite, le retour à Paris eut une saveur de triomphe, mais aussi d'incertitude. A l'aller, elle était partie seule chez Lise Deharme, en train. Et voilà qu'elle revenait comme une grande dame, assise à côté de Picasso sur le siège arrière de l'Hispano-Suiza tandis que Marcel, au volant, raidissait la nuque pour ne pas se retourner et les regarder. Mais qu'allait-il se passer avec Olga ? Et avec la blonde à la bouche ouverte des têtes de Boisgeloup ? Et, surtout, serait-elle présentée par Picasso comme sa maîtresse officielle ?

Ce qu'elle n'avait pas imaginé, c'est que le plus jaloux de ses rivaux serait Sabartés. Le fidèle serviteur était resté rue La Boétie, à attendre Picasso. Mais en son absence, il ne lui était rien venu de mieux à l'idée que de mener sa propre vie. Une femme, Mercedes, était venue de Barcelone pour l'épouser – ce mariage le rendait bigame. L'idée d'une sorte de vengeance amoureuse de Sabartés, qui s'est peut-être senti délaissé lorsque Picasso est parti pour Mougins et a rencontré Dora, n'est pas à exclure.

Une fois à Paris, les amants se séparent, quoiqu'à peu de distance : Dora continue à vivre à deux pâtés de maisons de là, dans la rue d'Astorg. Après le soleil méditerranéen, Picasso revient à la grisaille de l'automne parisien, à laquelle il n'a jamais pu s'habituer, et à son luxueux appartement, maintenant plongé dans un désordre monstrueux, qui lui rappelle ses conflits avec Olga. Et voilà qu'il tombe brusquement sur Mercedes Sabartés.

L'apparition inattendue coïncide avec le jugement de séparation de biens auquel il est justement confronté à ce moment, par lequel Olga, également voisine (elle vit avec Paulo, leur fils, dans un hôtel à deux pas de là), gardera Boisgeloup, qu'elle déteste, et Picasso l'appartement de la rue La Boétie, qu'il déteste tout autant. Le maître est d'une humeur massacrante. Par conséquent. et dans la logique de la relation qui unit les deux hommes – fondée sur le fait que Sabartés donne sa vie à Picasso sans la moindre contrepartie –, l'éclair divin tombe sur l'infidèle.

Pour comprendre la teneur de cette relation, il suffit de lire une page du livre de Sabartés : « Enfin nous nous séparons en nous souhaitant "bonne nuit" et, empruntant le couloir, je me dirige vers ma chambre. Les bruits qui me parviennent me permettent de suivre chacun de ses gestes de mon lit : un petit coup sec sur le marbre du lavabo indique qu'il vient de poser le verre après avoir fait ses gargarismes ; puis vient le bruit de cristal que produit le coup du manche de la brosse à dents. Ensuite il éteint la flamme du chauffe-eau, ferme le robinet de l'arrivée d'eau et plonge tout dans l'obscurité : le déclic de l'interrupteur met fin à la cérémonie. Les lames du parquet grincent lorsqu'il traverse l'antichambre pour aller à la salle à manger fermer la porte derrière lui. Enfin, le silence. Alors l'appartement se divise en deux : son sommeil et le mien[1]. »

Marie-Thérèse avait réussi à se faire accepter par Sabartés comme un moindre mal. De toute façon, la jeune femme n'envahissait jamais l'espace sacré des deux respirations nocturnes, car, troisième voisine,

Picasso l'avait installée juste en face, au 44 de la rue La Boétie, et c'était lui qui traversait la rue pour la voir. De plus, Marie-Thérèse avait le rôle de la gentille : parce qu'elle était jeune, blonde, mère, et parce qu'elle savait rester, bien sagement, dans le cercle dessiné à la craie.

C'est que l'adoration de Marie-Thérèse et celle de Sabartés pour Picasso se ressemblaient comme deux gouttes d'eau : pour tous deux, le verre qu'il utilisait pour ses gargarismes et sa brosse à dents étaient des objets sacrés. Raison pour laquelle Marie-Thérèse était la seule à avoir le droit de couper les ongles et les cheveux de Picasso, tandis que Sabartés servait de filtre devant les ennemis qui guettaient derrière la porte. Et Dora ? Pour un regard superficiel, et jaloux, elle était de l'extérieur, comme dans ce dessin où elle apparaît sous les traits de l'étrangère qui essaie de pénétrer dans l'enceinte du dieu. Dora, celle qui venait perturber le double ronflement, ne dévoila pas d'emblée la triste réalité : ses airs de diva cachaient une formidable aptitude à s'annuler elle-même, en tout point semblable à celle de Sabartés et de la blonde. Ce n'est pas par hasard qu'ils se trouvaient tous trois avec Picasso. Mais cette constatation aurait-elle suffi à attendrir Sabartés ? Ou en avoir conscience aurait-il davantage exacerbé sa jalousie ? Il s'arrangea en tout cas pour nier son existence, comme celle de toutes les autres. Dans les mémoires du Catalan n'apparaît aucune des femmes de Picasso. Ne pas nommer, c'est tuer. Un comportement magique très semblable à celui de son seigneur vénéré lorsqu'il peignait pour exorciser.

Tous étaient donc jaloux de tous : Picasso, de Mercedes ; Sabartés, de Dora ; Dora, de ce Catalan qui portait des lunettes aussi épaisses que des culs de bouteille et prétendait posséder seul la moitié du sommeil de cette maisonnée. Pour le moment, toutefois, c'est elle qui gagna. Picasso accusa Sabartés d'avoir témoigné devant le juge d'instruction qui s'occupait de son divorce, et il le jeta à la rue.

Tout ce que l'ombre de Picasso avait emmagasiné apparut alors au grand jour. A qui voulait l'entendre, un Sabartés aussi blessé qu'une maîtresse trahie disait que Picasso était avare, exhibitionniste, cruel avec sa famille espagnole qu'il laissait dans la misère, lui interdisant de vendre ses tableaux, et avec ses femmes qu'il battait. Ses insultes parvinrent aux oreilles de Picasso, qui répondit : « Eh bien ! Et qu'a donc fait Sabartés dans sa vie ? » Une pause d'orateur avant d'ajouter : « M'avoir. »

Avec ou sans Sabartés, il fallait quitter la rue La Boétie que Dora détestait tout autant que Picasso, parce que c'était le symbole d'Olga et des mondanités. Le sortir de là, l'emmener loin, dans un quartier d'artistes où il n'aurait pas le souvenir de ses années de ballets russes, et où il pourrait récupérer, grâce à elle, une version adulte – sans les ennuis d'argent – de ses années de bohème de la rue Ravignan.

L'endroit qu'elle trouva paraissait prédestiné : c'était ce même immeuble du XVIIe siècle, 7, rue des Grands-Augustins, où Barrault avait répété ses œuvres et où le groupe Contre-Attaque avait organisé ses débats. Le jeu de pistes qui unissait Picasso à Bataille le reliait maintenant à Balzac.

Balzac avait justement situé dans cet immeuble, avec ses escaliers en spirale, ses couloirs, ses recoins, ses petites chambres et son vaste grenier, un conte intitulé *Le Chef-d'œuvre inconnu*, écrit en 1832 et considéré comme une prophétie de l'art moderne. Il commence ainsi : « Vers la fin de l'année 1612, par une froide matinée de décembre, un jeune homme dont le vêtement était de très mince apparence se promenait devant la porte d'une maison située rue des Grands-Augustins, à Paris. »

Le jeune homme est peintre, il demande à voir le maître François Porbus et monte l'escalier. Alors qu'il hésite devant la porte arrive un vieil homme d'aspect diabolique, qui frappe. Le maître Porbus ouvre et les reçoit tous deux dans son atelier. Le vieil homme critique durement un tableau, trouvant que le personnage manque de vie. « La mission de l'art n'est pas de copier la nature, mais de l'exprimer ! » dit-il. Le jeune homme défend ardemment l'œuvre de Porbus, qui lui tend une feuille et un crayon rouge afin qu'il prouve qu'il sait dessiner. Le dessin est bon et le jeune homme le signe : Nicolas Poussin.

Alors le vieillard, du nom de Frenhofer, le considérant digne de recevoir l'une de ses leçons, prend les couleurs avec « un mouvement de brusquerie convulsive » qui aurait enchanté Breton.

Après quoi il invite Porbus et Poussin à son atelier. Là, il leur parle d'une peinture inachevée à laquelle il travaille depuis dix ans, représentant une femme qu'il n'a jamais rencontrée dans la vie réelle. Entre autres choses, il dit : « [...] le corps humain ne finit pas par des lignes. En cela les sculpteurs peuvent plus approcher de la vérité que nous autres. La nature comporte une suite de rondeurs qui s'enveloppent les unes dans les autres. Rigoureusement parlant, le dessin n'existe pas ! » En partant, le jeune homme rentre dans l'humble mansarde qu'il partage avec sa maîtresse, la jolie Gillette, et il lui demande de poser pour Frenhofer. Elle refuse, rougissante, mais finit par accepter ce sacrifice. Poussin la prêtera au vieux peintre, à condition que celui-ci lui montre la toile. Frenhofer est désespéré. Il aime la femme de son tableau comme si elle existait vraiment et lui appartenait. Mais en voyant Gillette, il accepte : elle est le modèle qu'il a tant cherché. Et il découvre le tableau. Devant les yeux de Porbus et de Poussin apparaît... rien. « Je ne vois là que des couleurs confusément amassées et contenues par une multitude de lignes bizarres qui forment une muraille de peinture », dit Poussin. Il est certain qu'un très beau pied de femme apparaît tel un « fragment échappé à une incroyable, à une lente et progressive destruction ». Mais pour le reste, il n'y a que le vide. Tandis que Gillette pleure parce que son amant l'a donnée, Frenhofer se désespère d'entendre les paroles de Poussin, mais aussitôt il semble reprendre ses esprits et il les renvoie en leur jetant « un regard profondément sournois, plein de mépris et de soupçon ». Le lendemain, ils apprennent qu'il a brûlé ses toiles et s'est tué.

En 1931, cent ans après l'écriture de cette histoire, Picasso avait donné à Ambroise Vollard une série d'eaux-fortes et de gravures qui illustraient *Le Chef-d'œuvre inconnu*. A ce moment, il ne pouvait savoir que lui-même habiterait dans la rue des Grands-Augustins, ni qu'il y peindrait le chef-d'œuvre le plus connu du XXe siècle : *Guernica*.

Mais l'histoire de Balzac contenait d'autres éléments de sa vie, passée et future. Ses idées sur l'art, qui ne doit pas imiter la nature, et sur la suprématie de la sculpture (lui qui en peinture était plus sculpteur que coloriste) ; ce drame de la femme prêtée ; cet autre drame de la « lente et progressive destruction » de l'œuvre ; et jusqu'à cette dernière description du regard « sournois », qui semblerait évoquer le sien ; tout, dans *Le Chef-d'œuvre inconnu*, a à voir avec Picasso, comme si Balzac avait rêvé de lui.

Une fois de plus la générosité de l'architecte Markovitch fut mise à l'épreuve. Il n'y avait pas deux ans qu'il avait acheté à Dora son appartement de la rue d'Astorg. Et de nouveau cette éternelle insatisfaite exigeait qu'il l'installât dans sa nouvelle trouvaille, un vieux et vaste appartement sombre et distingué, à très haut plafond, en plein Quartier latin. Il était situé au deuxième étage, la partie noble d'un édifice parisien. Les fenêtres donnaient sur l'une de ces cours intérieures de la capitale, hautes et étroites, très recherchées pour leur absence de bruit, mais où l'âme s'encaisse. L'adresse : 6, rue de Savoie, juste au coin du 7, rue des Grands-Augustins. Une petite rue prestigieuse, à deux pas de la Seine (sans doute Dora a-t-elle omis d'ajouter : « et de Picasso »), à deux rues de Notre-Dame de Paris, et où l'âme, aussi enfermée que dans la cour, coule au moins vers le fleuve.

C'était un bon investissement. Bon quartier, bonne maison, bon choix bourgeois. L'architecte conclut le marché, en se demandant peut-être quel serait le prochain déménagement. Sa fille semblait avoir hérité de son humeur vagabonde. Il était sans doute loin d'imaginer que ce qu'il était en train d'acheter après tant d'allées et venues était une demeure définitive. Les soixante dernières années de la vie de Dora s'écouleraient rue de Savoie.

Plusieurs auteurs affirment que Dora vivait « avec ses parents ». Mais James Lord laisse entendre que sa mère resta rue d'Astorg quand Dora emménagea rue de Savoie. L'architecte aurait continué à vivre seul, comme il le faisait depuis des années. Pour sa part, John Richardson m'a dit qu'il avait eu entre les mains des lettres qui contredisent ce qui précède : Louise Julie n'aurait vécu dans aucun de ces deux domiciles, mais dans un troisième.

Le 26 avril 1937, les Allemands bombardèrent la ville basque de Guernica : 1 654 personnes périrent et il y eut 889 blessés. Picasso avait été jusque-là un artiste indifférent à la politique. Son « narcissisme esthétique », comme dit Pierre Cabanne, n'était un mystère pour personne. Mais l'Espagne lui tenait à cœur, sa mère lui écrivait pour lui raconter les horreurs de la guerre civile, les Républicains attendaient qu'il se prononçât en leur faveur et, en plus, il y avait Dora. Dora qui insistait, qui expliquait, qui faisait des discours de sa voix de colombe au débit incroyablement rapide, comme si le temps lui manquait, Shéhérazade révolutionnaire dont la tête dépendait de ce qu'il l'écoutât, elle qui entre toutes ses femmes était la seule à pouvoir lui parler contre le clergé et pour les Rouges. Orgueil et sensation de destin : la photographe des mères courage des rues de Barcelone, la signataire de manifestes incendiaires considérait qu'elle avait pour mission de le pousser à agir (de même que plus tard elle va considérer que sa mission est de le « convertir »). José Bergamín, José Luis Sert lui faisaient confiance. Et tous avaient l'Espagne dans le cœur : Breton, Eluard, Bataille, Simone Weil, tous. Picasso était le plus grand peintre de tous les temps, et il était espagnol. Qu'attendait-il pour le faire savoir ?

Au début de 1936, Picasso avait déjà peint sa première œuvre « engagée » : *Rêve et mensonge de Franco*. En même temps, il peignait Marie-Thérèse, plus placide que jamais avec sa petite Maya. Il passait de longs moments avec elles au Tremblay-sur-Mauldre, la ferme prêtée par Vollard dont parle Marie-Thérèse lors de son entretien avec Cabanne, et qui le consolait de la perte de Boisgeloup. Le Tremblay était à présent le fief de Marie-Thérèse, comme le château l'avait été auparavant.

Il est émouvant d'entendre l'autre son de cloche, celui de Dora ; d'avoir son image de ce paradis campagnard dont elle était exclue. James Lord se souvient dans son livre des confidences de son amie, un soir, dans les années cinquante, alors que sa séparation d'avec Picasso était consommée. Dora demanda à James de la conduire au Tremblay. Elle regarda la maison et dit : « Comme je déteste cette maison ! [...] Et il [Picasso] y allait pendant les week-ends, en me laissant toute seule à Paris. Parfois, je prenais un taxi pour y aller. Pour voir ce que je pouvais. C'est-à-dire rien. Et pourtant, derrière les murs, je savais que Picasso était avec elle et la petite fille. Oh ! il n'en faisait pas secret ! [...] Je me rappelle un soir, après une réception chez Marie-Laure [de Noailles]. C'était en juin, presque au lever du jour. Je me sentais si seule que j'ai pris un taxi et j'ai demandé au chauffeur de sortir de Paris. Les arbres étaient comme des ballons prêts à s'envoler dans le lever de soleil. [...] Cela devait paraître très bizarre. Une jeune femme en robe du soir, sanglotant sur le siège arrière à six heures du matin, en rase campagne. Et après avoir quitté Le Tremblay, le chauffeur m'a dit : "Ne pleurez pas, je vous en prie. Ça me rappelle la mort de ma femme"[2]. »

Rêve et mensonge de Franco annonce les ambiguïtés de *Guernica*, et met à nu celles de Picasso. Il y a une femme seule, abandonnée, qui serre ses enfants contre sa poitrine et crie. Il y a un taureau qui, pour certains, représente le peuple espagnol et, pour d'autres, le fascisme ; mais l'auteur lui-même a nuancé ces affirmations lors d'un entretien avec Jérôme Seckler, en 1945, cité par Pierre Cabanne : « Le taureau n'est pas le fascisme, c'est la brutalité, l'obscurité. » Les siennes ? Le Minotaure représente certes quelqu'un de précis, Picasso. Enfin, il y a un personnage satanique qui est Franco. Cependant, Roland Penrose, qui lorsqu'il ne se soucie pas de décrire un Picasso faisant bonne figure a des observations très pertinentes, a eu une intuition que je n'hésite pas à qualifier de géniale, bien qu'il ne soit pas allé jusqu'au bout. Le paragraphe vaut la peine d'être cité : « La guerre d'Espagne touchait si vivement la sensibilité de Picasso qu'il ne put éviter de s'engager personnellement. La forme répugnante qu'il avait inventée pour Franco venait de l'image personnelle d'un monstre dont il comprenait qu'il était caché en lui-même. Peu de temps après qu'il eut achevé cette série, je lui demandai de signer un exemplaire que j'avais acheté [...]. Mais après qu'il eut écrit mon nom avec un *p* minuscule, je constatai avec stupéfaction que la majuscule de sa propre signature avait fondamentalement la même forme que la tête tordue et grotesque qu'il avait inventée pour l'homme qu'il haïssait le plus. La force qu'il donnait à l'image inconsciemment empruntée à une source si intime indiquait à quel point il se sentait concerné. Le désir de se mettre lui-même en cause au moyen de sa propre initiale ne pouvait être plus convaincant[3]. » Curieuse idée que celle d'attribuer à Picasso un « engagement » qui le poussait à transformer la tête de Franco en initiale de sa propre signature (avec une majuscule, cela va de soi, contrairement à celle du critique anglais qu'il écrit avec un petit *p*). Mais hormis cette manie de Penrose – qui ne lui est d'ailleurs pas exclusive – d'idéaliser Picasso, subsiste le fait que Picasso s'identifie au monstre.

Pour l'Exposition internationale de 1937, la République espagnole lui commanda une œuvre qui soutînt sa cause. Il accepta. Le thème était donné, il ne pouvait être autre : le journal d'Aragon, *Ce Soir*, avait publié dans son édition du 1er mai des photos du massacre, et les amis espagnols de Picasso montaient en courant jusqu'aux combles de la rue des Grands-Augustins, la coupure de journal à la main. Ce papier, porteur de terribles images, est resté gravé à jamais dans son œuvre.

Le jour même, Picasso commença à ébaucher sur de grandes feuilles chacune des parties du tableau : le taureau, le cheval et la femme à la fenêtre avec une lampe, Dora. Dora qui l'aida à éclairer l'immense toile lorsque enfin ils la placèrent dans le grenier. Dora à qui il permit ce qu'il n'avait jamais permis à personne : photographier chaque étape du processus de création. Un grand honneur. Un privilège qui lui coûta cher.

L'autre témoin et acteur, à sa façon, de cette entreprise cyclopéenne fut Jaime Vidal. L'excellent peintre franco-espagnol Sisco Vidal m'a raconté l'expérience de son père, don Jaime, face à *Guernica*. « Bien sûr, dans l'atelier de Picasso mon père a fait la connaissance de Dora, avec laquelle il parlait espagnol », m'a dit Sisco.

Une parenthèse pour imaginer le double chaos qui régnait dans cet atelier. Chaos visuel : d'après Malraux, Picasso accumulait la poussière comme si même cela il refusait de le jeter, lui qui à l'instar de Dora gardait tout. Et Babel d'intonations. Picasso parlait avec Vidal et ses assistants, tous catalans, dans son catalan « presque dénué d'accent ». Lorsqu'il le faisait en espagnol il avait l'accent andalou. En français, il était incapable de prononcer une voyelle fermée, mettait deux *s* là où il n'y en a qu'un, et n'a jamais pu dire « je » mais *ié*. La transcription que fait Malraux d'une phrase de Picasso, corrigée et augmentée par ma propre fréquentation des Espagnols de Paris, donnerait ce qui suit : « *Ié ne shoui pas oun bette courrioss* », je ne suis pas une bête curieuse. Les Catalans parlaient catalan et leur français était semblable à celui du maître. Dora parlait un français parfait, raffiné, et un espagnol de Buenos Aires qu'elle perdit peu à peu, mais en 1937 il était toujours frais dans sa mémoire et dans sa bouche. Un accent que ceux de langue espagnole peuvent percevoir comme pédant et prétentieux.

Et voici l'histoire, tirée du récit que Sisco a écrit de sa propre main, à partir d'un article de journal signé par Jaime Vidal lui-même[4] et d'un autre article publié dans le journal de Barcelone, *Destino*, en 1978[5].

Picasso avait l'habitude d'acheter ses toiles et ses peintures dans le magasin du Catalan Antonio Castelucho Diana, qui avait été son compagnon d'études à la Llotja et chez qui travaillait Vidal. Après ce 1er mai, Picasso alla y commander un châssis de 3,51 mètres sur 7,82 mètres, démontable afin qu'il pût entrer dans son atelier au plafond bas. Vidal le lui promit pour deux semaines plus tard. Comme le tableau devait être exposé le 4 juin, cela veut dire que Picasso travailla seulement deux semaines et trois jours pour mener à bien son œuvre immense, et non trois mois comme on l'a souvent dit. Lorsque enfin on lui livra la commande, il se fâcha en constatant la qualité de la toile. Il travaillait toujours avec les pires matériaux, les moins chers, et ne pensait pas en changer. Il n'avait pas besoin de cette toile de fil. Les toiles de coton habituelles lui suffisaient amplement. C'était important pour lui, une revanche face à cette même bourgeoisie qui dans ses premières années à Paris l'avait laissé mourir de faim et de froid. « Maintenant, qu'ils paient, qu'ils dépensent leur fric, bande d'idiots », disait-il, concluant par un terme plus cinglant. Jaime Vidal dut faire valoir qu'un tableau d'une telle dimension ne résisterait jamais sur une toile de mauvaise qualité. Enfin, ils la clouèrent sur le châssis, mais elle n'entrait pas. Il fallut poser le tableau avec une inclinaison de soixante centimètres. Et c'est ainsi, penchée, que Picasso peignit la toile de *Guernica*.

On a affirmé, continue le récit, qu'il la peignit à l'huile. « Impossible », dit Sisco Vidal. Picasso avait une idée générale, mais il ne savait pas où il allait. Jamais il n'avait travaillé sur une si grande toile et il changeait d'idée à chaque instant. Comme on peut l'observer sur les photographies de Dora et comme l'atteste Jaime Vidal, le cheval, le taureau, la femme étaient différents à chaque étape. Il aurait été impossible de gratter les couches de peinture à l'huile et de repeindre par-dessus sans attendre que la peinture eût séché. C'est que, comme l'a déjà montré Mario de Micheli en 1968[6], et comme le réaffirme Sisco Vidal avec force, ce n'était pas de la peinture à l'huile mais à la détrempe.

Les malheurs qu'a subis la toile en apportent aussi la preuve. Jaime Vidal a laissé des notes que son fils m'a montrées. Lorsqu'il alla accrocher le tableau au pavillon républicain espagnol (une véritable prouesse pour la cause révolutionnaire : celui de l'Allemagne nazie était juste à côté), la peinture noire tombait en pluie. Vidal appela Picasso, qui lui cria : « Animal ! Repeins-le toi-même ! », ordre que le Catalan se hâta d'exécuter. « S'il avait été à l'huile, ajoute Sisco, il ne se serait pas craquelé au bout de deux semaines. Il faut des années avant que la peinture à l'huile se fendille. » La poudre du tableau continua à tomber tant et plus lorsque, après l'exposition, quelqu'un enroula la toile à l'envers, la face peinte à l'extérieur.

Guernica resta longtemps dans une cave, jusqu'à son transport au MOMA de New York, en 1939. Picasso avait dit à Vidal que son tableau n'irait en Espagne que lorsque la République serait instaurée. « Il disait bien : la République, précisa Sisco, pas la démocratie. » Mais pour revenir à la peinture, le vieux restaurateur catalan a toujours affirmé que si *Guernica* était devenu une peinture à l'huile, il y avait deux possibilités : soit les Américains l'avaient repeint des dizaines de fois, soit il était faux. Une fois, il alla à New York pour le voir. Il était en réparation. Encore un secret que Dora a emporté avec elle.

Dans l'œuvre achevée, le profil féminin a beaucoup de Dora, mais aussi quelque chose de Marie-Thérèse. Peuple espagnol ou non, le taureau, qui pour Picasso a toujours symbolisé l'homme, contemple la scène d'un air détaché. Au contraire le cheval hurle, étripé et la bouche ouverte, la langue pendante, les dents mordant la dernière bouffée d'air. Qui représente-t-il ? La victime, c'est clair. Et, plus profondément, la femme, que Picasso identifie au cheval, pour l'aimable raison que c'est lui, sans défense, qui dans la corrida perd ses viscères. Rappelons-nous Michel Leiris avec « son immonde flux menstruel », naturellement équin, et son sang de taureau, chevaleresque et viril.

Les signes d'espoir disparurent un à un du tableau. Les photographies de Dora montrent comment le disque solaire se transforma d'abord en une sorte d'œil sans pupille, pour finalement devenir une pauvre ampoule électrique. Penrose rattache cette « dégradation du soleil » à un texte de Bataille en hommage à Picasso, publié en 1930 et intitulé « Soleil pourri ». Dans cet article de la revue *Documents*, Bataille revient à la charge avec son thème du soleil « horriblement laid » et avec le culte solaire à Mithra, où « l'initié était éclaboussé du sang d'un taureau immolé ». Ce qui est curieux, signale Penrose, c'est qu'en 1930 Picasso n'avait pas encore peint tellement de soleils, de taureaux et de coqs, si bien que Bataille projetait ses propres obsessions sur une imaginaire et, à cette époque, future obsession picassienne. De plus, souligne Penrose, Picasso peignit ces formes pressenties par Bataille dans les combles mêmes où celui-ci se réunissait, comme nous l'avons déjà vu, avec le groupe Contre-Attaque. Dans les deux cas, Dora était présente.

A côté du cheval de *Guernica*, la femme qui se traîne par terre avec son enfant mort annonce Dora Maar dans la série de *La Femme qui pleure*. Ces dessins furent des essais pour la version définitive de la femme qui souffre, et j'irais même jusqu'à dire pour celle du cheval. Mais Picasso continua à les dessiner après avoir achevé *Guernica*.

C'est que Dora, celle qui avait expliqué au peintre comment éclairer un tableau, celle qui l'avait alerté sur les événements espagnols, et qui avait révélé, étape après étape, le processus de gestation de l'œuvre, lui avait beaucoup donné. Beaucoup trop. Un excès d'enseignements, venant d'une femme. Si elle avait pensé se sauver en devenant non point sa muse silencieuse, comme Marie-Thérèse, mais sa pasionaria douée de parole, elle se trompait du tout au tout. Picasso n'acceptait pas les dons. Ils éveillaient en lui des soupçons. Sans doute avait-il retenu de son enfance ce dicton espagnol : « Quand l'aumône est grande, même le saint se méfie. » Des deux figures féminines de *Guernica* inspirées par Dora (ou de la figure et un quart, si l'on tient compte de la partie correspondant à Marie-Thérèse), il ne pouvait garder l'enlumineuse exaltée mais la pleureuse caricaturée. Ce fut sa vengeance.

Une vengeance que Marie-Thérèse vint lui offrir sur un plateau. La pauvre petite arriva rue des Grands-Augustins alors que Picasso peignait *Guernica* aux côtés de Dora[7]. Elle se sentait abandonnée dans sa ferme du Tremblay. Picasso se consacrait alors beaucoup moins à la blonde placide qu'à la brune tragique.

En la voyant entrer, Picasso essaya de l'envelopper dans ces cajoleries pour petite fille sotte qu'il ne destinait qu'à elle : « *Guernica* est pour toi. »

Marie-Thérèse n'était pas à même d'estimer la valeur du cadeau ni l'étendue du mensonge. Elle ne pouvait savoir que derrière ce tableau se trouvait Dora avec ses arguments intelligents, car Marie-Thérèse ne comprenait pas l'intelligence. (Pas pour le moment : lors de l'entretien avec Cabanne, des années plus tard, elle se demande avec amertume si Picasso n'a pas dit à Dora la même chose qu'à elle : « *Guernica* est pour toi. ») Elle pouvait encore moins percevoir que la violence blanche et noire de *Guernica* était en quelque sorte un immense portrait de Dora Maar, violente de caractère, blanche de peau, les cheveux d'un noir de jais. Et, de toute façon, le tableau lui importait peu, c'était le peintre qui lui importait. Mais cet homme était sacré. Marie-Thérèse n'avait rien à lui reprocher. La mauvaise, c'était l'autre, la femme. Elle s'adressa à elle et lui dit : « J'ai une fille de cet homme. Ma place est d'être ici avec lui. Allez-vous-en. — J'ai plus de raison que vous d'être ici, lui répondit Dora, encore hautaine. Je n'ai pas d'enfant de lui, mais je ne vois pas la différence. »

Tournant le dos à la scène, Picasso continuait à peindre. Les deux femmes se toisaient du regard, chacune méprisant et craignant la beauté de l'autre. C'était la première fois qu'elles se rencontraient. Au Tremblay, un endroit prédestiné pour faire trembler, Dora avait imaginé Marie-Thérèse derrière les murs. Son voyeurisme était capable de les rendre transparents pour satisfaire son désir de souffrir. Maintenant, elle voyait sans interférences les mains de Picasso posées sur ce corps athlétique et ces cheveux dorés.

Marie-Thérèse finit par demander au maître : « Laquelle des deux doit s'en aller ? » Il daigna répondre : « C'est une décision difficile. Pour des raisons différentes, vous me plaisez toutes les deux. Marie-Thérèse, parce qu'elle est douce et gentille et fait tout ce que je lui demande, Dora parce qu'elle est intelligente. Je n'ai aucun intérêt à prendre une décision. Je préfère laisser les choses comme elles sont. Arrangez-vous entre vous. »

Les derniers mots sonnèrent le début des hostilités. Picasso souriait sans cesser d'étaler sur la toile ses coups de pinceau noirs et blancs comme Dora, gris comme sa propre indécision. Du coin de l'œil, il observait la scène. Dora et Marie-Thérèse roulèrent par terre, empêtrées dans un corps à corps qui ressemblait fort à l'amour. Chacune cherchait l'homme dans la chair de l'autre. A coups de griffes, chacune tentait de l'arracher de la peau de l'autre. Peut-être aussi, et c'était sans doute pour cela qu'il souriait, une femme cherchait l'autre.

Perdre sa dignité était plus grave pour Dora que pour Marie-Thérèse. Lorsque enfin elle se releva, il ne restait plus grand-chose en elle de la déesse coiffée de plumes que Man Ray avait photographiée.

Pendant cinq mois, de juin à octobre 1937, Picasso la dessina en train de pleurer. Il semblait obsédé. Sa fièvre créatrice, celle qui dans *Guernica* l'avait poussé à concevoir des images pures, puissantes, dépouillées, aux lignes claires et directes comme un cri, se déversa dans une série de « femmes qui pleurent » où le crayon paraissait s'enfoncer comme un couteau dans la chair de Dora.

Le poignard laissait ses traces dans le trait torturé, il gravait le beau profil, fouillait les orifices du nez, la bouche grande ouverte, comme en plein râle, le menton divisé par une fossette changée en sillon, la langue agonisante qui s'agitait dans l'air, parfois avec mollesse, d'autres fois comme une petite langue de serpent, rigide et triangulaire, les dents dessinées une à une sans oublier le croc de petit vampire, les mouchoirs mordus (probable souvenir de cette scène du *Crime de Mon-*

sieur Lange où Sylvia Bataille, en pleurant, déchirait le sien) et, surtout, les yeux.

Les yeux, le territoire de Dora, son lieu. A la différence du reste, ces yeux ne surgissaient pas d'un dessin incisif, s'appuyant sur la réalité. C'étaient des formes inventées, des petits poissons sautillants situés à n'importe quel endroit du visage, des pupilles folles qui se regardaient l'une l'autre comme pour se communiquer mutuellement l'épouvante. Des yeux martyrisés par cet autre poignard, celui des larmes. Bien que la ligne de la goutte tombât parfois avec une certaine douceur, la plupart du temps cette ligne était un second couteau qui tailladait le visage. Le passage du dessin à la peinture à l'huile exagérait l'agression : la présence de la couleur permettait d'isoler la joue éplorée dans un triangle blanc, fantomatique, absent de la vie. *La Femme qui pleure* se calcinait entre des oranges et des rouges, tandis que ses larmes perçaient sa chair en touchant l'os.

Plus tard, Picasso dirait à Malraux : « Pendant des années je lui ai donné [à Dora] une apparence torturée, non par sadisme ni parce que j'y trouvais du plaisir, mais pour obéir à une vision qui s'est imposée à moi. [...] Elle était pour moi une créature kafkaïenne[8] ». Et à Françoise Gilot : « Je n'étais pas amoureux de Dora Maar. Elle me plaisait comme si elle avait été un homme, et j'avais l'habitude de lui dire : “Tu ne m'attires pas. Je ne t'aime pas.” Tu ne peux pas t'imaginer les larmes et les scènes hystériques qui venaient ensuite[9] », concluait-il, fier et satisfait, riant de ce rire que James Lord qualifie de « hennissement », et dont Malraux, pudiquement, a dit avec lyrisme : « Je n'ai rencontré ce rire de sorcier que chez mes amis espagnols. »

La réaction de Dora devant la prolifération de ses masques tristes fut d'inverser le regard. Elle savait le faire depuis son enfance. Ses parents l'épiaient ; elle épiait ses parents. Maintenant, Picasso mettait son visage à nu, il l'exhibait, rongé jusqu'à la racine, sans aucune protection. Et elle crut trouver une fois de plus la solution qu'elle connaissait : retourner l'œil comme un gant ; se dessiner elle-même, à son tour, en femme qui pleure. Imitant Picasso dans sa vision décharnée de cette pleureuse qu'elle était, elle pensait se montrer à la hauteur de la cruauté. Diriger le même poignard contre sa propre poitrine lui apparaissait comme une démonstration de force. Et un défi, le dernier. Parfois aussi elle a tenté de le diriger contre son tortionnaire, de le peindre avec le même acharnement. Ç'aurait été le plus sain, le plus naturel : se venger en faisant son portrait avec la même rage. Elle le fit. Cela dura peu. Le résultat fut médiocre. Aussi bien la haine vis-à-vis de lui que celle vis-à-vis d'elle-même devenaient une lamentable parodie dès lors que Dora les exprimait en imitant Picasso.

Qu'était devenue son originalité ? Deux femmes, la galeriste Michèle Chomette et la conservatrice du musée Picasso, Anne Baldassari, me l'ont dit chacune à sa façon, mais toutes deux avec amertume. Chomette : « On a coupé les ailes de Dora. A partir de *Guernica*, Picasso a voulu qu'elle devienne exclusivement la photographe de son œuvre. Comme elle ne pouvait l'accepter, elle s'est mise à peindre. » Et Baldassari : « Il l'a poussée à peindre parce qu'il ne tolérait pas qu'elle le dépassât dans aucun domaine. Mais en même temps, il était tombé amoureux d'une artiste qui avait du talent. Lorsqu'il vit qu'elle l'imitait, il fut déçu et perdit le respect qu'il avait pour elle. » Autrement dit, il s'est acharné à la couler, mais il n'a pas aimé qu'elle coule. Cette fois, il avait chassé une proie capable de lui tenir tête. Où allait-on si la diva au visage hautain fondait elle aussi entre ses doigts ? Il avait une fois exprimé son désir de rencontrer quelqu'un qui lui renvoyât la balle. Dora commençait à ne plus pouvoir la lui renvoyer.

Dora pleurait-elle vraiment autant ? Le sculpteur américain Raymond Mason le nie avec passion : « Je l'ai connue au moment où Picasso venait de la quitter, m'a-t-il dit. C'était une femme sérieuse, grave, digne. Je ne l'ai jamais vue pleurer. » En public. Et en privé ? Une fois de plus la photographie tient lieu de réponse. Il existe trois images d'une Dora sans maquillage, aux cheveux courts (ce qui les situe en 1936, au début de sa liaison avec Picasso), les épaules un peu enfoncées et vêtue d'une humble petite veste grise, qui la révèlent comme aucune autre. Michèle Chomette met l'une d'elles à la fin du catalogue de la vente des œuvres de Dora, ajoutant : « Une vision différente et tardive de Dora Maar [...], mais son visage qui porte l'adieu à une période de séduction et de tourments garde la plénitude de sa personnalité, divisée entre ombre et lumière, et son beau regard grave affronte l'histoire[10]. » « Non, m'a dit Baldassari, les trois photos ont été prises par Picasso lui-même, rue de Savoie. Observez comment sur deux d'entre elles Dora se met de profil, offensée et revêche, refusant visiblement qu'il la photographie. Puis voyez comme elle le regarde lorsque, enfin, il la prend de face. »

Comme elle le regarde. C'est une image si intime qu'elle semble volée, et l'on se sent voleur de seulement la contempler. Dora sans masque. Son regard se cloue sur le photographe. Il montre la même humilité que son petit gilet gris, que ses cheveux plaqués. Elle ne sanglote pas, ni n'ouvre la bouche ni ne mord son mouchoir, mais il y a dans ses yeux une larme sur le point de tomber. Elle a résisté autant qu'elle a pu, mais a fini par s'abandonner. Son attitude de supplication, de reddition sans condition, me rappelle Xénie : « Fais de moi ce que tu voudras. »

Mais Picasso était un envahisseur vertical qui méprisait le vaincu. Il plongeait la pointe dans le ventre du cheval avec le secret espoir que le cheval résisterait, qu'il ne perdrait pas ses tripes au premier coup de lance. Quand Dora lui avait offert sa main blessée tout en soutenant son regard sans un clignement de paupières, elle lui avait fait croire qu'elle ne se laisserait pas vaincre aussi facilement. Et voilà qu'elle faiblissait, qu'elle trahissait l'accord, tacite ou non. Elle n'aurait jamais dû fondre en larmes ; pas plus en poussant des cris qu'en gardant le silence. Le pacte n'était pas celui-là, le pacte était de supporter. Anne Baldassari, qui a eu la chance de lire quelques lettres de Dora à Picasso, m'a dit qu'un grand nombre d'entre elles contenaient la phrase : « Pardonne-moi, j'ai encore pleuré, je ne le ferai plus. » De quoi s'excusait-elle ? Dans notre optique, exprimer de la peine quand nous sommes blessés paraît assez naturel. Dans la sienne, Dora échouait devant Picasso en ne pouvant soutenir la morgue de la soumise, orgueilleuse de l'être, avec laquelle elle s'était un jour présentée devant lui. Si elle pleurait, c'est qu'elle n'était pas à la hauteur de la souffrance sublime qu'il pouvait lui infliger. Colette ne pleurait pas devant Bataille. Colette aussi s'était excusée devant son amant : pas de pleurer, mais de ne pas être morte alors qu'il avait besoin de jouir avec un cadavre. Celles-là étaient des victimes. Une fois de plus, Dora restait à mi-chemin.

Tortures, martyres. En affirmant qu'il ne la peignait pas en train de pleurer parce qu'il était sadique ou par plaisir, Picasso se ménageait une porte de sortie. De nombreux témoins ont affirmé qu'il la battait, sans doute plus qu'Olga et Marie-Thérèse. Et qu'il fût brutal au lit, le visage du Minotaure nous le dit sans ambiguïté. Cependant, de là à en conclure qu'il s'agissait d'une relation sadomasochiste il y a une certaine marge. La cruauté de Picasso n'était pas physique. Pas seulement.

Les psychologues ont trouvé une formule pour désigner le couple du sadique et de la masochiste qui se complaisent moins dans la douleur du corps que dans celle de l'âme : le « pervers narcissique et son complice[11] ». Comme le sadique, le pervers narcissique a un caractère anal, c'est-à-dire qu'il retient (l'impossibilité qu'éprouvait Picasso, mais également Dora, de jeter la moindre bricole à la poubelle le démontre), et des éléments homosexuels. Mais sa jouissance consiste à humilier. Le « complice » est soumis à une dévalorisation qui le rend dépendant. A son tour, le pervers dépend du complice, qui lui devient nécessaire pour le remplir de toute la vie qui lui manque, lui-même étant vide. Et pourtant, il envie la terrible excitation qu'il provoque. Incapable d'aimer, il s'amuse à éveiller la passion qu'il ne connaît pas. Picasso poursuivant Dora avec son appareil photo alors qu'elle refuse, Picasso se moquant d'un refus qu'il sait inutile puisqu'il est déjà vainqueur, Picasso photographiant les larmes de Dora, la soumission, la supplication, le don, n'est pas un sadique qui martyrise à l'aide de grossières chaînes, mais un pervers narcissique qui s'y applique par des moyens subtils.

L'un d'eux étant précisément de faire de Dora la médiocre qu'elle n'est pas, qu'il sera ensuite furieux qu'elle soit, de même qu'il sera furieux qu'elle pleure lorsqu'il la fait souffrir. Ses efforts dans ce sens auront pour centre le cœur même de la vie de Dora, la photographie. Pour la rendre dépendante, il faut frapper là où ça fait mal. Ce sera facile. Parce qu'il est un mâle bronzé et triomphant, tandis qu'elle, pâle, compliquée et « kafkaïenne », affecte une certitude qu'au fond elle n'a pas. Et aussi parce que de nombreux photographes de l'époque considéraient leur art comme un parent pauvre.

Man Ray se disait peintre, ce en quoi il se trompait, et il assurait que la photographie, où assurément il excellait, était un travail alimentaire. Brassaï, par ailleurs excellent dessinateur et sculpteur de petites et délicieuses sculptures en bois qui représentent des femmes callipyges, raconte que Picasso le poussait à abandonner la photographie parce que c'était un art mineur. Tout en lui accordant le bénéfice du doute, nous pouvons imaginer qu'il a fait la même chose avec Dora. Mais si la relation entre les deux hommes ne permettait pas que naisse une grande rivalité, c'était autre chose avec sa propre femme.

Curieux processus que celui d'un art relativement nouveau qui avait libéré la peinture de son obligation de réalisme, et qui, comme si sa propre vocation de réalisme ne lui suffisait pas, essayait de copier la liberté de la peinture. Tina Modotti, la photographe italo-mexicaine, a mis les points sur les *i* en 1929 : « Je me considère comme une photographe, rien de plus, et si mes photographies se différencient de ce qui est généralement produit dans ce domaine, c'est que je n'essaie pas de produire de l'art, mais des photographies honorables, sans trucs ni manipulations, alors que la plupart des photographes cherchent encore les "effets artistiques". » Ces photographes ont, pour elle, un « complexe d'infériorité, n'appréciant pas ce que la photographic a de bien à elle, en propre, et, en revanche, ayant recours à toutes sortes d'imitations, ces œuvres donnant l'impression que celui qui les fait a presque honte de faire des photographies [12] ».

Honte. Le mot est dit. Face au talent asservissant de l'homme qu'elle adorait, Dora a eu honte d'être photographe. Ajoutons que l'adoration du « complice » pour le « pervers narcissique » implique la honte d'être soi-même, la honte d'exister.

Après *Guernica*, Picasso s'enferma avec Dora dans le laboratoire pour se livrer à une série d'expériences à mi-chemin entre la photographie et la peinture. Expériences dans lesquelles Picasso eut tout à gagner, parce qu'elles satisfaisaient sa formidable curiosité de techniques différentes, mais où Dora fut la grande perdante. Quand, dans les années quatre-vingt-dix, on interrogea la vieille photographe sur les photogravures qu'elle avait réalisées avec Picasso, elle répondit avec sobriété : « L'idée fut de lui, je me suis contentée de lui montrer la technique, c'est tout. » Ce fut beaucoup, en réalité : à partir de ce moment, Dora abandonna la photographie, et pour toujours.

Voici la version de Brassaï, pleine de circonlocutions pudiques, mais assez claires. Après avoir décrit Dora comme une « jeune fille aux yeux clairs, au regard attentif d'une fixité parfois inquiétante », le Hongrois ajoute : « Moi-même, je connaissais Dora depuis cinq ou six ans. Elle débutait comme moi dans la photographie. [...] Mais désormais sa présence auprès de Picasso rendit la mienne délicate. Dora était mieux placée que quiconque pour photographier Picasso et son œuvre. Et, au début de leur liaison, elle veillait jalousement à ce rôle qu'elle considérait comme une prérogative et assumait d'ailleurs avec application et talent. [...] Pour ne pas provoquer la susceptibilité de Dora, encline aux orages et aux éclats, je me gardai bien d'empiéter sur ce qui était désormais son domaine. Nos rapports restèrent amicaux mais distants pendant une période assez longue – à peu près la durée de la guerre civile espagnole. Mais curieusement, au fur et à mesure que Dora abandonnait la photographie pour se consacrer à la peinture – elle la pratiquait déjà avant de devenir photographe – elle changea aussi d'attitude : la jalousie professionnelle disparue, rien ne fit plus obstacle à notre amitié [13]... » Avec le recul du temps, on peut se demander si la photographe n'aurait pas mieux fait de continuer à rivaliser avec Brassaï plutôt qu'avec Picasso.

Pour le peintre, l'expérience de la photogravure n'était pas tout à fait nouvelle. Brassaï le raconte aussi dans ses mémoires. En 1932, Picasso avait gravé une plaque vierge que le photographe avait oubliée chez lui. C'était une miniature réalisée avec un petit poinçon ; un profil de Marie-Thérèse. Brassaï la lui réclama pour la développer, mais Picasso laissa traîner l'affaire. Cette petite plaque ne fut jamais reproduite. Pourtant, elle est l'antécédent des photogravures réalisées avec

Dora. Une vieille idée renouvelée au contact de la femme qui pouvait le guider.

La technique consistait pour le peintre à travailler sur des plaques transparentes qui, soumises à la lumière et appliquées sur de la pellicule sensible, laisseraient leur empreinte. Le résultat a un aspect fantomatique. Le profil de Dora peint à la fois par Picasso et par la lumière apparaît comme dans un rêve, net et en même temps voilé. Le couple s'amusa à orner l'image de petits bouts de dentelles qui ajoutaient de l'irréalité à la forte tête de matrone avec son menton romain. Quelque chose d'analogue, quoiqu'un peu différent, aux rayogrammes de Man Ray, où les objets soumis à une lumière intense étaient photographiés de manière directe, sans le recours de l'appareil photo et avec l'ajout des « effets artistiques » qui rendaient Modotti tellement furieuse. Dans le texte intitulé « Picasso photographe » qui accompagna la publication des photogravures dans les *Cahiers d'art* de cette année-là, 1937, Man Ray lui-même saluait l'expérience en ces termes : « Voilà un homme qui se met à la place de l'œil, avec tous les risques que cela comporte. N'avez-vous jamais vu un appareil photo vivant ? [...] L'œil de Picasso voit mieux que ceux qui le voient lui[14]. » Au sujet de l'œil de Dora, motus.

La Dora peintre est née des photogravures. A moins de le dire en sens inverse : la Dora photographe est morte d'elles. A partir de cette double technique, entre peinture et photographie – un terrain bourbeux, glissant, peut-être angoissant, qui posait à nouveau le thème de son identité ambiguë, toujours entre deux eaux, et qui en effet la poussa à glisser vers l'autre rive –, elle choisit ce qui à ce moment semblait le plus clair, le plus défini et le plus prestigieux : le pinceau. Librement ? Il lui faudrait des années avant d'atteindre la luminosité du verre dans sa peinture. Elle y parviendrait bien après, lorsque ces verts paysages près de la Seine rappelleront l'image transmise à James Lord :

« Les arbres étaient comme des ballons transparents prêts à s'envoler. » Ce que nous ne saurons jamais, c'est si Joseph Markovitch lui avait un jour décrit la peinture sur verre, cet art populaire pratiqué en Croatie depuis la nuit des temps, et si elle, dans le secret de la chambre obscure, l'a dit à Picasso.

En revanche, ce que nous commençons à comprendre grâce aux révélations d'Anne Baldassari [15], c'est qu'en réalité Picasso était loin de considérer la photographie comme une petite sœur de la peinture. Baldassari rappelle ce que dit Fernande Olivier sur ce jour du début du XXe siècle où Picasso s'exclama d'un air atterré : « Je peux me tuer ! Je viens de découvrir la photographie. » Que voulait-il dire ? Que le montage photographique satisfaisait pleinement son œil et que celui-ci rendait inutile le tableau peint. D'où la terreur. D'où le désir de mort. Et de là, peut-être – en brodant un peu sur la toile de ses contradictions, de ses jalousies, de son besoin de domination –, de là le message souterrain adressé à Brassaï, que le Hongrois, heureusement, n'a pas écouté, alors que, malheureusement, Dora l'a fait : « Abandonnez la photographie parce qu'elle me fascine, parce que je n'arriverai jamais à la posséder comme vous et que je ne supporte pas qu'on me dépasse, mais, par-dessus tout, parce que son existence même me fait du tort. »

Entre *Guernica* et les photogravures, Dora avait accompagné l'aventure de Picasso à la frontière entre la peinture et la photographie. Il avait partagé avec Braque le vertige de regarder un objet non à partir de ce que l'œil voit, mais à partir de ce qu'il sait. Un vertige pictural. Mais jamais il n'avait ressenti avec personne, et encore moins avec une femme, celui de se risquer entre deux arts qui pouvaient n'en faire qu'un. L'air fantomatique des images avait tout pour amplifier la vieille terreur superstitieuse : « Maintenant, je peux me tuer. » Si quelqu'un devait mourir, ce ne serait pas lui.

L'été 1937 les réunit à nouveau, avec leur cour, à l'hôtel Vaste Horizon de Mougins. Là se trouvent avec eux, comme toujours, Eluard et Nusch, le couple charmant ; Man Ray avec la danseuse martiniquaise Ady Fideline ; Christian et Yvonne Zervos ; la surréaliste anglaise Eileen Agar et son amant, Joseph Bard ; Roland Penrose avec Lee Miller. Au cours de l'été, de retour d'Inde, passera leur rendre visite la poétesse Valentine Boué-Penrose, ex-femme du critique anglais et maîtresse d'une autre poétesse, Alice Rahon-Paalen, celle-là même qui un an plus tôt, peu avant que Dora n'obtînt son sceptre, avait eu avec Picasso de brèves amours qui l'avaient poussée à une tentative de suicide ; et Cécile Grindel, la fille d'Eluard, avec le poète Luc Decaunes. Vers le mois de septembre, André Breton et Jacqueline Lamba vinrent les rejoindre. Un lévrier afghan, Kazbek, infiniment maigre et poilu, faisait partie du groupe qu'on a appelé « la famille heureuse ».

Dans ses mémoires, Eileen Agar, qui partageait avec Dora les souvenirs d'une enfance à Buenos Aires, nous le raconte avec une adorable franchise : « Ce fut Picasso qui le premier eut l'idée de permuter nos noms. Eileen Agar devint Dora Agar, Pablo Picasso don José Picasso, Joseph Bard Pablo Bard et Man Ray Roland Ray. Et si l'on oubliait son nom du jour, on devait payer une amende d'un ou deux francs[16]. » Il est intéressant de remarquer que Picasso a traduit en espagnol le prénom de Joseph Bard pour en faire don José. Comme son père. Intervertir les noms, troquer les identités. La belle tête distinguée de celui qu'à Malaga on appelait « l'Anglais » continuait à lui paraître mieux faite que la sienne pour l'amour.

Le changement de nom, *dixit* Eileen Agar, impliquait le changement de conjoint. Cela n'avait rien de nouveau pour elle. Peu auparavant, Paul Eluard était parti en Angleterre avec Nusch ; ils y avaient rencontré Eileen et son amant, et les deux couples avaient joué aux échanges. « Devenir Dora » voulait dire coucher avec Picasso. La logique du jeu aurait dû changer Dora en Eileen, et la jeter dans les bras de Bard, devenu Pablo. Mais la surréaliste anglaise ne nous parle pas d'Eileen Maar.

La passer sous silence a pu être un oubli. Néanmoins, les innombrables photographies de ces vacances sont pleines de telles omissions. Sur un grand nombre d'entre elles, Dora n'est pas présente. Elle refuse, comme sur ces photographies prises par Picasso rue de Savoie. Certes, c'était souvent elle la photographe de la « famille ». Mais Man Ray aussi photographiait les autres, puis il courait poser à côté d'eux. Si sa participation à l'image parle d'une compénétration plus affectueuse avec la vie du groupe, l'absence de Dora indiquerait le contraire.

Un petit film de vacances réalisé par l'Américain, et intitulé *La Garoupe*, les montre tous en mouvement. Ou presque tous. Nous y voyons Nusch flirter avec Picasso. Rien sur sa mine réjouie n'évoque la toile d'araignée. Un mari comme Paul qui la pousse vers Pablo doit lui apparaître comme un cadeau du ciel. C'est que faire l'amour avec ce mari lui devient de plus en plus pénible. Chaque fois qu'ils essaient il leur vient de l'herpès. Le malade des poumons a les mains tremblantes et de la salive blanche aux commissures des lèvres. Sur le film, il ne manque pas grand-chose pour que Nusch se lèche les babines, tant elle se réjouit de l'autorisation – ou de l'injonction déguisée ? Man Ray s'approche pour l'embrasser, elle feint une colère puérile et, pour rire, lui flanque une gifle. Eluard respire calmement, comblé, serein, contrôlant la situation comme jamais il n'a pu le faire lorsqu'il vivait avec Gala, et son sourire aux lèvres fermées tente de nous convaincre que tout va bien, que les eaux coulent paisiblement dans la direction où elles doivent couler. Valentine Penrose elle aussi fait la coquette en levant les bras. Elle se venge : elle a remplacé Picasso dans le cœur d'Alice Paalen. Dans une autre séquence, Picasso s'est allongé pour lire, Eluard lui arrache le livre et lui donne des coups d'oreiller ; Picasso se pelotonne sur le lit en se couvrant la tête comme un gamin. Tout en regardant le film, je retenais mon souffle, attendant l'apparition de Dora.

Mais Dora n'est pas apparue. Dora se trouvait de ce côté-ci de la scène, cachée, regardant, manipulant la caméra lorsque Man Ray ne résistait pas à la tentation de s'approcher de Nusch. La seule chose d'elle qui soit présente, ce sont donc ses yeux qui scrutent, qui filment, qui jugent peut-être, tandis que son attitude hautaine et dédaigneuse surgit en creux.

Est-ce le refus de Dora de se mêler aux jeux de ses compagnons qui est à l'origine de l'expression de Picasso dans le film de Man Ray ? Les autres autour de lui s'amusent comme des écoliers. Picasso exagère son rôle, riant et criant encore plus fort. Ce n'est pas pour rien qu'il est un bon sauvage ayant fait irruption au milieu d'Occidentaux pâlots et un peu pédés, un Minotaure qui a le droit de voler les femmes des autres. Alors, pourquoi a-t-il l'air tellement mal à l'aise, tellement ennuyé, tellement embarrassé ?

Nous devons admettre que les photographies de ces étés où Dora a daigné apparaître suscitent et diffusent ce même ennui, mais amplifié. Elle qui passe de longues heures à se brûler au soleil (Luc Decaunes m'a raconté que sa peau tombait par lambeaux) est là contre son gré, se faisant violence, telle une reine offensée. D'une part, elle souffre. D'autre part, elle remplit une lourde obligation : celle de garder sa couronne même s'il doit lui en coûter la vie. Etre la maîtresse officielle du génie la place au-dessus des autres femmes : être avec Penrose ou Zervos n'est pas la même chose qu'être avec Picasso. Aussi retient-elle son envie de gifler la « famille », serre-t-elle les dents jusqu'au grincement et fixe-t-elle son regard dans l'appareil photo avec un ressentiment silencieux. Il s'en faut d'un rien qu'elle n'explose, qu'elle ne hurle. Brassaï a écrit que Dora était « encline aux orages et aux éclats ». Les autres n'avaient pas cette propension, inutile de le dire : heureux, libérés et, de plus, craignant par-dessus tout le ridicule, comment se seraient-ils permis la honte d'une scène de jalousie ? Elle non plus, d'ailleurs. Exigences de la mode : il fallait montrer qu'on était large d'esprit, en se rongeant à l'intérieur.

Une autre de ces photographies, prise par Penrose, et sur laquelle n'apparaissent ni Dora ni Picasso, est utile pour révéler l'évident abîme qu'il y avait entre elle et les autres. L'image évoque une atmosphère détendue. Les trois femmes : une blonde, Lee Miller, une métisse, Ady Fideline, et une petite poupée aux boucles châtaines, Nusch Eluard, ont les seins à l'air. Est-il nécessaire de préciser qu'il n'existe pas de photographies de Dora dévêtue ? *Déjeuner sur l'herbe*, Eluard et Man Ray non plus n'ont pas cru indispensable d'enlever leurs vêtements. Ady regarde l'invisible Penrose en avançant les lèvres en un baiser ambigu. Etaient-ils vraiment heureux ?

Concernant Dora, la question ne se pose même pas. Son mal-être saute aux yeux. Il lui venait de loin ; de son enfance, et même de sa naissance si nous en croyons son thème astrologique. Mais pendant ces vacances où tous exhibaient une sensualité dénuée de toute inhibition, à quoi pouvait être attribuée sa mine de veillée funèbre si ce n'est à un rejet viscéral de ces petits jeux en famille ? Et de plus, le sultan lui-même – qui l'avait élue, entre autres, pour sa présumée expérience des orgies – aurait-il permis que sa favorite partageât ses jeux lorsqu'il eut compris que la soumettre au tourment de la jalousie était une façon tellement plus efficace de jouir ? Et elle-même, la fanatique, l'obsessionnelle, aurait-elle eu envie de batifoler bêtement avec ces hommes maigrichons, fragiles, secondaires, Penrose, Ray, Eluard ?

Après sa mort, on retrouva dans ses papiers un poème d'Eluard, où l'ami temporisateur faisait ainsi son portrait : « Figure de force brûlante et farouche / cheveux noirs où l'or coule vers le Sud / Intraitable démesurée / Inutile / Cette santé bâtit une prison. » Ce poème, publié dans *Les Yeux fertiles* en 1936, fut mis en musique par Francis Poulenc. Christian Galantaris, l'expert en manuscrits qui fut l'un des rares à accéder aux écrits intimes de Dora, ajoute dans le catalogue où figurent ces vers qu'il estime « probablement inédits » : « Il se peut que le poème soit un reproche voilé adressé à l'intransigeance morale de Dora Maar. » Lorsque je lui ai demandé pourquoi il avait écrit cette phrase, il a accentué son sourire de Japonais et répondu, ravi : « Ah ! vous vous en êtes rendu compte ? Je l'ai écrite parce que je me suis dit que quelqu'un allait la remarquer. » Un clin d'œil, donc. A bon entendeur...

La première photographie que j'ai pu voir de Dora dans ma vie, bien avant de connaître son histoire, fut prise par Lee Miller au cours de cet été 1937, à Mougins. Elle est de profil, a les cheveux jusqu'aux épaules : ordre de Picasso, qui l'a connue avec les cheveux *à la garçonne** mais a insisté pour qu'elle laisse pousser son épaisse chevelure. Malheureusement, la Franco-Croate a le cou ramassé. Les cheveux longs lui siéent peu. Ils la font paraître voûtée, vaincue, ou est-ce ainsi qu'elle se perçoit lorsqu'elle se laisse posséder, sans aucune réaction, par le regard aigu et malicieux de sa blonde collègue ? Pierre Cabanne suggère quelques motifs profonds de son abattement : la jeunesse et la beauté de Lee Miller qui ne laissaient pas Picasso indifférent. Le peintre et l'Américaine partaient ensemble sur la plage ramasser des galets qu'il s'empressait de graver. Lui n'avait besoin de rien de plus pour être heureux [17], dit Cabanne. Et Dora ?

Marc Lambron apporte de nouveaux éléments à cet été à Mougins. Chaque jour Dora devait poser pour Picasso. Et chaque jour, le peintre convoquait sa cour pour évaluer le résultat : une toile où Dora était attaquée, filtrée, brisée en angles, disséquée, annulée. La violence picturale se doublait d'une agression verbale : « vous êtes une femme, alors vous croyez être belle, mais vous êtes surtout immensément comique ». Dora sortait de ces séances en tremblant. Un matin, la photographe blonde vit Picasso s'approcher avec une toile à la main : *Portrait de Lee Miller.* « Une Lee en sucre candi, sweet, américaine – écrit Lambron – Une femme d'été avec des lèvres d'orange. » Lee embrassa Picasso pour le remercier de l'avoir épargnée. Mais Dora, il l'avait perdue. Parmi les tableaux et dessins pour lesquels elle posa au cours de cet été, ou que Picasso peignit « de mémoire » comme à son habitude, on compte précisément les multiples versions de *La Femme qui pleure.* C'était amusant de la montrer aux autres : « Regardez comme elle pleure pour moi ».

Les absurdes et ironiques couronnes dont Picasso adore la parer favorisent encore moins Dora que les cheveux longs. Couronnes d'esclave plus que de souveraine. Le jeu de présences et d'absences se perpétue dans une série de photographies, prises cette fois par le peintre lui-même. La scène se déroule dans une chambre. Dora est sur le lit, avec un diadème qui à en juger par son visage devait être d'épines. A côté d'elle, plus bas, une blonde non identifiée, laide et bête, avec une perruque. En revanche, la blonde qui dans une autre de ces photos paraît très jolie, en soutien-gorge et ressemblant à une vamp de cinéma, est Jacqueline Lamba. La série culmine avec une photographie de la même Jacqueline, assise par terre, nue et ses cheveux « pâles » hérissés, jaune paille. L'ombre du Picasso photographe, invisible pour nous, se projette sur ses modèles, tandis que Dora, furieuse, se retourne pour le regarder. Ses sourcils froncés font ressortir la petite protubérance existant entre eux que le peintre a exagérée dans tous ses portraits, au point qu'elle divise son front en deux.

Nous savons que Jacqueline refusait les rôles de muse et de mère auxquels Breton la confinait. Dans le groupe surréaliste, elle avait tenté l'impossible : être la femme du pontife et, en même temps, être reconnue comme artiste. A l'époque où furent prises ces photographies, celles des jeux de rôles, Breton avait écrit et publié *L'Amour fou*. Ce qui signifie que Jacqueline et lui, même s'ils iraient plus tard ensemble au Mexique et aux Etats-Unis, étaient déjà séparés.

Dans cet étrange mélange d'histoires d'amour et de théories sur le hasard objectif qu'est *L'Amour fou*, Breton a imaginé un recours ingénieux : les descriptions, pour lui ennuyeuses, ont été remplacées par des photos. L'une d'elles est de Dora et elle représente un personnage schématique, œuvre du sculpteur Giacometti. Après avoir raconté l'histoire de la rencontre avec sa femme, Breton raconte celle de leur séparation au cours d'une promenade près d'une vieille maison où un crime a été commis, et il fait ses adieux, dans une très belle lettre à leur fille Aube, à son amour pour Jacqueline. Tout cela est d'une innocence qui n'a d'égale que la pédanterie. Des femmes comme Anaïs Nin, qui eut une brève romance avec Breton, ou Frida Kahlo, qui le connut au Mexique, se sont moquées de son allure d'intellectuel, qui le portait à se prendre terriblement au sérieux (la position de sa tête léonine toujours rejetée en arrière le montre clairement). Malgré cela, il était candide. Solennel, despote, mais d'une bonne foi émouvante ou d'une « ingénuité obtuse », comme dit son biographe Mark Polizzotti[18], Breton était l'homme qui en 1932, alors qu'il vivait une passion érotique avec Suzanne Muzard après s'être séparé de Simone Kahn, avait lancé dans sa revue une enquête bien intentionnée sur la sexualité, dans laquelle il ne s'était pas permis le moindre sourire.

Ses propres réponses à l'enquête nous dévoilent ses préférences et ses rejets. La masturbation ? « Une compensation légitime à certaines tristesses de la vie. »

ca. 1930.
Photo de mode,
géométrie
et jeux d'ombres.

ca. 1934.
La perfection
d'un modèle
célèbre :
Assia.

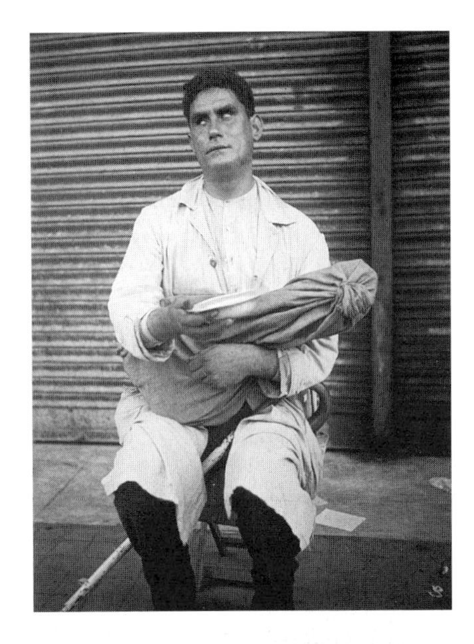

1932.
Barcelone.
L'aveugle et son paquet.
À droite,
1933.
Paris. *L'Enfant au coin de la rue des Genets.*

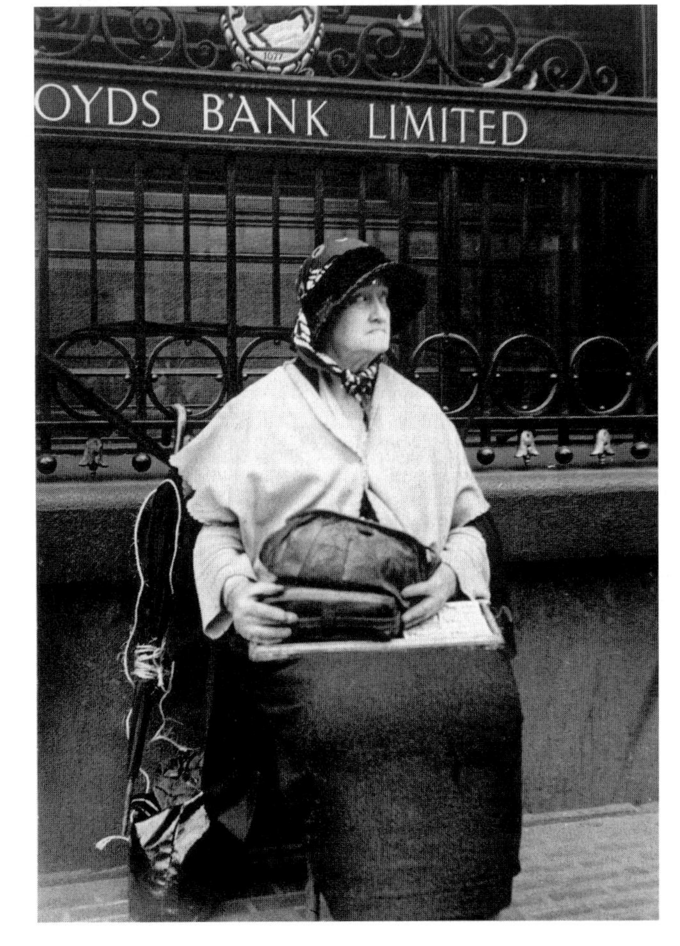

1932.
Londres.
Vendeuse de loterie.

ca. 1935.
Londres.
La Grimace.

1935.
Jeux interdits
avec enfant voyeur.

1935-36.
Silence :
l'angoisse
des arcades
inversées.

1936. Paris.
Portrait d' Ubu
ou la bête
mystérieuse.

1936.
29, rue d'Astorg,
l'adresse
du cauchemar.

ca. 1936.
Leonor Fini, la diva théâtrale.

1936.
Jean Cocteau, le dandy.

ca. 1940.
Marie-Laure de
Noailles, mécène des
surréalistes.

1936.
Yves Tanguy
ou le reproche
de l'amoureux
délaissé.

ca. 1920.
Max Jacob
dessiné par Picasso.

ca. 1935.
René Crevel ou
la mort par dégoût.

5 Septembre 1935, Mougins.
Picasso, *Dora et le Minotaure*.

1936-37.
Picasso surpris
dans son sommeil
par Dora.

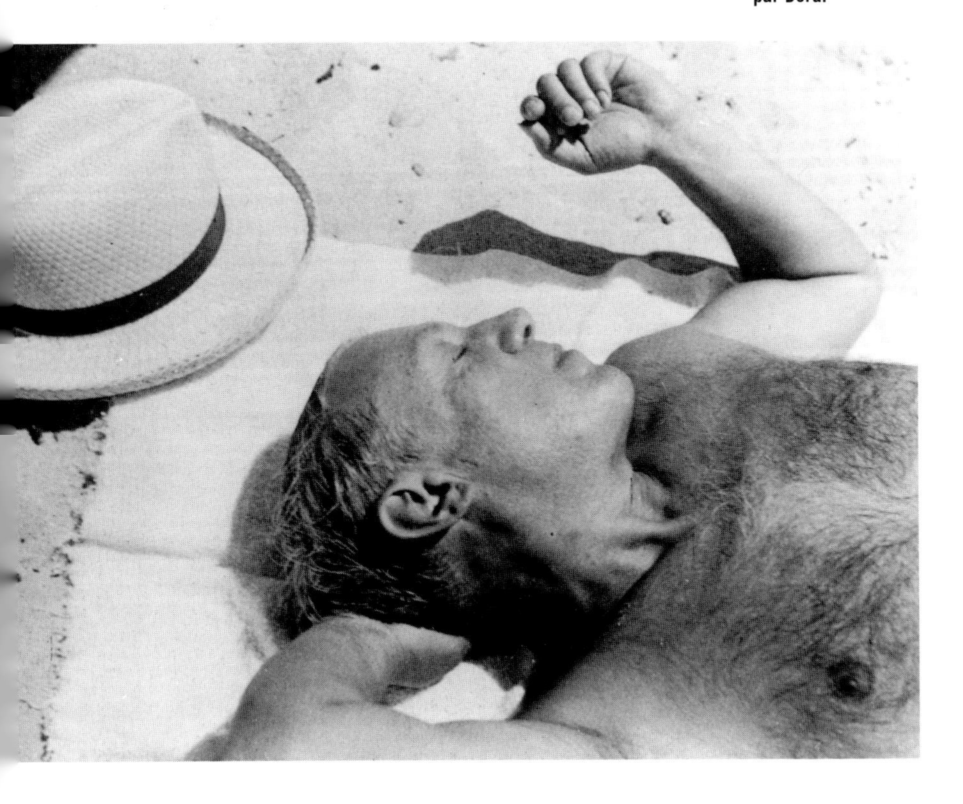

1936-37.
Mougins.
Paul Eluard et
Picasso derrière
les cannisses.

1936-37.
Mougins.
Jacqueline Lamba,
André Breton, Nusch
et Paul Eluard, les
vacances de « la
famille heureuse ».

1935.
Nusch Eluard ou
le pressentiment.

1937.
Picasso,
La Femme qui pleure.

1937.
Picasso devant
Guernica
dans l'atelier
de la rue des
Saints-Augustins.

1936-37.
Profil de Dora
par Picasso.
La rencontre
de la peinture
et de la
photographie.

1937.
Baignade
à Mougins.

1943. Picasso
et Dora,
couple royal.

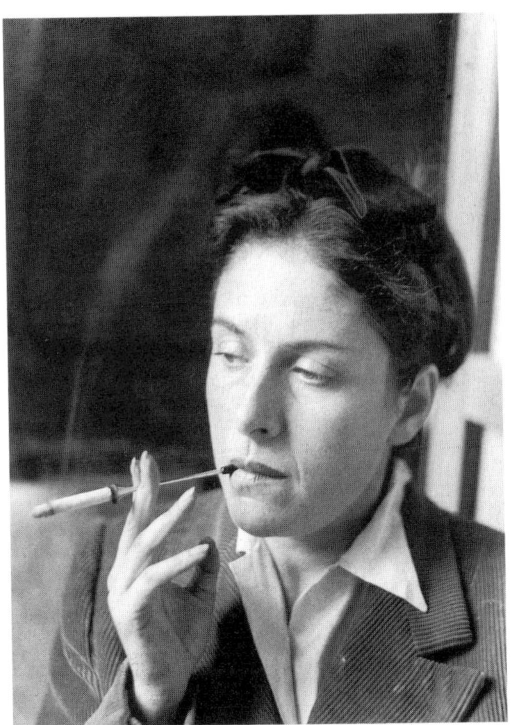

De haut en bas, à gauche.
1936. Dora par Lee Miller : la femme cassée.
1941. Dora par Rogi André : la femme aux abois.
ca. 1944. Profil de Dora par Brassaï.

Ci-dessus.
1946. Dora par Izis: la femme abandonnée.

ca. 1936. Dora par Picasso : la femme suppliante.

1944. Dora
dans son atelier
de la rue de Savoie,
par Brassaï.

1942. Picasso,
Portrait
de Dora Maar
à la blouse rouge.

ca. 1943. Picasso, bouts de papier, fragments amoureux.

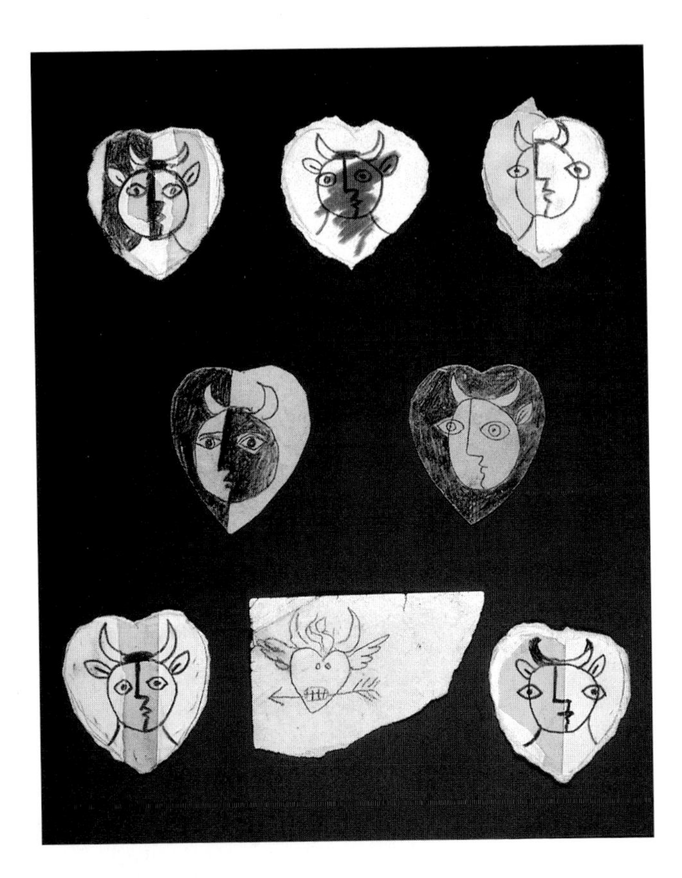

1956. Dora par Lee Miller : plus que des souvenirs.

Les bordels ? Non, « parce que ce sont des endroits où tout se paie ». Autre chose qu'il refuse : faire l'amour en groupe, parvenir à l'orgasme de manière artificielle, et aussi le voyeurisme, l'exhibitionnisme, les femmes qui ne parlent pas français et les femmes noires parce qu'elles peuvent nous faire des enfants. Il condamne également l'homosexualité masculine et ajoute une confession qui nous fait comprendre un peu mieux les motivations profondes de la pauvre Jacqueline : « Si je désire une femme, il m'est indifférent qu'elle jouisse ou non. »

Lorsqu'on regarde une photographie de Dora sur laquelle Breton prend tranquillement son pastis-soda avec Jacqueline, Eluard et Nusch sous la tonnelle ensoleillée de l'hôtel Vaste Horizon, il est impossible de ne pas y penser : dans la « famille heureuse » abondaient les choses que Breton n'aimait pas du tout, y compris une Noire comme Ady Fideline. Mais a-t-il su que Picasso photographiait sa femme nue ?

Concernant Dora, qui n'était pas exhibitionniste, ses maillots de bain méritent réflexion et analyse. L'un d'eux est un maillot deux pièces dans un tissu rayé. La partie inférieure enveloppe ses formes comme une sorte de couche ou de culotte de gaucho. Il devait être à la mode : Nusch, à côté d'elle, en porte un semblable. Mais les petites jambes maigres et les hanches étroites de Mme Eluard, sur lesquelles le maillot flasque semble sur le point de glisser, contrastent avec la solidité du corps de Dora, serré par l'élastique qui s'enfonce à la taille : une masse ronde, ferme. Sensuelle ? Non, si l'on considère la fragilité et la sveltesse comme des attributs érotiques. Oui, dans le cas où la puissance féminine ne suscite pas de crainte.

Des deux autres maillots de Dora qui sont parvenus jusqu'à nous grâce aux photos, l'un est noir et sans forme, pratique, un véritable maillot de nageuse qui veut être à l'aise et qui en l'utilisant s'oppose, consciemment ou non, à bien des choses que Breton rejetait dans son enquête. Et l'autre est un maillot une pièce de matrone triomphante, avec des dessins bulgares et des petites baleines sur le corsage. Dora est à côté de Picasso, tous deux assis sur une pierre carrée ayant juste la taille qu'il faut pour porter leurs deux corps massifs. Aucun des deux n'a un aspect raffiné : ils sont plutôt primitifs. Elle se tourne vers lui en levant la tête, le regardant comme on regarde un objet possédé : hiératique, dominatrice, sûre d'elle. Trop sûre. Mais le geste enfantin avec lequel elle attrape son pied dément totalement l'attitude. Lui nous regarde avec des yeux comme des puits. Il a un air triste. L'illusion d'optique est complète : on dirait que c'est lui la victime.

Nouvelles illusions d'optique, ou peut-être découvertes : sur les nombreuses photographies de Dora sur lesquelles son amant parle avec Eluard, ou sur lesquelles celui-ci embrasse Nusch, tous trois sont traversés de rais de lumière. L'ombre d'un toit de cannisses les change en zèbres. C'est une image lumineuse, estivale, heureuse. Mais qui évoque la cage. Dora a exagéré l'effet, elle a souligné les barreaux impalpables derrière lesquels les trois personnages semblent prisonniers. Peu après, Picasso lui rendra la pareille en la peignant dans un entrelacs de lignes qui l'attachent : prison ou filet.

Je ne peux conclure cet examen des photographies de vacances sans mentionner une série qu'Anne Baldassari m'a montrée presque en secret. Un secret qui n'était pas dans les photographies elles-mêmes, lesquelles ont depuis été publiées, mais dans la manière de me les montrer en scrutant ma réaction, l'infime frisson de solidarité féminine. Dora Maar a atteint, au moins, cet objectif : créer autour d'elle, après sa mort, une chaîne de compréhension entre femmes.

Elle, pour changer, n'apparaît pas sur l'image. « Mais elle était là, me dit la conservatrice du musée Picasso, à côté de Man Ray qui prenait les photos. »

Là, hors champ, comme toujours, comme Xénie dans *Le Bleu du ciel* lorsque, du couloir, elle regarde Troppmann et Dirty, certainement excitée, mais sans entrer dans le jeu, du côté de la caméra, du côté de ce péché si peu féminin qui consiste à regarder.

La série « compromettante » représente Picasso s'approchant de deux femmes étendues sur le lit. L'une est Yvonne Zervos, l'autre, on ne sait pas. Il s'approche d'elles jusqu'à les frôler de la main, « rapace » et « fasciné ». Elles le regardent avec un sourire qui n'est pas de séduction malicieuse mais de franche luxure. L'attitude des corps signifie abandon. C'est une scène qui reflète sans l'ombre d'un doute les préliminaires d'une relation à trois. Picasso a voulu qu'on en garde témoignage, et Dora était là, sans réagir, sans s'en aller, supportant, exécutant l'ordre de fixer les yeux.

Comme elle ne pouvait pas laisser transparaître sa jalousie, sentiment discrédité d'époques révolues, Dora l'a déplacée vers le règne animal. Picasso avait apporté à l'hôtel un singe qu'il cajolait sans arrêt. En s'apercevant qu'elle le détestait avec une intensité détournée, produit d'autres colères, il multiplia les démonstrations de tendresse à son égard. Il aimait les singes, il s'identifiait à eux. Dans sa vieillesse, quand l'image du Minotaure se mit à lui paraître grotesque, il fit des autoportraits ayant des traits de singe. Mais en plus, il avait trouvé une autre façon simple et amusante de la rendre furieuse : en la soumettant à une humiliation ridicule.

Jusqu'à ce qu'un matin Eluard lui fît part de cette nouvelle qu'il venait de lire dans le journal : un roi de Grèce était mort des suites d'une morsure de singe. Il s'empressa alors de se défaire du sien, qui lui avait justement mordu un doigt. Penrose dit qu'il le fit par considération pour Dora. A ce point du récit, nous en savons déjà trop sur le sens de l'humour de Picasso pour croire l'Anglais prudent, toujours désireux de conserver les formes.

Pourquoi ce singe rendait-il Dora furieuse ? Caricature de l'humain, miroir déformant. Tout ce qu'elle détestait et méprisait chez Picasso lorsqu'elle le voyait s'agiter au milieu de ses courtisans, non pas comme le roi majestueux qu'elle eût souhaité mais comme le bouffon du roi, était représenté par la moquerie du singe. Le « pervers narcissique », appelé en d'autres temps le « séducteur de Séville », sait ce qu'il fait lorsqu'il ôte toute noblesse et tout prestige aux souffrances de sa complice.

Chapitre VII

Les yeux nus

« Sereine, endormie, irritée, amoureuse, posée, heureuse, sauvage, gaie, pensive, mélancolique, languissante, extatique, désespérée, radieuse, songeuse, hystérique[1] » : telles sont, pour John Richardson, les différentes « incarnations » de Dora peinte par Picasso. Des visions variées que nous pourrions situer dans l'espace, telles qu'elles figurent sur une photographie de l'atelier de la rue des Grands-Augustins, avec son toit en pente, où Picasso pose devant les nombreuses Dora, « sereines, endormies, irritées... », filles de son pinceau.

Mais la situation dans le temps de ces mêmes images nous permet de les regarder d'un autre œil. De l'oiseau avec des seins de septembre 1936 ou la délicate esquisse d'une Dora endormie, l'un et l'autre dessinés alors que l'amour naissait, aux derniers portraits de la maîtresse brune peints en 1944, la destruction avance, inexorable. D'abord, ce sont les yeux d'étoile. Ensuite, les yeux transpercés par des poignards de pleurs. Et enfin, l'œil sec, fixe et vif, aux contours nus. Un œil d'animal aux abois.

C'est que Picasso n'inventait pas, il constatait. Il s'en tenait à un effrayant réalisme, photographique à sa manière, qui lui faisait garder la ressemblance jusque dans les ultimes vestiges d'un visage défait. Dans ses portraits, les traits de Dora restent reconnaissables jusqu'à la fin, même lorsque ne demeurent que des fragments épars. Mais le plus impressionnant est peut-être la disparition de ces longs cils qui caractérisaient aussi le modèle dans les rayogrammes de Man Ray. La paupière mi-close et ornée d'une ombre douce est remplacée par une pupille claire et nette comme une bouche édentée ou un sexe tondu. Dans un dessin d'enfant, dans une caricature, la marque féminine de l'œil, ce sont les cils. Un rond sans rayons n'est pas féminin. La Dora aux yeux chauves n'est plus désirée.

La première crevasse profonde apparaît sur son front en 1936, dans une série de têtes aux noirs veloutés et aux jaunes subtils, où la tempe se divise, scindée en deux. Ces Dora aux immenses yeux en amandes et au chignon de nattes (une coiffure qu'elle ne portera en réalité qu'un an plus tard) ont encore l'air rêveur ; mais déjà ses mains aux doigts effilés se sont changées en serres. L'année suivante, *Dora Maar assise*, l'un de ses plus beaux portraits, montre un double profil avec les deux yeux de face. L'anomalie ne déconcerte pas. Au contraire, on l'admet avec naturel, comme si elle correspondait de plein droit à un beau visage de femme. Cependant, les ongles et l'œil couleur sang, les grenats anguleux de la robe, les noirs purs, violents, le fauteuil qui l'emprisonne et les rayures des murs qui menacent autour d'elle, tels des barreaux, montrent que le modèle est prisonnier. Cette femme sereine et pensive a été mise en cage, punie pour le crime qu'évoquent les extrémités de ses doigts.

En 1938, les chapeaux absurdes font leur apparition. Il l'expliquera à Françoise Gilot : la folie de Dora, aux aguets, se reflétait dans ses coiffures extravagantes, et il la refléchissait à son tour. Parfois elle est encore belle avec ses yeux sanglants. Sa toilette est clownesque mais splendide. Cette même année, le 10 septembre, la prison suggérée par les rayures est devenue une corde, qui ne l'attache pas mais la constitue : Dora est la corde. Son visage, son corps mêmes sont formés par une corde tordue, semblable à celle qui un an plus tard deviendra la grosse laine tissée du portrait intitulé *Le Sweater jaune* : une femme vêtue, bien entendu assise, avec un chapeau étrange mais avec un visage dont la déformation de cauchemar provoque l'angoisse du désir éteint. Même représentée par une corde, Dora pouvait se réjouir. De quoi ? De sa condition de soumise. Plus maintenant : ce pauvre visage d'orpheline, de vieille petite fille, est celui que nous pouvons découvrir le matin sur l'oreiller, telle une coquille vide, quand le seul doute est celui-ci : vais-je m'en débarrasser tout de suite ou un peu plus tard ?

De fines toiles d'araignée apparaissent dessinées sur le corps, le visage et le fond de *Femme assise avec une chaise de paille*, *Femme assise* ou *Portrait de Dora dans le jardin*, peints en 1938, et elles se répètent sur le treillis jaune des célèbres cordes qui forment les chaises et lui lient en même temps les mains. Les constantes sont au nombre de trois. Dora est la femme coiffée d'un chapeau de folie. C'est la femme assise. Picasso l'a dit à Malraux : « Les femmes sont des machines à souffrir. Quand je peins une femme dans un fauteuil, le fauteuil implique vieillesse et mort, non ? Voilà pourquoi c'est mauvais pour elle. Ou, au mieux, le fauteuil la protège. Comme les sculptures nègres. » Et, enfin, c'est la femme rayée : curieusement, dans le langage populaire de Buenos Aires – peut-être parce que les rayures font allusion aux barreaux, et parce que l'uniforme du reclus imite ces rayures –, *rayarse* (« se rayer ») veut dire « devenir fou ».

Le sens de ces images s'éclaire davantage encore par opposition à celles de Marie-Thérèse. En janvier 1939, Picasso peignit deux femmes couchées tenant un livre à la main. La première a les yeux allongés caractéristiques de la maîtresse blonde. Elle est, tout entière, une seule courbe calme et bleue. Une délicieuse rondeur, bien que limitée par la fenêtre aux barreaux droits par laquelle on ne voit qu'un plan vert, aplati et uniforme, qui empêche de percevoir l'extérieur. La seconde, brune, a des dents d'ogresse, elle porte son chapeau de malade mentale et est formée d'angles aigus. C'est une femme agressive, toute faite de pointes, avec le visage et les mains d'un vert malsain. Même les feuilles de son livre semblent couper ou piquer. Cependant, sa fenêtre n'est pas condamnée ; une fenêtre claire aux barreaux obscurs, mais par laquelle on voit des petits arbres en fleurs. L'histoire de Marie-Thérèse, qui jouira paisiblement de son amour pour Picasso pour finir par se suicider après avoir en vain frappé à sa vitre opaque, et celle de Dora qui brûlera dans d'atroces souffrances mais parviendra à fuir vers une solitude mystique et créatrice, sont racontées dans ces deux tableaux, comme si, à ce moment déjà, tout ce qui allait être vécu était joué.

Il est vrai que la photographie comme le dessin sont des activités cinétiques, ou, pour utiliser le mot de Susan Sontag, déprédatrices. Celui qui chasse possède. En possédant, il peut avoir accès à la totalité de l'être possédé, y compris à son avenir. Mais si tout photographe est un chasseur, et si ne l'est pas n'importe quel dessinateur (pour chasser il faut capter la ressemblance, chose qu'oublient de nombreux et excellents dessinateurs), Picasso l'était de façon exacerbée. Et liée au désir. Le regard « fasciné et rapace » qu'il portait sur Dora à Boisgeloup n'était pas seulement celui d'un homme qui désire une femme. Le désir de l'amour et celui du dessin le submergeaient à la fois. La pauvre Marie-Thérèse l'a clairement dit dans sa conversation avec Pierre Cabanne : d'abord il violait la femme, et ensuite il la peignait. De même que la possession par le sexe, la possession par le dessin vient de ce que l'on pénètre le sens des lignes d'un visage, le schéma qui les régit, leur logique interne et leur désordre. Une fois qu'il a compris ce que contient ce visage, le dessinateur a une sensation de pouvoir. Il a soumis son modèle, il lui a ôté tout mystère, tout caractère dangereux, et, d'une certaine manière, il l'a tué. Les dessinateurs des cavernes le savaient bien. Si les modèles, amants ou maîtresses d'artistes plus modernes le savaient, jamais ils n'accepteraient de poser.

Aux alentours de 1940, Dora écrivit dans son journal quelques pages sauvées par une journaliste[2], qui permettent de regarder au-delà de son image. Picasso et elle se retrouvaient chaque jour pour le déjeuner et le dîner. Il l'appelait au téléphone et lui disait simplement : « Descendez. » A ce moment, Kazbek, le lévrier afghan, se levait, prêt à sortir. « C'est incroyable, commentait Picasso, j'appelle n'importe qui d'autre et il ne bouge pas. J'appelle Dora et on dirait qu'il la sent. » Et Dora obéissait, Dora descendait en courant à sa rencontre comme si elle aussi, assise sur ses pattes, attendait l'ordre du maître. Une obéissance que Picasso, convaincu de la « nature animale de la femme », n'a pas oublié de peindre : l'un des portraits de Dora la représente avec un museau de chien.

Voici donc quelques lignes de ce journal : « J'ai dit au revoir à mes amis et tout à coup, brusquement, je suis heureuse. Je retrouve la vieille excitation et tout ce que tu m'as donné. Et si riche, soudain. Je possède tout ce que tu m'as donné. Et la vieille exaltation de l'adolescence, que je croyais perdue à jamais, m'est revenue. Je suis comme ivre, et non de vin. J'ai un immense désir de travail. Et maintenant j'ai l'impression qu'enfin je sais aimer. Je peux passer toute ma vie sans le revoir et continuer à l'aimer. Je le vois avec clarté. Nos rendez-vous à l'heure des repas. Sa charité est ensorcelée, et je suis sa prisonnière[3]. »

« Enfin je sais aimer. » Bataille lui avait dit qu'elle ne savait pas. Et voilà qu'elle identifiait l'amour à la prison dans laquelle le « sorcier » l'enfermait, mais à l'intérieur de laquelle elle trouvait richesse et consolation : le privilège de partager la vie d'un homme unique, d'un artiste incomparable. Si un chien pouvait définir ce que lui donne son maître, peut-être emploierait-il le mot charité.

Par une après-midi d'avril 1937, Picasso promenait Kazbek dans le quartier de Saint-Germain-des-Prés lorsqu'il tomba sur Sabartés. La vieille querelle avait été oubliée et le peintre l'invita à son atelier de la rue des Grands-Augustins, que l'ami dépité ne connaissait pas encore. Sabartés, qui ne rêvait que de cela, eut la force de résister jusqu'à juillet. En novembre, il était définitivement installé dans le grenier décrit par Balzac. En décembre, le fidèle serviteur fut récompensé par un portrait où il apparaissait sous les traits de ce qu'il aurait le plus désiré être, hormis l'ombre de Picasso : un noble espagnol du temps de Philippe II. Dès lors, Dora se retrouva entre deux feux : Marie-Thérèse et Sabartés, ce dernier installé dans la maison comme le compagnon officiel de l'homme qu'elle-même ne pouvait voir que lorsqu'il l'appelait.

A présent, Sabartés ne partageait pas le sommeil de Picasso. Les deux respirations n'emplissaient pas l'air de la nuit. Mais chaque matin, le myope aux lunettes comme des culs de bouteille occupait la place refusée à Dora. Lorsque Picasso souffrit d'une sciatique qui l'immobilisa au lit, ce n'est pas Dora mais lui qui eut le privilège insigne de lui approcher ses pantoufles et son thé. N'ayant pas le droit de pénétrer librement en territoire sacré, attendant l'appel quotidien, jouissant le soir d'un temps limité dans ce lit où elle eut rarement l'heur de se réveiller, Dora s'inclinait devant l'exigence imposée d'une relation partagée en compartiments étanches. Les barreaux étaient plus qu'une prison pour l'enfermer : c'était aussi un enclos pour la tenir éloignée.

Elle, pendant ce temps, peignait. Ses derniers travaux photographiques avaient été accrochés à l'Exposition surréaliste internationale de Londres organisée de Paris par Breton et Eluard, et d'Angleterre par Herbert Read et Roland Penrose. Breton y prononça une conférence sur l'objet surréaliste, alors que deux mille personnes (vingt-cinq mille au total la visitèrent), parmi lesquelles T. S. Eliot, s'arrêtaient fascinées devant *Déjeuner avec peaux* de l'Allemande Meret Oppenheim. Dora y participa, enfin, avec son bébé monstre, le mystérieux *Ubu Roi*. Avant, en 1935, elle avait exposé *Le Simulateur* dans une autre exposition surréaliste, à Santa Cruz de Tenerife. Puis plus rien. Puis, la décision de couper court à une carrière brillante et en pleine évolution pour chercher dans la peinture le chemin que l'« appareil photo lucide », comme l'a appelé Roland Barthes, lui avait généreusement ouvert, mais que la peinture lui mégota pendant des années.

Pourtant, elle persévérait. Ses recherches de cette période, jusqu'en 1944, surprennent par leur obstination. Balbutiements semi-cubistes et pseudo-picassiens derrière lesquels apparaît l'humiliation de vouloir être quelqu'un à l'ombre du génie. Après s'être peinte elle-même en « femme qui pleure », Dora peignait à présent des femmes géométriques aux couleurs vives, presque toujours sans date et que nous situons dans le temps d'après leur style – pour donner à cela un nom, quel qu'il soit.

Il existe au contraire une série de portraits sombres, angoissants, assez réalistes, également sans date, mais qui appartiennent peut-être à la période de son éloignement de Picasso, après 1944, et qui indiquent le début de quelque chose qui sans être excellent est du moins personnel. L'un d'eux est le portrait d'Alice Toklas, l'amie de Gertrude Stein, l'auteur supposé de cette « autobiographie » d'une candeur délicieuse, écrite par sa robuste maîtresse. Le petit visage de renard apparaît sur un fond obscur, fait de coups de pinceau liquides, opposés à la pâte épaisse et très sèche des imitations précédentes et semblables à ceux du portrait de Georges Hugnet que m'a montré sa veuve, Myrtille. « Pas terrible », m'avait dit celle-ci en l'exposant à ma vue. Pas trop, en effet ; mais ce n'était déjà pas un mince mérite que pas une goutte de Picasso ne se fût glissée dans ses coulures.

1939 fut l'année de toutes les catastrophes. Le 13 janvier, la mère de Picasso s'éteignit. Le 26, Barcelone tomba aux mains des franquistes. Le 28 mars, ce fut le tour de Madrid. Parmi les réfugiés espagnols regroupés par les Français dans des camps de concentration se trouvaient deux neveux de Picasso, Javier et Fin Vilató, que leur oncle fit libérer et venir à Paris. Lorsque, début juillet, Picasso décida de partir pour Antibes avec Dora et Kazbek, suivi de Marcel qui apportait les valises et les toiles dans l'Hispano-Suiza, il interrompit ses visites quotidiennes à l'atelier de Vollard où il travaillait à une série de gravures destinées à illustrer ces poèmes dont Gertrude Stein avait une si piètre opinion.

Man Ray avait loué pour le couple un appartement au Palais Albert Ier. Ce fut une saison tranquille, de promenades, de danses sur la plage, au début seuls, puis en compagnie de Jacqueline Lamba qui, selon son mari délaissé, s'était déchargée sur lui du fardeau de leur fille pour ne pas renoncer à un voyage dans le Midi. Cette plainte de Breton, formulée devant Maurice Heine[4], renfermait-elle un soupçon concernant les relations du trio ? En tout cas, le sujet de la petite Aube serait toujours à l'origine de tous les conflits entre Breton et sa femme. Aube, qui peu après sa naissance avait été « abandonnée » par Jacqueline aux bons soins de Breton, furieux à Paris tandis que sa femme s'échappait à Ajaccio, en Corse ; Aube, qui à deux ans avait été confiée à André et Rose Masson tandis que ses parents faisaient un voyage au Mexique pour y rencontrer Trotski.

Un tableau de Picasso témoigne de ces vacances : *Pêche de nuit à Antibes*. D'un côté il y a la douceur de Dora et de Jacqueline près de leurs bicyclettes, léchant des cornets de glace. De l'autre, la férocité des pêcheurs qui lancent leurs filets dans une mer de ténèbres où les poissons s'agitent comme au fond d'un inconscient en proie aux turbulences. Une image sensuelle et féminine, une autre masculine, d'une sexualité explicite et brutale.

Pour Picasso, cet été-là, la mer ténébreuse gagna la partie. Le 22 juillet lui parvint la nouvelle du décès de Vollard. Le galeriste voyageait dans sa voiture, conduite par un chauffeur prénommé, comme le sien, Marcel, lorsqu'un brusque coup de frein entraîna la chute d'une statue de Maillol placée sur le siège, qui lui fractura le cou. Toutes les peurs superstitieuses de l'Espagnol remontèrent d'un coup à la surface. Sa mère, morte. Son ami, massacré sous le poids d'une femme de bronze, l'une de ces grosses femmes typiques du sculpteur, qu'il détestait. Ecrasé par une image féminine. La dégustation de glaces s'interrompit brusquement. Après l'enterrement, à Paris, le 28 juillet, Picasso partit avec Sabartés dans le Sud de la France pour assister à une corrida. Une virée entre hommes. Et tandis que Dora attendait, de nouveau à Antibes, seule, mystérieusement punie pour faire partie d'un univers de douceurs pouvant soudain devenir assassines, les deux amis poursuivaient leur promenade sur la côte, plus unis que jamais, Sabartés renforcé dans son rôle de rempart de Picasso face au danger fait femme. Une façon de plus de faire la sourde oreille à un autre danger immédiat : le 23 août, Hitler signa avec Staline le pacte de non-agression.

Revenons un peu en arrière, avant de nous plonger dans les années de guerre, pour relater deux rencontres qui eurent lieu en 1939. Des rencontres latino-américaines, l'une et l'autre caractérisées par la complicité, masculine dans un cas, féminine dans l'autre. Le 30 juin de cette année-là, Picasso eut la joie de parrainer la première exposition parisienne de Wilfredo Lam. Le peintre cubain avait alors trente-sept ans. Il avait vécu en Espagne et, arrivant à Paris, apportait à Picasso une missive du sculpteur Manuel Hugué, cet inoubliable Manolo des temps de privations, qui savait si bien dénicher quelques sous ou un peu de nourriture pour les artistes faméliques de la rue Ravignan.

Ce fut sans doute la nostalgie. Ce fut sans doute le fait qu'une partie de la famille de Picasso avait émigré à Cuba. Ou simplement que le peintre consacré, autrefois si compétitif, comme le prouve sa relation avec Juan Gris, et si redouté des autres peintres que ceux-ci cachaient leurs œuvres lorsqu'il faisait irruption dans leurs ateliers (un seul regard suffisait à Picasso pour comprendre la nouveauté plastique et se l'approprier, quoiqu'en la dépassant largement), était à un moment de sa carrière où il pouvait se permettre d'être généreux. Le fait est qu'il reçut le Cubain au teint mat, grand, mince, élégant, à l'attitude désinvolte, aux jambes aussi longues et fines que les troncs longs et fins des forêts qu'il peignait, avec une inhabituelle cordialité. « Nous devons être parents, lui dit-il à l'instant où il le vit. Je pense que tu as le même sang que moi, je pense que tu es mon cousin. »

La scène avait lieu rue des Grands-Augustins. En fin d'après-midi, Dora arriva. Cette fraternité entre les deux hommes dut la surprendre. Ce fut un moment de pur plaisir, celui de partager ce qu'ils aimaient tous trois, l'art, et de le dire dans la langue où cet amour sonnait le mieux, la leur. Un peu plus tard ils allèrent dans un petit restaurant de la rue Bonaparte. Wilfredo mangeait avec un désespoir que Picasso n'eut aucune peine à reconnaître. « Tu vois ce garçon ? dit-il à Dora, il est capable de manger le pied d'une table. » Et il le regarda avec affection. C'était la nostalgie, oui, de l'époque où il avait faim, quand tout devait encore advenir, se produire, être, avant que l'argent et la gloire ne viennent le remplir de culpabilité. La veillée se termina dans un cabaret de la rue Vavin où, malgré ses aigreurs d'estomac, celui qui ne buvait jamais but de trop.

La seconde rencontre est une « histoire de femmes », comme aurait dit la pauvre Nusch. Le voyage au Mexique de Breton et de Jacqueline Lamba avait eu lieu en avril 1938. Le couple avait logé dans la *Casa Azul*, la « Maison bleue » de Coyoacán, un quartier de Mexico, qui appartenait à Frida Kahlo et qui, aux dires de Jacqueline, était l'une des plus modernes de l'époque. Breton, enthousiasmé par l'œuvre de Frida et par son fascinant personnage, qui correspondait à l'idéal de la femme surréaliste, lui avait annoncé avec tambours et trompettes son intention de lui organiser une exposition à Paris. « Comme ça, je suis surréaliste ? Ravie de l'apprendre », s'était-elle étonnée avec une moue sarcastique, sans cacher sa méfiance vis-à-vis du pédant Français : « Le problème, avec M. Breton, c'est qu'il se prend très au sérieux. » Méfiance parallèle à celle qu'avait manifestée Trotski lorsque Breton avait volé les ex-voto d'une petite église indigène.

En revanche, Frida s'était très bien entendue avec Jacqueline, surtout par nécessité d'unir leurs forces face à la ségrégation. Rivera, Trotski et Breton se promenaient ensemble, parlant pendant des heures de choses d'hommes et apportant des solutions aux problèmes du monde tandis que les deux petites femmes semblaient se réfugier dans le leur, d'autant plus minuscule, jouant à des jeux surréalistes ou enfantins, s'occupant des repas, partageant des confidences sur leurs hommes, tous deux quelque peu ventripotents vus de loin, dans le jardin. Sans doute ceux-ci ont-ils entendu leurs éclats de rire dans leur dos.

Toujours est-il que Frida Kahlo arriva à Paris en janvier 1939, peu après la mort de la mère de Picasso, pour l'exposition promise. Ce fut un désastre absolu. Breton avait mélangé les tableaux de l'artiste avec cet artisanat mexicain bon marché, acquis de façon peu orthodoxe. Et pour comble, les Breton, qui l'hébergeaient dans leur maison de la rue Fontaine, lui faisaient partager une chambre avec la petite Aube. La Mexicaine habituée, dans sa grande maison lumineuse tout en cubes de verre, à frapper dans ses mains pour qu'accoure une armée de petites Indiennes prêtes à lui faire ses tresses, fut horrifiée. « Tu n'as pas idée de la crasse dans laquelle vivent ces gens – écrivit-elle dans une lettre que je cite de mémoire[5] – et de la nourriture qu'ils avalent. C'est incroyable. Je n'ai jamais rien vu de semblable de toute ma vie. » En conséquence de quoi elle contracta une infection des reins qui l'obligea à être hospitalisée.

André Schoeller, l'un des experts en art qui participèrent à la vente des tableaux et des objets de Picasso et de Dora, m'a montré le portrait que celle-ci fit de Frida sur son lit de malade. C'est un dessin à la plume, réalisé avec le trait sensible qui n'a pas besoin d'ombres pour obtenir des volumes. Frida, à moitié couverte par le drap, appuie sur l'oreiller sa tête couronnée de tresses noires et regarde. L'intensité de son regard suggère une complicité encore plus profonde qu'avec Mme Breton. Il se produisait ici la même chose que lors de la rencontre entre Picasso et Wilfredo Lam : Dora parlait sa langue. En ce moment d'extrême fragilité, converser avec une brune presque argentine, elle aussi coiffée de tresses noires, a dû la consoler de l'exposition ratée et de cette rue Fontaine qui empestait le biberon mal lavé. Mais en plus, Dora avait Picasso gravé entre les sourcils comme elle-même avait Rivera. Deux femmes artistes, toutes deux blessées, toutes deux obsédées par des hommes célèbres qu'elles considéraient comme géniaux. Plus de rires étouffés comme entre elle et Jacqueline. A présent, Frida a ôté son masque. C'est une malade du corps et de l'âme.

Le dessin de Dora permet d'imaginer une conversation à mi-voix, grave et rauque, une conversation entre sœurs. Si nous avions le droit de tendre l'oreille pour écouter ce qu'elles se disent, nous pénétrerions dans le secret de la soumission.

Frida. Elle n'a pas été enfermée par Rivera dans une chaise-prison, elle s'y est enfermée elle-même. C'est une chaise de femme paralysée qui la contraint à être dépendante. Mais sa douleur est active. Elle a elle-même forgé son image, à la fois agonisante et vivante. Elle peint des icônes religieuses qui la représentent, avec toutes les épines et les gouttes de sang. Ce n'est pas lui, le peintre, qui la triture, l'exalte, la détruit. Elle est là pour se charger de la tâche. Elle n'attend pas que Rivera l'appelle pour lui faire mal, elle devance son appel en peignant des objets magiques qui dépassent le mal. Chaque souffrance lui est utile pour continuer à s'inventer, à se recréer. Elle se pique elle-même sur la toile, tel un papillon. Frida se nourrit de Frida. Elle est sa mère et son vampire. Les infidélités de Diego deviennent la matière de sa peinture. Souffrir lui donne du plaisir, c'est clair, autrement elle ne le supporterait pas ; mais cela lui sert aussi à s'observer devant le miroir avec une lucidité accrue.

Dora. Plus paralysée que Frida, bien que ce ne soit pas ses douleurs physiques qui la clouent sur la chaise, elle est condamnée à se voir à travers d'autres yeux. Elle a trouvé judicieux de se repeindre en femme qui pleure, mais ce n'est pas elle qui a inventé cette grimace, ni ces larmes. Son image dépend totalement du peintre qui la détruit pour la regarder à l'intérieur. En l'éloignant de la photographie, Picasso lui a interdit de regarder les autres. Elle est enfermée dans ce que lui voit d'elle. Néanmoins, elle n'a pas baissé les bras. Elle peint. Elle cherche péniblement en elle, pour le moment sans succès, la stimulation que lui donnait autrefois la richesse du monde. Mais elle jouit. Il n'y a pas d'extase érotique approchant celle qui consiste à attendre près du téléphone l'ordre quotidien : « Descendez. » Il n'y a pas de ravissement semblable à celui de s'annuler pour un homme, cet homme. Elle ne connaît rien d'autre que commander ou obéir. Elle a humilié Bataille, Yves Tanguy, rêvant obscurément de rencontrer le maître qui réussirait à l'humilier. Elle l'a amplement trouvé. Elle a déposé sa liberté dans les meilleures mains, les plus admirables, les plus cruelles. Son triomphe ne consiste pas à peindre sa douleur convertie en objet de culte, mais à se soumettre au vertige de la disparition. Pour elle, se regarder dans le miroir, c'est vérifier qu'elle n'y est pas.

La guerre, dont les premiers signes surprirent Picasso et Dora à Antibes, achèverait le travail de destruction. Comme l'a justement fait remarquer Marie-Thérèse, pour Picasso Dora a représenté les bombardements, le rationnement, l'Occupation. Tout ce qu'à ses yeux on semblait faire exprès contre lui, comme si les armées s'affrontaient pour l'empêcher de peindre en toute tranquillité. De là à identifier magiquement la femme orageuse à la guerre mondiale, comme il l'avait déjà fait avec la guerre civile, il n'y avait qu'un pas.

Ils quittèrent la Côte d'Azur comme on dit adieu à la vie. Ils ne la reverraient pas avant des années. Jusqu'au dernier moment Picasso refusa d'accepter la réalité : des soldats au lieu de touristes. Ils arrivèrent à Paris où personne ne parlait d'autre chose que de conflit armé. Eluard mobilisé. Eluard ! Le consolateur sinueux, le *partouzard** ambigu, avait moins peur que l'envahisseur vertical. Picasso passa son temps à rassembler ses œuvres dans des caisses. Il allait de la rue La Boétie à celle des Grands-Augustins, sortait des tableaux, les regardait, les rangeait à nouveau. Il tournait en rond, doutait, son équilibre brisé. Il avait déjà dit ce qu'il avait à dire dans *Guernica*. Un créateur exprime ses émotions en se confrontant à un thème, mais lorsqu'il achève son œuvre le thème est épuisé. Mort, ou dépassé, en tout cas pressé jusqu'à la dernière goutte.

En exprimant tout sur le nazisme avec son taureau sublime et son cheval étripé, Picasso en avait terminé avec lui, de même qu'en peignant Dora il en finissait peu à peu avec elle. Que venaient faire ici ces nazis se comportant comme s'ils existaient encore ?

Qui en dehors de Dora a pu glisser à son oreille le nom de Royan, la station balnéaire de son adolescence ? Royan était l'endroit idéal pour se cacher de tous ces gens qui voulaient encore tuer et mourir, ignorant que Picasso les avait annihilés dans *Guernica*. C'était aussi l'endroit parfait pour rester en tête à tête avec lui. Lorsqu'elle s'éveilla de son rêve elle était à l'Hôtel du Tigre, à Royan, souriant à peine en entendant Picasso l'appeler l'Hôtel *de le* Tigre. Il y avait du désespoir dans son demi-sourire.

Le lendemain de leur arrivée, la guerre avait été déclarée. Il fallait s'y attendre. Ce à quoi elle ne s'était pas attendue, c'était la présence de Marie-Thérèse et de la petite Maya, qui avait alors quatre ans, dans un village voisin, Joncs. Sa maison s'appelait la villa Gerbier. A l'autre revenaient toujours des lieux champêtres.

D'après Maya, Dora apprit son existence en arrivant à Royan. Elle est la seule à l'affirmer. Les autres témoins de l'histoire disent que Dora savait. Mais en outre, si l'on en croit Maya, ce fut à Royan que Dora eut la certitude qu'elle ne pourrait jamais rivaliser en tant que mère avec Olga et Marie-Thérèse. C'est là que fut confirmée sa stérilité. Picasso n'aurait pas refusé d'avoir des enfants avec elle : un sultan peut avoir tous les enfants qu'il veut, et avec autant de femmes qu'il le désire. Faire des enfants à une femme signifiait la posséder encore davantage. Quand on lui demandait pourquoi elle n'en avait pas eu, Dora répondait toujours avec dignité, sa mâchoire bien de face : « Il n'eût pas été très noble d'essayer de le retenir par ce moyen. » Il n'est pas improbable que, si elle l'avait pu, elle eût décidé de mettre de côté sa noblesse, comme elle l'avait fait en se battant à poings nus avec Marie-

Thérèse. Mais il ne l'est pas non plus que son corps lui ait dit non. Le sien ne semblait pas soumis. A l'instar d'une danseuse de tango, elle conservait son orgueil dans sa façon de se tenir debout et de relever la tête, autrement dit dans son corps. Le ventre a des raisons que la raison ignore.

Ecoutons à présent Maya, sa rivale, sa véritable rivale, qui m'a confié : « Chaque après-midi, mon père quittait Dora pour venir danser avec moi. Oui, danser. Nous allions dans un bar où l'on jouait du jazz, et je dansais debout sur ses chaussures. Imaginez ce que cela a dû être pour cette pauvre malheureuse, que son amant la trahisse avec une petite fille ? » Pauvre et malheureuse sont les adjectifs que suggère Dora à Marie-Thérèse dans son entretien avec Cabanne. Maya a hérité de sa peine pour une rivale digne de sentiments plus forts qu'une pitié douteuse.

Dans son abandon à l'Hôtel du Tigre, Dora continuait à peindre : que faire d'autre ? Elle peignait par obstination, par vocation, pour prouver à Picasso sa supériorité sur l'autre, et pour ne pas mourir. Elle n'avait plus besoin de s'approcher du Tremblay pour imaginer la famille heureuse (si différente de l'autre, celle des vacances) derrière les murs. Elle la rencontrait dans la rue. Les habitants de Royan commencèrent par être surpris – parfois ils voyaient le célèbre peintre avec une brune hautaine, extravagante et peu sympathique, d'autres fois avec une blonde affable et toute simple – qui de surcroît était maman –, et ils finirent par prendre parti. Pas seulement parce que la petite fille, blonde comme sa mère, était attendrissante, mais aussi parce que dans l'imagination populaire, et comme cela se passait avec Jaime Sabartés, la blonde était la gentille et la brune, la méchante. Il en a toujours été ainsi dans tous les contes de fées, et il en sera toujours ainsi.

Une autre femme partage, aujourd'hui encore, ce point de vue : Inés Sassier, la petite bonne de Mougins que Picasso et Dora avaient ramenée à Paris, rue des

Grands-Augustins, et qui garda son poste pendant des années grâce à une qualité précieuse, la discrétion. Quand je l'appelai au téléphone, de Mougins, elle refusa de me voir (tant de personnes l'avaient déjà sollicitée, elle était si fatiguée et, de plus, elle devait tant de fidélité à la mémoire de M. Picasso), mais pas de parler. « Ce n'est pas que Madame Dora n'ait pas été gentille – la double négation n'augurait rien de bon –, c'est que le grand amour de Monsieur Picasso a été Marie-Thérèse. Il était fou d'elle et de la petite. – Et que faisait Marie-Thérèse pendant que Picasso était avec Dora ? – Elle se promenait, elle aimait prendre l'air. »

Pauvre Dora, en effet : la voix du peuple ne la couronnait pas reine. Pis encore, l'endroit où elle avait conduit son homme pour le ronger en paix, comme un chien son os, avait été le sien. C'était sa famille à elle qui était originaire de la région, pas celle de Marie-Thérèse, moitié normande et moitié suédoise. Mais sur la terre natale de sa mère on ne la reconnaissait pas. La dame étrusque l'était toujours, ici comme à Paris ou Buenos Aires ; comme si être étrangère dans un pays supposait qu'on le fût dans tous.

En janvier 1940, Picasso décida de se chercher un territoire neutre. Qui ne soit ni de Dora ni de Marie-Thérèse, ni bien sûr d'Olga, à qui il rendait pourtant visite lorsqu'il revenait à Paris. Neutre voulait dire : d'hommes. De Sabartés et de lui. L'accès en était interdit à la brune comme à la blonde. Le studio était situé au troisième étage d'une villa appelée Les Voiliers. Depuis les grandes baies vitrées on voyait la mer, le phare, les petits bateaux. Le tout fort beau, fort propre, comme prêt à être peint par la propriétaire de la maison, Andrée Rolland, délicate aquarelliste et auteur d'un petit livre débordant d'anecdotes sur la rivalité opposant Dora et Marie-Thérèse. Mais plus que la vue sur la mer, excellente « pour quelqu'un qui se croit peintre », comme il le disait lui-même, ce qui plaisait à Picasso, c'était de passer des après-midi entières avec Sabartés à remuer des vieilleries chez un chiffonnier qui vendait des robinets oxydés ou des lampes cassées. La fascination de Picasso pour les marchés aux puces lui servait pour assembler des morceaux de fer qui deviendraient des sculptures ; la même fascination permettait à Breton de recevoir des messages de son inconscient. Mais le côté pratique de l'un et le côté rêveur de l'autre étaient reliés par le même fil.

Un fil qui reliait aussi leurs histoires. Et leurs femmes. Un fil tordu. A Royan se réfugièrent, pour passer la guerre, Marie-Louise Blondin, surnommée Malou, la première femme de Jacques Lacan, que celui-ci avait quittée pour Sylvia Maklès, la première femme de Bataille. Malou était enceinte, et c'est à Royan qu'elle apprit l'existence de Sylvia, comme Dora avait appris celle de Marie-Thérèse – ou du moins son importance dans la vie de Picasso. Il y avait en outre l'immanquable Jacqueline Lamba. Une fois de plus, on était en famille. Comme Jacqueline était avec la petite Aube, du même âge que la petite Maya, Picasso eut la bonne idée de lui présenter Marie-Thérèse afin que les deux blondes, par ailleurs très semblables entre elles, fissent bon ménage tandis que les fillettes jouaient. Aussitôt dit, aussitôt fait, la rencontre eut lieu, et bientôt le village de Royan assista aux promenades des mamans avec leurs fillettes aux grands rubans sur la tête, avec leurs robes courtes à manches bouffantes. De l'Hôtel du Tigre, Dora regardait par la fenêtre. La nudité de Jacqueline sur les photographies des jeux de rôles lui avait fait moins mal.

S'il est difficile de comprendre les raisons pour lesquelles son amie, devenue Mme Breton grâce aux conseils de Dora, venait systématiquement se mettre au milieu du couple, il ne l'est pas moins de saisir l'intention de Picasso en manipulant l'une pour la rapprocher de l'autre au nez d'une troisième. Dans ce sens, ma conversation avec le Dr Nasio, le célèbre psychanalyste argentin installé à Paris, a mis au jour des résultats contradictoires. « La sexualité masculine, m'a expliqué le docteur, est plus simple qu'on ne le croit. Et Picasso n'avait pas le temps de s'amuser à manœuvrer avec la subtilité perverse que vous lui attribuez. Faire souffrir ne l'intéressait pas, c'est l'effet plastique qui l'intéressait. Sa principale préoccupation, ce n'était pas les femmes mais son travail. Il n'avait pas le temps de penser à elles. Peignait-il l'une avec la même couronne de fleurs qu'il avait utilisée pour peindre l'autre ? Ce n'étaient pas des attitudes préméditées, elles venaient ainsi, il les inventait sur l'instant. La femme prémédite, l'homme non. »

Je laisse au lecteur le soin d'apprécier cette théorie d'un Picasso non machiavélique, plutôt noble et grossier, à la sexualité primaire. Un Picasso papa, qui en voyant une petite fille blonde avec sa maman blonde a pensé réunir ce petit monde blond pour le voir folâtrer de concert. Un Picasso inconscient de l'effet que cette amitié entre mères, l'une son amie, l'autre sa rivale, pouvait provoquer chez une femme qui venait d'apprendre qu'elle était stérile et qui ne folâtrait avec personne. Exclue pour être étrangère et pour être inféconde. Fille unique, aride, seule. Un enfant lui aurait donné une carte d'identité. La maternité guérit l'extranéité. Celle de Dora était incurable. La fenêtre de l'Hôtel du Tigre où elle-même faisait taire ses propres rugissements ressemblait trop à celle de Buenos Aires, à la différence près que l'œil était maintenant le sien, ouvert et sans cils derrière le rideau tandis que la vie s'écoulait à l'extérieur.

En réalité, Picasso avait de l'énergie à revendre et du temps pour tout. Pour créer sur la toile ou sur la pierre, mais aussi sur la chair tiède. Ses femmes étaient des œuvres. Il se comportait avec elles comme un metteur en scène. Ou comme Dieu, dont l'addiction aux effets théâtraux est publique et notoire. Le sculpteur espagnol Fenosa ne l'avait-il pas entendu murmurer : « Je suis Dieu, je suis Dieu[6] » ? Les jeux de rôles qu'il avait tant appréciés à Mougins, et dont il avait tenu à garder un témoignage photographique, n'étaient qu'un aspect de cette activité. Il distribuait les rôles : Dora l'accompagnait dans ses sorties, Marie-Thérèse était son jardin secret. Il était impensable d'apparaître au Café de Flore avec la blonde à la bouche en cœur (dont l'une des phrases avait atteint une certaine notoriété ; en voyant arriver Picasso elle lui disait : « Je parie que tu étais encore en train de peindre »). En revanche, Picasso se montrait fier de l'intelligence de Dora, et il passait son temps à la citer : « Dora a dit ceci », « C'est une idée de Dora ». Aussi, dans ses voyages à Paris, emmenait-il la femme montrable contre laquelle il s'acharnait en privé et dans ses peintures. Quand les Allemands entrèrent à Royan, Picasso peignit Dora nue en *Femme qui se peigne*, sorte de gros squelette aux pieds énormes qui évoque une bête obscènement ouverte, dépliée dans une position coquette qui la ridiculise, mais où subsistent deux traits de beauté pathétiques : une bouche féminine peinte en rouge et de beaux yeux affligés.

La théâtralisation se poursuivit dans Paris occupé, où ils revinrent au cours de l'été 1941. Les rôles du voyage de retour furent distribués de la façon suivante : Picasso quitterait Royan dans son Hispano-Suiza avec Sabartés, Dora les suivrait en train, Marie-Thérèse resterait quelque temps avec sa fille dans la station balnéaire (entièrement détruite par un bombardement en 1945). La voiture était certes pleine de tableaux. Il ne restait de place que pour deux voyageurs, outre le chauffeur. Mais pourquoi choisir le Catalan myope comme une taupe ? Pourquoi exposer une femme seule, portant un nom suspect, aux dangers d'un pays en guerre, l'un d'eux étant justement les contrôles d'identité à bord des trains ? La décision de Picasso a quelque chose de celle de Bataille lorsqu'il refusa d'accompagner Sylvia Maklès, qui avait peur de voyager en train parce que son nom ne se contentait pas de paraître juif. Le distributeur de rôles laissait à nu, abandonnait. Expulsée de ce symbole de maison qu'était l'Hispano-Suiza, de nouveau étrangère avec sa valise à la main et son foulard sur la tête, comme sur le célèbre dessin des débuts de leur liaison où une timide immigrante toquait à la porte de la cabane du dieu, Dora se voyait reléguée dans un voyage solitaire qui la renvoyait à cet autre de 1936, lorsqu'elle s'en fut à Mougins la première fois, pour y rencontrer Picasso. A la différence près qu'elle était alors pleine d'espoir, tandis qu'elle revenait maintenant avec la conscience d'être, comme dans une autre pièce de théâtre elle aussi espagnole, *Yerma*[7], stérile.

Dans cet acte de la représentation, le plus mauvais rôle revint toutefois à sa rivale. A Paris, Dora reprit sa vie quotidienne rue de Savoie. Une vie fastidieuse et pesante, aggravée par les plaintes de sa mère face aux problèmes d'approvisionnement, que le père ne contribua jamais à résoudre – avec un courage suspect, Joseph Markovitch les avait lui aussi plantées là en pleine guerre, pour fuir à Buenos Aires –, mais avec un avantage : la maison. L'architecte avait au moins fait cela, la laisser sous un toit. Marie-Thérèse, quant à elle, n'avait d'autre famille que sa mère, une petite femme replète et tolérante qui n'avait pas protesté le moins du monde quand sa fille, à dix-sept ans, était partie avec Picasso.

Quelque temps après le retour de son amant et de Dora, Marie-Thérèse rentra à son tour. Elle avait passé de mauvais moments, seule à Royan avec sa fille, à essayer de convaincre la propriétaire des Voiliers, et de se convaincre elle-même, que la femme de Picasso, c'était elle. Mais contrairement à Dora, Marie-Thérèse ne savait pas où aller. Il n'y avait plus de ferme aux murs transparents pour la jalousie de Dora. Il y avait longtemps que les Allemands étaient entrés au Tremblay. Aussi se chercha-t-elle un appartement à Paris ; elle en trouva deux, l'un dans la rue des Grands-Augustins, tout de suite, juste en face. Mais Picasso lui ordonna : « Prends l'autre », et elle obéit sans poser de questions.

Il avait ses raisons, bien sûr. Les rencontres à trois dans le même quartier auraient arraché des étincelles aux pavés. Il n'est cependant pas certain que l'intention de Picasso ait été de les éviter. En donnant l'ordre à Marie-Thérèse de s'installer loin de lui, en pleine Occupation et avec la fillette – ce qui l'obligeait à prendre le métro pour se rendre rue des Grands-Augustins chercher le charbon que Picasso se procurait au marché noir –, il ne donna aucun argument. Ce qu'il fit, c'est exercer son pouvoir. L'histoire suivante prouve que son travail de metteur en scène avait peu à voir avec un discours raisonnable, et moins encore avec une tentative d'épargner des souffrances à ses deux actrices.

En règle générale, il rendait visite à Marie-Thérèse et à Maya le jeudi et le dimanche dans l'appartement du boulevard Henri-IV qu'il avait ordonné de louer. Pour Marie-Thérèse, ces visites représentaient toute sa vie. Même sa fille n'avait pas le droit de pénétrer dans la bulle heureuse que Picasso créait autour d'elle. Mais cette bulle, uniquement concevable dans un isolement pareil à celui de la folie, résistait à condition que rien ni personne de l'extérieur ne vînt la toucher du doigt. Picasso, créateur de la prison paradisiaque où il avait enfermé Marie-Thérèse afin qu'elle ne grandît jamais, en lui donnant une petite compagne de jeux et en l'entretenant dans l'illusion d'être l'éternelle créature de dix-sept ans, le savait fort bien. Et c'est justement parce qu'il le savait qu'il recommandait à Dora de l'appeler le jeudi et le dimanche, chez Marie-Thérèse. Pour cette raison : pour que la sonnerie du téléphone déchire la fragile surface chatoyante qu'il avait lui-même déployée autour d'elle. « Qui est-ce ? » demandait la proie en tombant dans le piège, donnant à son geôlier l'occasion de répondre, triomphant : « L'ambassadeur d'Argentine ». Triomphant, c'est-à-dire en jouissant : le plaisir du « pervers narcissique » n'est pas dans l'amour mais dans la victoire. Dans ses notes privées, trouvées après sa mort, Dora avait écrit en pensant à lui : « Un prince injuste hait l'amour ».

Il ne fait pas de doute que l'infortuné ambassadeur aurait bien troqué son poste diplomatique contre un dimanche avec Picasso. L'ordre de déranger Marie-Thérèse dans sa bulle lui apportait à son tour un certain triomphe dérisoire. Mais pas un triomphe de femme. Picasso ne disait pas « l'ambassadrice ». Et certainement pas pour éviter à l'autre le pincement de jalousie, mais pour se moquer de la morgue de la femme vaincue qui persistait à relever la tête ; de cette sorte de virilité qui s'insinuait déjà dans l'allure de Dora, pour compenser l'humiliation (le docteur Nasio a observé avec justesse qu'au fil des années la fille unique prend peu à peu les traits du père, en se tenant debout comme lui, les deux jambes fermement appuyées sur le sol, sans plier la hanche ou le genou ni pencher la tête, d'une manière presque militaire), à mesure qu'elle comprenait ce que l'autre ne comprenait pas encore : qu'à court ou moyen terme elles étaient toutes deux condamnées. Qu'il commençait à se lasser du jeu consistant à les opposer. Trop facile. Si la victime ne cille même plus, qu'est-ce que ça a de drôle ?

Peut-être Marie-Thérèse y avait-elle pensé, malgré tout, à sa manière, et s'était-elle dit que la seule issue était de réagir. Quand Picasso lui fit présent d'une robe de Dora, la petite blonde se fâcha. Elle l'appela au téléphone. Il n'était pas là. Elle se précipita chez Dora, rue de Savoie. Picasso, caché, écouta la discussion entre les deux femmes. Un peu plus tard, Marie-Thérèse se présenta chez Picasso, prête à jouer le tout pour le tout. « Tu m'as toujours promis le mariage, lui dit-elle. Pourquoi ne tiens-tu pas ta promesse[8] ? »

A cet instant, Dora arriva.

Elle semblait convoquée, comme l'autre, par la volonté du metteur en scène. Lequel a dû se sentir plus omnipotent que jamais. Il pouvait même attirer les personnages comme il lui plaisait, les faire apparaître et disparaître. Un simple mauvais tour – l'envoi d'une robe – pouvait déchaîner cette scène magnifique. En voyant Marie-Thérèse, épuisée et dégonflée après avoir prononcé les mots qu'elle avait depuis si longtemps en travers de la gorge, Dora perdit la face. Définitivement, dans la peinture de Picasso comme dans sa vie. Elle aussi bégaya, comme la blonde, les mots exacts qu'elle n'aurait pas dû dire : « Mais c'est moi que tu aimes ! » Picasso n'avait nul besoin qu'on lui soufflât la réplique. « Dora Maar, répondit-il, tu sais que la seule femme que j'aime, c'est Marie-Thérèse Walter. » « Eh bien, vous l'avez entendu ? » demanda Marie-Thérèse, dont la voix laissait percer des accents populaires que sa timidité dissimulait, mais que sa victoire inespérée laissait affleurer. « Allez-vous-en d'ici », ajouta-t-elle.

Dora se savait supérieure à cette petite sotte de banlieue. Sa dignité aurait dû l'emporter sur sa rage, et cela aussi elle le savait. Si elle avait quitté les lieux sans dire un mot, du moins aurait-elle réussi à dérouter. Mais il ne s'agissait pas d'un monologue, il s'agissait d'une pièce à trois personnages, écrite à l'avance. Elle n'était pas seule. Elle était avec un manipulateur qui lui dictait ses réactions, et avec une femme d'une autre classe, d'un autre milieu, le premier les mettant toutes deux à égalité, par le bas. Sa réponse n'eut pas l'air de provenir d'elle. Une personne plus vulgaire qui l'habitait, qui faisait les délices de Picasso parce qu'elle démentait enfin ses airs de princesse, la rabaissant au niveau de l'autre, répondit à sa place. Et non seulement elle ne partit pas quand l'élue présumée lui intima de le faire, mais elle se laissa traîner jusqu'à la porte par une Marie-Thérèse enragée qui jouissait, la pauvre, de sa minute de gloire.

Brève. Et pathétique. Dora sortit par une porte, Marie-Thérèse par l'autre avec un sac de charbon, son seul trophée. Non, il n'y aurait pas de mariage. Il y aurait ce que le patron voudrait lui donner : les jeudis, les dimanches et une promesse jamais tenue. Quand la mèche dorée s'agita en partant, Picasso appela Dora. Il savait doser les effets pour éviter que la souffrance ne la poussât à fuir sans sa permission, la couvrir de mots tendres, caresser son nom, l'endormir jusqu'au prochain coup de dent. Le spectacle devait continuer.

Toute la vérité était-elle celle-ci ? Les dessins, les livres dédicacés pour elle par Picasso et trouvés dans l'appartement de la rue de Savoie permettent de se faire une idée de la tendresse que Picasso était capable de donner, et qui justifie les paroles de Dora : « Mais c'est moi que tu aimes ! » Il est évident qu'un simple rustre indifférent n'aurait pu susciter de si grandes passions. Si malgré tout Dora pouvait imaginer être aimée, c'était parce que Picasso avait su créer une autre bulle pour elle, aussi différente de celle de Marie-Thérèse que l'étaient les deux femmes. Choisir des types différents signifiait aussi inventer des attitudes chaque fois différentes. Il n'aurait pu apaiser Dora d'une simple tape, ni lui dire : « Tu es mon seul amour », comme il l'écrivait presque chaque jour à la blonde. Elle, elle avait besoin d'une autre nourriture, qu'il gardait aussi dans son magasin de fantaisies.

Le 14 février 1938, Picasso écrit vingt et une fois au crayon bleu le nom de Dora au dos d'une carte. Le 1er mars 1940, il lui dédicace *Le Repas*, un conte surréaliste écrit à Royan et en français – qui commence ainsi : « Le drap se lève du lit et immédiatement ses roues en riant à gorge déployée déchirent en lambeaux[9]... » –, avec les mots, écrits en majuscules,

ADORA. Sur un petit papier avec des lettres de couleur où il lui transmet un message d'Eluard il ajoute : « Je t'envoie ces mots et l'expression de mes sentiments ardents les plus caressants adorée. » Et il y a les très célèbres « carnets de Royan », où l'image féminine répétée jusqu'à l'obsession n'est pas Marie-Thérèse. C'est Dora, Dora brune avec ses aisselles noires et son sexe sombre, Dora, jusqu'à l'obsession.

Dans cette même collection d'objets de culte gardés par la vieille recluse figure un livre de Buffon. Ecoutons Pierre Cabanne : « Janvier 1943, Picasso se rend un dimanche matin, fait extraordinaire, chez Dora Maar, rue de Savoie, pour lui remettre un exemplaire de l'*Histoire naturelle* de Buffon entreprise quelques années plus tôt par Vollard et achevée par l'éditeur Fabiani. [...] Pablo, chez Dora, s'assoit à une table, jette un regard circulaire sur les tableaux de son amie accrochés autour de lui, et sur les bêtes fabuleuses qu'il a imaginées, à même les murs, à partir des taches de peinture que celle-ci a faites en peignant. Sur l'exemplaire ouvert sous ses yeux il se met à dessiner, avec une incroyable rapidité, des têtes de héros antiques et toutes sortes d'animaux familiers. Quand une page entièrement blanche se présente il la couvre sur toute sa surface d'un dessin, un visage le plus souvent mi-réaliste, mi-inventé. Sur le frontispice, il représente Dora en oiseau et signe sur la page en regard où il écrit en catalan ce calembour : *Per Dora Maar tan rebufon* [Pour Dora si charmante (*bufon*). Le *re* est un superlatif. Mais *rebufant* en catalan signifie aussi emporté, frémissant de colère]. Puis il ajoute ici et là un crâne entouré de squelettes et de serpents, des têtes hurlantes, le squelette d'un oiseau battant des ailes [10]. »

Ce texte contient plusieurs sous-entendus. Le « fait extraordinaire », c'est que Picasso ait rendu visite à Dora le jour sacré dédié à Marie-Thérèse. Les « bêtes fabuleuses » dessinées sur les murs étaient en réalité des insectes, surtout des araignées, bestioles aussi

« kafkaïennes » pour lui que l'était son amie. Et les métamorphoses continuent : les visages mythologiques deviennent des crânes, l'oiseau-Dora est remplacé par un oiseau squelette. Quant à la dédicace, le terme *rebufon* contient du miel et du fiel, bien que soit excessive l'interprétation de Cabanne concernant son aspect colérique. En réalité, *rebufon* veut dire amusant, et même comique. Et elle l'était. Le critique d'art Jean Leymarie m'a raconté que Picasso lui avait confié : « Jamais je n'ai autant ri dans ma vie qu'avec Dora. » Il est certain que la formulation de la phrase permet de la lire de deux façons : « rire avec Dora » ou « rire d'elle ».

Cette scène où il lui fait don du livre a, en effet, un caractère solennel, d'événement « extraordinaire ». Pour une fois, Picasso consacre à Dora son dimanche, il lui signe l'exemplaire et l'illustre, sachant ce que cela représente en espèces sonnantes et trébuchantes, et il lui dit qu'elle est amusante. Tout cela fait penser à quelqu'un disposé à rester en bons termes. Mais le démon guette et l'agression se déchaîne sans que ce même homme qui est venu offrir un cadeau de prix, pour payer qui sait quelle dette, puisse éviter les squelettes, les crânes, les épines.

Est-ce encore par amour ou déjà par pitié que sur cet exemplaire de l'*Histoire naturelle* Picasso redonne à Dora les traits mythologiques de la femme-oiseau dont il l'a déjà parée en 1936, et, surtout, les cils d'étoile ? Il suffit de jeter un coup d'œil au portrait peint quelques mois plus tôt, le 9 octobre 1942, pour comprendre que la véritable image de la Dora qui le reçoit dans son appartement pour prendre le cadeau, les mains tremblantes de gratitude, n'est pas la Dora mythologique. Ce portrait que Picasso a peint sur un dessin de Dora fait par Cocteau la reflète sans ornements ni destructions, avec une sorte de pitié objective et dénuée de passion. Parmi toutes les constatations de Picasso, celle-ci est la plus lucide, la plus définitive.

Sa facture presque réaliste accroît l'impression de se trouver devant un portrait final. Dora n'apparaît ni comme une diva folle avec un chapeau absurde, ni comme un crâne avec un reste d'œil et de dent, ni comme une femme prisonnière de la corde qui la constitue, ni même comme un chien. Elle porte un corsage à rayures verticales noires et rouges avec des manches courtes et un pitoyable petit col en dentelle que, d'après Picasso lui-même, elle n'a jamais porté, et qu'il mit beaucoup de temps à peindre. Cette confession intéresse davantage encore dans la mesure où le chemisier inventé représente ce que Picasso pensait de Dora à ce moment-là. Un corsage de pauvre petite bonne qui s'habille pour sortir, ou peut-être de malade, de pensionnaire d'un asile qui a essayé de se faire belle pour la photo. Les cheveux noirs et vigoureux qui lui tombent jusqu'aux épaules accentuent sa rusticité en lui dévorant la moitié de la tempe (rappelons-nous que Dora a le front étroit et le cou ramassé), et elle est peignée avec un soin déchirant qui évoque une tentative de correction : l'attitude d'une folle qui essaie de cacher ses crises sous un aspect soigné de gentille fille. Entre les sourcils s'insinue à peine l'entaille qu'il a d'autres fois exagérée jusqu'à diviser le front en deux. Maintenant, ce n'est plus la peine d'exagérer. Les dés sont jetés. Le peintre peut se permettre de suggérer avec peine ce qu'en plein travail de démolition il marquait avec rage. La partie inférieure du visage conserve sa beauté et sa force : le nez continue à respirer avec ardeur par ses larges orifices soulignés de rouge, la bouche n'a pas perdu ses formes pleines. Les yeux, en revanche, plus nus que jamais, sont fixement posés sur un point. Des yeux qui ont l'air de se demander pourquoi.

La mère de Dora mourut alors que Picasso peignait ce portrait. Un soir, Dora l'appela au téléphone de l'appartement de Picasso. Entre les deux éclata une féroce discussion, pas différente de bien d'autres. Peut-être sa mère lui reprochait-elle de la laisser seule, de mal se conduire. Soudain elle se tut. Elle ne semblait pas avoir coupé la communication, mais sa voix ne revint pas. A cause du couvre-feu, Dora ne pouvait sortir pour aller voir ce qui se passait. Lorsqu'elle y alla, le matin, elle la trouva par terre, morte, le téléphone à la main.

Deux ans plus tard, en 1944, ce fut le tour de Max Jacob. Les Allemands l'avaient arrêté à Saint-Benoît et interné au centre de détention de Drancy. Parce qu'il était juif. Max tomba malade. Plusieurs amis demandèrent à Picasso, dont les relations avec l'occupant étaient loin d'être mauvaises, d'intercéder en sa faveur. Toute la résistance antinazie qu'on lui connaît s'est en effet limitée à l'anecdote connue où un Allemand lui demande, en regardant *Guernica*, si c'est lui qui a fait cela ; à quoi Picasso répondit : « Non, c'est vous qui l'avez fait. » Une anecdote que Picasso raconta lui-même à des amis, ne tarissant pas d'éloges sur son propre esprit, pour ne pas dire sur son héroïsme, et que Simone Signoret transcrit dans ses mémoires, indignée par les fanfaronnades d'un Picasso qu'elle ne se prive pas de traiter de « charlatan ».

Ce qui est certain, c'est que Picasso ne fit rien pour venir en aide à Max. Cocteau avait rédigé une pétition adressée à Von Rose, conseiller de l'ambassadeur Otto Abetz, auquel il faisait toujours appel pour sauver Picasso de ses problèmes avec la police nazie, jamais politiques, seulement alimentaires ou financiers : un repas dans un restaurant du marché noir, une contrebande d'argent. Picasso était intouchable. Et pourtant il n'a pas signé la pétition. « Ce petit diable sait très bien se débrouiller », a-t-il dit. Peut-être avait-il décidé de perpétuer une vieille particularité personnelle, à laquelle Françoise Gilot fait allusion dans son livre : « Max Jacob m'a un jour demandé pourquoi j'étais si aimable avec les personnes qui m'importaient peu, et si dur avec mes proches. Je lui ai répondu que ma bonté était une forme d'indifférence ; en ce qui concerne mes amis, je les voulais parfaits, aussi je leur faisais toujours des critiques et voulais les mettre à l'épreuve de temps en temps, pour m'assurer que nos liens étaient aussi solides qu'ils devaient l'être [11]. »

D'après ce que Dora a raconté au téléphone à Hélène Seckel, conservatrice du musée Picasso, en 1992 et en 1994, la messe à la mémoire de Max devait avoir lieu le 18 mars, à Saint-Roch. Mais ils se trompèrent de date. Ce n'était pas le 18 mais le 21. On aurait dit que le « petit diable » mettait la queue pour désorienter ses amis.

Le 21, donc, tous y étaient : Eluard avec Nusch, Derain, Salmon, Braque, Reverdy, Paulhan, Queneau, Mauriac. Et Picasso avec Dora, tout en noir, le teint plus pâle et le regard plus fixe que jamais. Une Dora commotionnée par la disparition de l'être spirituel qu'elle mentionna comme précédent ou modèle lorsque, des années plus tard, elle dit à Picasso qu'elle s'était convertie au catholicisme.

Cela faisait beaucoup de morts pour elle. Sa mère l'avait chargée d'un remords inextinguible. Elle affrontait le désamour de Picasso : en mai 1943, il avait rencontré Françoise Gilot. Et le souvenir de Max, de sa joie – en ce 1er janvier 1937 où Picasso avait décidé d'aller le voir à l'improviste –, ne la quittait plus. Le peintre célèbre était arrivé à Saint-Benoît tel un dieu qui dispense le bonheur. Max était rayonnant et avait insisté pour montrer la basilique de ses amours à son Picasso adoré et à la « jolie dame étrusque ».

Saint-Benoît-sur-Loire. L'un des plus importants édifices romans de France. Bâti, selon la tradition celtique, à l'endroit où se réunissaient les druides. Fondé en 645 ou 651 par des moines bénédictins. Vers 672, l'abbé de Fleury – c'est le nom du monastère – fit venir d'Italie les précieuses reliques de saint Benoît, qui depuis réalisent des miracles, des guérisons et des prodiges. Dora – qui au début de sa liaison avec Picasso avait refusé de descendre de voiture pour visiter la cathédrale de Chartres, tandis que Picasso, furieux, lui reprochait son fanatisme de gauchiste – marchait entre les deux amis, tous deux de petite taille, l'un musclé, l'autre fragile, essayant de comprendre. Qu'est-ce que Max pouvait bien trouver dans ces nefs de pierre blanche, dans ces hautes voûtes qui retenaient la lumière ? Le converti avait découvert quelque chose, c'était évident même pour une athée, et il lui restait fidèle. Dans les années vingt, à la fameuse question de Breton, formulée dans *Littérature* : « Pouvez-vous dire quelle a été la rencontre capitale de votre vie ? », Max avait répondu comme il le fit jusqu'à la fin : « La rencontre de Dieu sur mes murs, au 7 de la rue Ravignan, le 28 septembre 1909, à cinq heures de l'après-midi. » Et en 1938, l'année qui suivit la visite de Picasso et de Dora, il brûla les lettres de tous ses amis et se défit du monde pour devenir oblat bénédictin.

D'autres auteurs affirment que cette visite à Saint-Benoît ne fut pas la seule. Que Picasso revint voir Max au début 1943. Max avait soixante-sept ans et il vivait près de la basilique. Il peignait des gouaches et écrivait ses méditations religieuses qu'il envoyait sous forme de lettres à Clotilde Bauguion [12]. « Dans un autre sens, l'homme n'est pas seul, disait-il. Il est inspiré par une multitude de bons et de mauvais esprits. » Et aussi : « Après avoir créé tant de vie, Tu m'attends ! » C'est que malgré ses péchés, qui lui inspiraient de l'horreur, il se savait attendu. Les nazis viendraient bientôt le chercher. Lorsque Picasso partit, Max écrivit dans le livre des visiteurs de la basilique son nom et une date : 1944. La date de sa mort. Une belle anecdote, que Dora dément formellement. « Je ne me souviens d'aucun voyage à Saint-Benoît ni nulle part ailleurs après 1940 », dit-elle dans sa vieillesse, irritée par les mensonges qu'on écrivait sur ses amis et sur elle, n'acceptant toujours pas que la légende ait aussi ses raisons et son authenticité.

Le 19 mars, un jour après la messe ratée et deux avant la vraie, une autre messe pour Max, cette fois laïque, eut lieu chez Michel Leiris. A moins que nous ne la considérions comme une messe pour Picasso. Il s'agissait de la lecture du *Désir attrapé par la queue*, la pièce de théâtre écrite par le peintre en 1941. Personnages : Le Gros Pied, qui représente l'auteur de l'œuvre ; La Tarte, Sa Cousine, L'Oignon, Le Bout Rond, Les Deux Toutous, Le Silence, L'Angoisse Maigre, l'Angoisse Grasse et Les Rideaux. Les acteurs : la belle comédienne Zanie de Campan, Simone de Beauvoir, Germaine Hugnet (la première femme du poète), Valentine Hugo, Louise Leiris, Jean Aubier, Albert Camus (qui était également metteur en scène), Michel Leiris, Pablo Picasso, Pierre Reverdy, Jean-Paul Sartre, Raymond Queneau. Parmi le public, outre un couple de richissimes éleveurs argentins, les Anchorena, se trouvaient Lacan avec Sylvia Maklès, Barrault avec Madeleine Renaud, Georges Bataille. En ce qui concerne le rôle de Dora, certains auteurs affirment qu'elle était l'Angoisse Grasse, et d'autres, l'Angoisse Maigre. Mais, pour changer, son nom ne figure pas dans le texte publié à l'époque.

Pourtant, elle y était. Simone de Beauvoir le dit dans ses mémoires. Elle, Simone, jouait la Cousine ; Dora, l'Angoisse Grasse. C'étaient des temps de fêtes pour oublier les angoisses, grasses ou maigres. Le groupe se réunissait pour manger des haricots dans la chambre que Simone de Beauvoir occupait à l'hôtel Louisiane, ou à Taverny, chez Jacques-Laurent Bost (premier « amour contingent » de Simone, lequel finit par épouser Olga, autre amour contingent partagé par elle et Sartre), ou chez les Bataille, dans la cour de Rohan. Dora participait, apparemment avec joie. Au cours de l'une de ces soirées on la vit se concentrer sur l'imitation d'un taureau, ses pouces sur le front, telles des cornes, et fonçant tête baissée.

On la voit aussi, bien qu'en filigrane, dans le texte de cette pièce « surréaliste » de Picasso, que Sartre n'hésitait pas à prendre au sérieux, considérant que le message du *Désir attrapé par la queue* était que « le mal n'est pas qu'une simple apparence ». Mais laissons l'analyse de l'œuvre à ceux qui ont le courage de s'y coller (à la même époque, tandis que tous applaudissaient ce sous-théâtre de la cruauté, on appliquait à Artaud une série d'électrochocs dans un hôpital de Rodez), et allons vers ce qui semble être des allusions à Dora. « Ma cuisinière esclave slave hispano-mauresque, dit Le Gros Pied, [...]. Ses sautes d'humeur, ses chauds et froids farcis de haine [...]. Le froid de ses ongles retournés contre elle [...], l'adoration réelle de la victime [...]. Cette fille est folle et cherche à nous monter le coup avec ses manigances maniérées de princesse. Je l'aime, bien entendu, et elle me plaît. Mais de ça à faire d'elle ma femme, ma muse ou ma Vénus, il y a encore un long et difficile chemin à peigner. Si sa beauté m'excite et sa puanteur m'affole, sa façon de manger à table, de s'habiller et ses manières si maniérées m'emmerdent[13]. » Certes, Le Gros Pied ne parle pas ici de l'Angoisse Grasse, mais du personnage central, La Tarte. Cependant, la Slave hispanique, la victime, la folle, celle aux ongles retournés contre elle et la prétentieuse insupportable à force d'affectation ne sont pas loin de tout ce que nous savons de Dora Maar.

Ce soir-là, chez Michel Leiris, Picasso trouva accroché au mur le portrait au crayon qu'il avait fait de Max dans les années de leur vieille amitié, lorsqu'ils partageaient un lit dans lequel ils dormaient à tour de rôle. Picasso décida de laisser le portrait là où il était. A la mort de Dora, on retrouva ce dessin chez elle. Au cours de ses dernières années, Dora était devenue une antisémite convaincue et avouée. Mais Max était toujours là. Peut-être, qui sait ?, parce que Picasso l'avait dessiné. Peut-être parce que, maintenant comme autrefois, la conversion du poète l'obsédait.

Devons-nous en conclure que Max, celui qui était habité par de bons et de mauvais esprits, fut le mentor secret de Dora au regard du ciel ? Elle n'était pas habitée comme il l'était, lui. Même au milieu des autres, imitant un taureau ou une femme hautaine, sa solitude était irrémédiable. Le 11 février, un mois avant la représentation de la pièce et la mort de Max, Dora avait écrit : « Tout ce temps j'avais de ma présence dans le monde la vision que voici, qui revenait souvent. Je suis seule au bord de la terre. Sur ma tête un ciel nocturne. En bas, encore le ciel. Et l'éternité devant moi tombe comme une cataracte noire[14]. » Ou comme la « nuit obscure » de saint Jean de la Croix.

Une nuit où jaillissent des étincelles divines qui sembleraient conçues à l'usage exclusif des photographes. Peut-être Dora a-t-elle lu cette phrase de Max : « Il y a une expérience chimique de Dieu [...]. A peine une minute au magnésium. » Et aussi : « Les colères s'impriment en noir sur la pellicule, la libido en bleu foncé [...]. Si quelqu'un vous disait : “Vos actes sont lumineux et le ciel, impressionnable”, vous croiriez. Mais qui écoute le sens commun[15] ? »

Chapitre VIII

La tache aveugle

En ce soir de mai 1943, tandis qu'il dînait au Catalan en compagnie de Dora et de Marie-Laure de Noailles, Picasso observait du coin de l'œil deux jeunes filles assises à la table voisine. L'une d'elles était jolie et avait des cheveux noirs ; l'autre, celle qui portait le turban vert, avait de grands yeux de la même couleur et l'air d'un garçon. Dora le vit les regarder, puis se lever pour saluer leur compagnon, Alain Cuny, celui des *Visiteurs du soir*. L'acteur fit les présentations. Picasso, qui lui arrivait à la taille (le contraste entre le petit homme à la tête ronde et l'homme immense aux longs bras et aux traits éléphantiasiques était saisissant), entreprit son travail de séducteur faisandé. Il ne pouvait plus l'affermir sur ce regard perçant qui autrefois avait fait trembler les jambes de Coco Chanel. On aurait dit à présent qu'il dansait sur la pointe des pieds, faisant le drôle avec ces attitudes de clown ou de singe que Dora détestait, elle qui se dressait, toujours plus hiératique sur son piédestal, comme craignant qu'en bougeant, en marchant simplement au milieu des autres, son fragile édifice ne s'effondre entièrement. Elle qui à Mougins, pendant les vacances avec « la famille heureuse », avait écrit ce poème en prose qui fait peut-être allusion à ces pirouettes, ces mystifications : « Lorsqu'une lie de roses tachera ses draperies déchirées [...], reviendra l'escroc exécuter ses farces journalières[1]. »

Les manigances du farceur lui apparurent très clairement, pas le danger. Celle qui de toute évidence attirait l'attention de Picasso lui sembla être l'une de ces jeunes filles androgynes qui plaisent aux hommes sur le tard, mais pour peu de temps, juste celui nécessaire pour savourer le goût du fruit vert. Elle haussa les épaules et l'oublia, ou tenta de le faire, pour se concentrer sur sa conversation avec Marie-Laure. Ce fut une erreur d'appréciation, produit de l'arrogance, laquelle était le résultat de la peur. Si elle avait pu se voir comme lui la voyait, elle se serait vraiment inquiétée. Que voyait Picasso ? A côté de lui, deux quadragénaires mondaines ayant des prétentions aristocratiques, aux mâchoires puissantes et aux vêtements extravagants. A l'autre table, deux fraîches jeunes filles, dont l'une avait ce visage pur, de médaille, que Dora – et avant elle Marie-Thérèse, et avant elle Olga – avait eu, et perdu. Un visage que Picasso a toujours recherché, chez les blondes comme chez les brunes, et qui par des voies différentes évoquait la même chose, la Grèce.

Mais en regardant Dora avec sa sévère coiffure de tresses noires autour de la tête, son manteau de fourrure aux énormes épaulettes carrées et ses chaussures à semelle compensée qui avaient l'air de cothurnes de théâtre et la faisaient paraître bien plus imposante que Picasso, il devenait difficile de percevoir ce dénominateur commun : le visage antique. Ce qui surgissait avec netteté, c'était la différence abyssale entre la forte femme qui « se portait elle-même comme le Saint Sacrement » et une petite étudiante. Le dénominateur commun eût été plus facile à discerner chez l'autre jeune fille, l'amie de Françoise, Geneviève Aliquot, qui avait un visage carrément grec. Mais alors que Françoise suivait la ligne des goûts picassiens avec plus de subtilité, tenant beaucoup de l'éphèbe, Geneviève, brune, féminine et aux formes pleines, était comme une seconde Dora. La choisir n'aurait-il pas été un hommage à la première ? Peut-être le plus insupportable, dans les abandons, consiste-t-il en ce que l'on nous quitte pour un ou une autre n'ayant en apparence aucun rapport avec nous. C'est comme si le traître changeait de camp, comme s'il trahissait la croyance à l'idée de beauté ou de bonté que nous pensons représenter. Qu'on nous délaisse pour une autre créature plus belle ou plus jeune, mais de même style, c'est à la fois terrible et naturel. Que l'autre soit radicalement différent provoque, parce que nous n'y voyons aucune logique, l'écroulement de notre foi.

La liaison entre Picasso et Françoise ne se précisa pas avant février 1944, lorsque Dora écrivit son texte sur la cataracte noire. Le 25 août eut lieu la Libération de Paris. Les soldats américains campaient devant la porte de Picasso pour lui demander des autographes. Ils ne comprenaient pas sa peinture. Ils n'en avaient d'ailleurs nul besoin : ils comprenaient la légende qui remplaçait la peinture. Ces soldats furent les pionniers du tourisme qui parcourt le monde en quête de lieux, d'objets et, si possible, de gens célèbres, transformés en temples et prêtres d'un nouveau culte, la curiosité. Incarnation de cette nouvelle modalité du sacré et, par suite, élevé au rang de héros de la Résistance, Picasso dessina sa colombe de la paix et, se laissant convaincre par Eluard, adhéra au Parti communiste. Il avait dû sa carrière à sa propre créativité et à Kahnweiler ; elle reposa désormais sur une astucieuse combinaison de sa créativité, de Kahnweiler et du Parti.

Dans sa conversation plus que citée avec Victoria Combalía, une Dora déjà âgée révéla sans le vouloir sa deuxième erreur. La première avait été de considérer Françoise comme une amourette sans lendemain ; la seconde, de prendre cette adhésion politique comme un caprice, lui aussi passager. Demeurant immobile pour ne pas se briser, comment aurait-elle pu comprendre que Picasso avait besoin de changer ? Mais son scepticisme concernant le deuxième point vint aussi de ce que, connaissant son ami – qu'elle avait elle-même influencé pour le réveiller de son « narcissisme » en peignant *Guernica* –, elle avait eu le temps de s'apercevoir que rien en lui n'évoquait l'image d'un camarade. En tout cas, même l'amitié de Dora avec Eluard ne déboucha pas sur une affiliation au Parti de l'ancienne adhérente du groupe Masses, et elle ne fut pour rien dans la décision de Picasso. Bien au contraire, pendant toute la guerre et en cette année 1945 où s'ouvrirent les portes des camps de concentration, parmi eux les croates, où le monde découvrit horrifié ce que beaucoup savaient sans oser y croire, elle resta lointaine, indifférente aux luttes, recluse dans sa maison, dans sa peinture obsessionnelle, paralysée par la terreur d'être abandonnée, attendant l'appel quotidien de Picasso même après que la présence de l'« étudiante » se fut imposée à sa vue.

Des étudiantes, d'ailleurs, il y en avait plusieurs. Des jeunes filles du Parti, ou de jeunes bourgeoises qui allaient rue des Grands-Augustins pour un autographe, comme les petits soldats, et en ressortaient avec l'arrière-goût, doux ou amer, d'une initiation sexuelle. La plus connue d'entre elles fut Geneviève Laporte. Elle avait dix-sept ans et était la présidente du Front national des étudiants du lycée Fénelon. Un Eluard toujours attentif aux désirs du maître l'avait amenée. Cela accroît encore la surprenante ressemblance de Picasso avec un certain dictateur latino-américain. Quelques années plus tard, la Geneviève Laporte de Perón fut Nelly Rivas. La grande différence réside certes en ce que les gamines de l'UES, l'Union des étudiantes du secondaire d'Argentine, étaient amenées au dictateur par deux ministres obséquieux et pas par un poète. Dora aura-t-elle appris par son père, vers

1954, ce qui se passait à Buenos Aires avec un Perón vieillissant, appréciant les petites filles, et avec le recul a-t-elle fait le parallèle ? Ce que nous savons en revanche, c'est qu'en 1944 elle a essayé d'assimiler Françoise à une adolescente transitoire, Geneviève ou les autres, tout cela pour retenir la cataracte, non pas la noire mais la rouge, celle de l'atroce douleur.

Françoise Gilot décrit dans son livre l'exposition de Dora Maar à la galerie Jeanne Bucher, au printemps 1944. Invitée par Picasso, l'« étudiante » arriva à bicyclette. A peine entrée, elle sut qu'elle s'était trompée : elle portait une robe à rayures horizontales que le tailleur noir, sévère, de Dora rendait ridicule. Entourée du plus beau monde intellectuel et artistique de Paris, la femme aux vêtements stricts écrasa sa rivale d'un regard qui lui enfonça chaque rayure dans la peau. Un regard qui transforma aussitôt Françoise en ce que Dora pensait d'elle, une petite sotte qui osait s'introduire dans la cour des grands, et qui lui fit prendre la fuite. Picasso, qui arrivait à ce moment, la suivit.

La photo de Dora prise cette même année dans son atelier par Brassaï permet de comprendre la fuite de Françoise. Sur cette photo, Dora n'arbore pas son habit d'artiste peintre célèbre, mais une tenue décontractée. Elle porte une veste croisée et un chemisier blanc au col ouvert. L'ensemble est complété par d'amusantes pantoufles en peau (les deux pieds sont posés l'un près de l'autre sans la moindre coquetterie), qui font un contraste avec la sévère coiffure ramassée au sommet de la tête par un ruban en velours. Une tenue mi-commode mi-virile, à mi-chemin entre celle d'une dame en négligé et celle d'un grenadier. La manière dont l'artiste appuie la main sur son tableau ne laisse pas le moindre doute sur l'idée qu'elle s'est forgée d'elle-même et de son œuvre. La complice du pervers narcissique s'aplatit devant le pervers, pas devant le reste du monde, encore moins devant le photographe, ce petit Hongrois dont l'air ironique et résigné, les sourcils de vampire (il est né en Transylvanie), les yeux globuleux et le sourire moqueur contrastaient avec les traits de la dame bien droite, majestueuse, dépourvue d'humilité. Pour avoir envie d'échapper à une femme si grave, nul n'était besoin de se sentir coupable de lui voler son homme.

L'« histoire de l'œil » de Dora Maar vue à travers ses propres photographies et les portraits de Picasso est complétée par l'observation de l'évolution de son apparence sur les photos que les autres photographes ont prises d'elle, et bien sûr dans sa peinture. A la diva sensuelle des premiers portraits de Man Ray avait succédé la jeune mélancolique ou furieuse – ou les deux à la fois – des vacances à Mougins. On ne connaît pas de photos de Dora prises à Royan. Mais à partir de 1941, les grands photographes de l'époque se sont jetés sur son visage ; en particulier Rosa Klein, connue sous le nom de Rogi André, une juive hongroise qui sut transmettre avec la même délectation les rues de Paris et les grands yeux de Dora, d'une couleur que personne n'a définie avec précision : du noir au verdâtre en passant par la couleur bronze et même par le bleu, l'indécision est grande et peut se traduire par une image rebattue, mais efficace, « des yeux couleur du temps ».

Pour la séance photos avec sa collègue d'Europe centrale, Dora portait un pull-over noir et une jupe sombre à franges verticales faites de fleurs minuscules. Elle avait les oreilles nues. Les cheveux tombant sur les épaules et peignés en arrière dégageaient le front étroit, mangé sur les tempes par les « vilaines pattes de mouche » de Georges Bataille. Les mains aux longs ongles peints – deux précieux objets artistiques rehaussés par un énorme anneau de pierre que James Lord décrit comme un saphir monté sur une agate – paraissaient artificiellement au repos, comme conscientes d'être vues. Cocteau avait remarqué avec raison que Dora avait « des yeux de singe », quoique magnifiques, et que l'une des ailes de son nez relevait légèrement la moitié de la lèvre supérieure. On peut observer ces deux détails sur ces photographies. C'était en tout cas une belle brune au regard fort. Mais le premier mot qui vient à l'esprit en la voyant est « traquée ». Son immobilité même fait penser à un animal aux aguets parce qu'il a entendu du bruit dans le bois. A tout instant le coup de griffe détruira l'apparence parfaite. Le deuxième mot est « explosion ». Dora semble remplie à ras bord d'une matière ignée. Son calme lui aussi provient de la terreur d'exploser.

Sauter de ces images à celles déjà décrites (celles de Brassaï dans l'atelier), c'est tourner la page. En 1942, Dora était une femme brisée par la douleur et accablée, mais encore féminine. Ses cheveux continuaient à flotter sur ses épaules, telle une bannière clamant son sexe. En 1944, l'apparition de Françoise Gilot l'a transformée en un mélange de dame hautaine et de soldat défendant fermement sa position. Cette même année, un photographe inconnu la montra à nouveau dans son atelier, avec la même coiffure (celle du grand chignon plat au sommet de la tête) et présentant ses tableaux d'un air impérial. Assise, Marie-Laure de Noailles, sous un chapeau plutôt épiscopal : l'impératrice et l'archevêque.

Pourtant, ce que Dora montrait justifiait sa fierté. C'étaient des natures mortes et des paysages des bords de Seine, réussis en eux-mêmes, mais qui en outre signifiaient quelque chose. Un chemin parcouru. Une victoire. Ce n'étaient plus les formes anguleuses ou géométriques et la matière sèche et épaisse copiées sur Picasso. Les choses étaient à présent transparentes et pleines de vent. C'était comme si la matière ignée qui la remplissait était devenue bleu pâle, s'était allégée, mais qu'elle restât à l'intérieur de ses limites. Ses natures mortes, aussi sévères que sa coiffure, et ses arbres en forme de ballons semblaient gonflés par un souffle, autrement dit, un esprit. D'elle-même ou de

Dieu, peu importe : ces tableaux n'étaient plus de Picasso. Dora se libérait peu à peu de lui par deux chemins parallèles, l'orgueil et la spiritualité. Ni la jalousie due à la présence de Marie-Thérèse et de Françoise, ni celle, plus terrible encore, jaillie de la comparaison avec la puissance créative inaccessible et paralysante de l'amant de génie, ne l'avaient empêchée de faire ce qu'elle devait faire. Lui pouvait arriver où il voulait, ou croyait pouvoir. Mais pas là où elle allait : un territoire modeste, cependant bien à elle. L'acharnement de Picasso contre elle prouve qu'il le savait. Dora, peintre original touché par la Grâce (respectons la majuscule en son honneur), lui échappait. Comment empêcher cela ? En redoublant de cruauté.

James Lord fit la connaissance de Picasso et de Dora en décembre 1944. Il nous faut relater la scène de la rencontre, décrite dans son livre, car elle est loin de refléter l'ennui d'un amour agonisant. Bien au contraire, elle fait justement allusion à des jeux d'agression, des jeux piquants et vifs, dans lesquels Dora ne semble pas être restée à la traîne.

Lord était à cette époque un soldat américain en visite à Paris. Personne ne saura jamais pourquoi le petit soldat amoureux de l'art, et assez snob, est reçu par Picasso, qui l'invite à déjeuner. L'autre invitée est Dora Maar, qui lui tend à peine sa main gantée sans lui accorder un regard. A un moment donné, Picasso offre une cigarette à Dora. Elle l'accepte, sort de son sac à main un fume-cigarette aussi long et élégant que ses propres doigts, y introduit la cigarette et attend. Picasso lui dit quelque chose en espagnol, quelque chose dont Lord comprend que c'est à propos d'un briquet. Dora hoche imperceptiblement la tête. Picasso se met en colère et l'insulte, toujours en espagnol. Elle ne prend même pas la peine de le regarder. Aucun des deux ne semble s'apercevoir qu'on les observe de toutes les tables tandis qu'il hausse la voix et qu'elle l'ignore. Finalement, Picasso tire de sa poche une boîte d'allumettes et allume la cigarette de Dora, qui demeure impassible. Un peu plus tard, elle met une autre cigarette dans le fume-cigarette, sort un briquet de son sac et l'allume. « Avec une rapidité de reptile », Picasso lui murmure quelque chose à l'oreille et tous deux éclatent d'un rire qui exclut les autres. De même que la colère, le rire isole le couple dans son propre monde. Dora n'a pas prononcé un mot pendant tout le repas. En sortant ils se saluent, elle s'éloigne avec Picasso et, quelques pas plus loin, se met à parler, de plus en plus haut et de plus en plus vite. Quelques pages plus loin, nous apprenons que ce briquet était un cadeau de Picasso. Il l'avait peint pour elle. Dans l'indignation surjouée de l'homme il y avait de la cajolerie : Dora ne voulait pas exposer l'objet sacré aux yeux d'un soldat inconnu. Dans la feinte indifférence de la femme qui provoquait une scène pour entretenir les dernières braises il y avait de l'adoration. Une fois de plus, comme dans la scène des Deux Magots où Dora abandonne sa main blessée à Picasso, le théâtre de la cruauté inclut un personnage féminin fort ressemblant à celui de la femme du tango qui danse avec une fierté de soumise : capricieuse, farouche, esclave.

Le 12 mai 1945, Picasso reçut Malraux avec une question : « Vous ne me trouvez rien de bizarre ? » C'était trop demander à l'écrivain solennel, plus concentré sur la conception plastique de quelque lointain bouddha que sur un crâne chauve et brillant présent devant ses yeux. Son geste de perplexité répondit pour lui : non, rien. « J'ai coupé ma mèche », annonça triomphalement Picasso[2]. Et il montra sa tête lisse sans le supplément de mèche grise collée à la gomina. Il est possible que la personne chargée de conserver dans un petit paquet, avec la date, les précieux cheveux ait été celle de toujours, Marie-Thérèse. Trois jours plus tard, le 15 du même mois, Dora perdit la tête.

Le récit circonstancié de l'épisode figure dans le texte de Brassaï inséré dans le prologue de ce livre. De ce texte, entre autres choses, se détache la date. Le 15 mai 1945. Dora arrive tard au restaurant Le Catalan, soudain elle explose, quitte la table, Picasso la suit, revient affolé chercher Eluard et tous deux disparaissent pendant plusieurs heures. Les habitués finissent par apprendre que Dora a été internée ; mais, trois jours plus tard, elle reparaît aux côtés de Picasso.

Le témoignage est important, car le témoin, oculaire, notait tout, jour après jour. Les autres témoignages s'accordent plus ou moins, avec ces glissements de la vérité que l'on peut attribuer à l'oubli ainsi qu'à un désir de dissimulation plus ou moins conscient. Pourquoi ? Par pudeur (dans nos sociétés, le thème de la folie est toujours tabou) ; à cause du caractère retenu typiquement français (« on ne parle pas de ces choses-là »), et par dévotion : en définitive, ce dont il s'agit, c'est protéger deux monstres sacrés, Picasso et Lacan.

Dépliées en éventail, les versions sont les suivantes : Picasso appelle au téléphone son médecin traitant, Jacques Lacan, qui fait interner Dora dans une clinique privée et lui administre des électrochocs, ce à quoi s'oppose Eluard ; Eluard prie Picasso de s'occuper de Dora, et d'appeler Lacan ; Dora est internée par Lacan à l'hôpital psychiatrique de Sainte-Anne, où on lui fait subir des électrochocs ; Lacan fait sortir Dora de Sainte-Anne et l'interne dans une clinique privée où il la soumet à un traitement de type psychanalytique. En bref, le rôle de Picasso se limite à demander de l'aide, à Eluard et à Lacan, tandis que ceux d'Eluard et de Lacan varient. Surtout pour le second. Dans un entretien accordé à Arianna Stassinopoulos, Françoise Gilot affirme quelque chose qu'elle n'a d'ailleurs jamais écrit dans son livre ni réaffirmé ailleurs, et que personne en dehors d'elle n'a suggéré : que Dora n'a pas été détruite par ses conflits intérieurs, mais par les électrochocs que Lacan lui avait appliqués.

Comme nous l'avons dit, le nom de Dora ne figure pas sur la liste des personnes internées à l'hôpital Sainte-Anne le jour mentionné par Brassaï : le 15 mai 1945. Ni Maar ni Markovitch ; ni internement volontaire – celui effectué lorsqu'un membre de la famille signe le permis d'admission –, ni d'office – quand c'est la police qui le décide. Chose qui, en effet, a pu se produire : d'autres témoins ont affirmé que Dora avait eu une crise au cinéma La Pagode, qu'elle avait retiré ses chaussures, alléguant qu'on devait se déchausser dans un temple (cela coïncide avec les phrases de Picasso transcrites par Brassaï : « elle marche pieds nus parce qu'elle se prend pour la reine du Tibet »), et que la police était venue la chercher pour l'interner à Sainte-Anne. D'autres encore ont dit qu'elle s'était déshabillée dans l'escalier de son immeuble, rue de Savoie. Et Picasso a raconté plusieurs épisodes similaires à Françoise Gilot. Un soir, il était allé rendre visite à Dora, qui n'était pas là. Elle était enfin arrivée, très agitée, en disant qu'un homme avait voulu lui voler son sac. Un autre jour, elle jura qu'on lui avait pris sa bicyclette, mais la police l'avait retrouvée : elle l'avait elle-même abandonnée près de la Seine. Picasso finit par conclure que Dora voulait attirer son attention et cessa de s'inquiéter, jusqu'à ce que les événements le convainquent d'appeler Lacan, qui l'interna à Sainte-Anne.

Je rappelle que ceux qui ont consenti à m'aider ont cherché dans toutes les archives du printemps 1945 de cet hôpital psychiatrique sans trouver la moindre trace. A l'exception de la dénommée Lucienne Tecta, internée par Jacques Lacan le 15 mai 1945, et dont nous ne savons rien, hormis que Lacan a peut-être inventé ce nom pour couvrir Dora, ou Picasso, « en cachant la lumière ».

A partir de 1930, Lacan s'était spécialisé dans les formes féminines de la folie. En juillet de cette année-là, il lut un texte de Salvador Dalí, *L'Ane pourri*, qui contenait une thèse originale sur la paranoïa. Pour Dalí, celle-ci fonctionnait comme une hallucination, faisant surgir des images doubles, non pas erronées mais logiques et créatrices. Partant de cette lecture, l'année suivante, Lacan entreprit une synthèse entre la clinique psychiatrique, la doctrine freudienne et le surréalisme. Sa thèse de médecine, qui parut en 1932 et fit de lui un chef d'école, s'intitulait *La Psychose paranoïaque dans ses rapports avec la personnalité*. Il s'appuyait sur l'histoire de Marguerite Pantaine, une femme de trente-huit ans qui avait tenté d'assassiner une actrice et qui fut internée à Sainte-Anne avec le diagnostic de « délire systématique de persécution ». Lacan, qui était médecin interne de cet hôpital, la baptisa « Aimée » ; il s'occupa d'elle pendant un an, en fit un « cas » et, d'après Elisabeth Roudinesco, « projeta sur elle, non seulement sa propre représentation de la folie féminine, mais aussi ses obsessions familiales et ses fantasmes ». Mais elle « se révolta contre lui et lui reprocha toute sa vie d'avoir fait d'elle un objet de savoir psychiatrique dont elle rejetait le caractère répressif ». « Face à Marguerite, ajoute Roudinesco, Lacan passa aisément de la clinique psychiatrique à l'enquête sociologique et de l'investigation psychanalytique à l'examen médical, sans jamais chercher à écouter une autre vérité que celle qui confirmait ses hypothèses[3]. »

En guise de conclusion au cas Aimée, le jeune médecin écrivit ces lignes : « D'autres que nous ont souligné l'important contingent qu'apportent à la paranoïa ceux qu'on appelle d'un nom injustement péjoratif, les primaires : instituteurs et institutrices, gouvernantes, femmes attachées à des emplois intellectuels subalternes, autodidactes de toutes espèces [...]. C'est pourquoi il nous semble que ce type de sujet doit trouver le plus grand bienfait à une intégration, conforme à ses capacités personnelles, dans une communauté de nature religieuse. Il trouvera en outre une satisfaction, soumise à des règles, de ses tendances autopunitives. A défaut de cette solution idéale, toute communauté tendant à satisfaire plus ou moins complètement aux mêmes conditions – armée, communautés politiques et sociales, militantes, sociétés de bienfaisance, d'émulation morale, ou sociétés de pensée – bénéficiera des mêmes indications. On sait par ailleurs que les tendances homosexuelles refoulées trouvent dans ces expansions sociales une satisfaction d'autant plus parfaite qu'elle est à la fois sublimée et plus garantie contre toute révélation consciente[4]. »

En 1933, le crime des sœurs Papin permit à Lacan d'élaborer un nouveau « cas ». Deux bonnes, Christine et Léa, assassinèrent sauvagement leur patronne et sa fille et leur arrachèrent les yeux. Quelques mois après avoir été incarcérée, Christine essaya elle-même de s'arracher les yeux et déclara que dans une vie future elle serait le mari de sa sœur. Il n'en fallait pas plus pour que Lacan s'intéressât à elles. Elles cumulaient tout : l'homosexualité féminine, la paranoïa, l'autopunition.

En 1937, Lacan élabore sa thèse sur le stade du miroir. L'être humain, dit-il, se constitue lui-même grâce à une identification avec son prochain lorsque, enfant, il perçoit sa propre image dans le miroir. « Cette représentation (narcissique), écrit-il, explique l'unité du corps humain. Pourquoi cette unité doit-elle s'affirmer ? Précisément parce que l'homme ressent de la façon la plus pénible la menace de sa fragmentation[5]. »

Le Lacan qui s'occupe du « cas Dora » en 1945 est donc le spécialiste des paranoïas féminines ; celui qui affirme la nécessité de faire entrer dans des communautés religieuses les personnes « primaires », surtout les femmes ; et celui qui découvre le rôle du regard dans le miroir. Il a un étrange sourire, de grandes oreilles décollées, une négligence étudiée. Aimée, chez qui Lacan a diagnostiqué une « érotomanie » (l'érotomane est obsédée par les gens célèbres), l'a trouvé trop séducteur et trop clown pour le prendre au sérieux. Victoria Ocampo, la grande dame des lettres argentines et, à cette époque, maîtresse de Drieu La Rochelle – qui avait abandonné pour elle sa femme Olesia Sienkiewicz, laquelle devint la maîtresse de Lacan –, l'a défini comme « le petit amant de la femme de Drieu ». Non pas l'amant, mais le petit amant ; non pas le médecin de confiance, mais le Don Juan de la psychanalyse.

De plus, Lacan est l'homme qui vit avec Sylvia Maklès, l'ex-épouse de l'ex-amant de Dora, Georges Bataille. L'amitié entre les deux hommes avait débuté en 1934, l'année où Dora fut la maîtresse de Bataille, et les premières réunions de Contre-Attaque auxquelles elle participa eurent lieu dans l'appartement de Lacan. Elisabeth Roudinesco décrit cette relation, scellée par le fait que « tant l'un que l'autre furent les acteurs d'une même aventure intellectuelle[6] ».

Rappelons-nous que Bataille, grand lecteur de Freud, avait fait une analyse avec Adrien Borel, qui lui avait donné la photographie du supplice chinois et l'avait poussé à écrire *Histoire de l'œil*. Après sa cure, Bataille fit la connaissance de Sylvia Maklès dans l'atelier de Raymond Queneau. La sœur aînée de Sylvia, Bianca, qui avait épousé Théodore Fraenkel, fit les présentations. A la différence de Breton et d'Aragon, ce « troisième mousquetaire » du surréalisme avait fini par être reçu médecin et il se définissait lui-même comme un maniaco-dépressif. Sylvia, qui admirait sa sœur, alla vivre avec le couple ; mais Fraenkel tomba amoureux d'elle. C'est alors que la famille décida de la marier à Bataille. L'entourage de l'écrivain pensait que le mariage avec une femme « vivifiante » pourrait tempérer son penchant pour le libertinage. Il est difficile d'imaginer ce que pensa l'entourage de Sylvia en mariant la jeune fille généreuse et encline au sacrifice à l'auteur du terrible roman, publié sous un faux nom, comme nous le savons, l'année même de leur mariage, en 1928.

Tout ce méli-mélo de parents et d'amours – Rose Maklès avec André Masson, Simone Maklès avec Jean Piel, Louise Leiris (fille de la femme de David-Henry Kahnweiler que, pour cacher sa condition de fille-mère, elle appelait sœur) avec Michel Leiris, ou Raymond Queneau avec la sœur de Simone Kahn, la première femme de Breton – constituait un réseau étroitement lié à la vie de Dora. Un réseau pas nécessairement négatif, ni identifié à ce que Dora qualifierait un peu plus tard de « péché », mais dont les mailles serrées ont pu, dans des moments d'angoisse, lui paraître aussi asphyxiantes que ces autres mailles que Picasso traçait autour d'elle.

En 1934, Boris Souvarine, l'ex-amant de Colette Peignot, la Laure de Bataille, confia à son amie Olesia Sienkiewicz, ex-femme de Drieu La Rochelle et à cette époque, déjà, ex-maîtresse de Lacan : « Je dis que c'est rendre un funeste service à Colette elle-même que l'encourager à renier toute loi morale[7]. » Mots qui auraient pu s'appliquer à Dora, prisonnière de ce filet dans lequel tous semblaient avoir été un jour les amants de tous. Il est intéressant de constater une fois de plus que l'un des rares personnages de cette histoire capables de réagir face au « dérèglement de tous les sens » mis en pratique par l'avant-garde surréaliste – réaction courageuse qui consistait à prononcer le mot le plus raillé par le courant de l'époque, « morale » – était Souvarine : ce juif au physique ingrat dont Bataille, jaloux de Colette, faisait mine de se gausser, de la même façon que Lacan, jaloux de Sylvia, feindrait de se moquer de la sexualité de Bataille.

Concernant la relation de ces derniers, Roudinesco écrit : « Cette longue amitié [de Lacan] avec Bataille est assez énigmatique. [...] Bataille encouragea Lacan à publier et à se faire connaître. Mais on sait aussi que l'œuvre de celui-ci le laissa indifférent. [...] En revanche, Lacan fut marqué par sa fréquentation de Bataille, sinon par la lecture approfondie de son œuvre. Et sa participation à toutes les activités orchestrées par l'écrivain lui permit d'enrichir [...] ses propres recherches. [...] Cette présence permanente et non explicitée de Bataille dans le devenir de l'œuvre de Lacan, cette absence totale de l'œuvre de Lacan dans celle de Bataille et, enfin, cette longue amitié souterraine entre les deux hommes qui furent, malgré leur proximité familiale, si étrangers l'un à l'autre, sont autant de symptômes d'un échange au long cours dont l'enjeu essentiel tourna autour de l'existence d'une femme : Sylvia Bataille[8]. »

Entre eux, une autre femme était en jeu, du moins par l'imagination : Dora Maar. Les lettres de Bataille à Dora prouvent que si elle ne fut pas l'un de ses grands amours, quelque chose d'intense a existé entre eux, quelque chose capable de les faire souffrir. Lacan, qui passa sa vie à observer Bataille, son ami « souterrain », le suivant dans toutes les « activités orchestrées par l'écrivain », y compris les « crimes rituels » de la forêt de Saint-Germain, et allant même jusqu'à épouser Sylvia, ne pouvait l'ignorer. De façon inévitable, le psychanalyste convoqué par Picasso devait observer Dora avec la même curiosité que celle avec laquelle il interrogeait sa propre femme sur les prouesses amoureuses de son ex-mari. Nous savons déjà ce qu'affirme Michel Surya : qu'il n'était pas possible d'avoir partagé la vie de Bataille sans partager ses orgies. Méritée ou non, Dora portait, par sa condition de maîtresse de Bataille, cette auréole de libertinage qui a fasciné Picasso. L'auteur d'*Histoire de l'œil* semble avoir secrètement obsédé deux hommes, Lacan et Picasso, non pas de façon directe et franche, mais oblique et tordue, à travers ses femmes.

Lorsque je demandai à Roudinesco si une telle proximité avec l'histoire de Dora ne disqualifiait pas

Lacan pour la traiter dans une cure de type psychanalytique, elle me répondit en riant que la psychanalyse de l'époque ne prenait pas encore autant de précautions. « Sur Lacan, on peut dire beaucoup de choses, ajouta-t-elle, mais pas celle-là. » Lacan pouvait donc se permettre de soigner une autre femme qui, outre la sienne, avait couché avec Bataille. S'étendre sur un lit connu ne le rendait pas inapte en tant que médecin. Mais quelle a pu être la sensation de l'analysée elle-même, qui pendant l'une de ses crises avait essayé d'obliger Picasso et Eluard à s'agenouiller et à se repentir en les traitant d'« impies » ? Peut-être que ce dont Dora avait besoin, à ce moment de sa vie, c'était sortir du lit connu – réel ou imaginaire –, ce lit géant où les amants passés et futurs gisaient emmêlés les uns avec les autres. Il y avait longtemps que son beau visage exprimait un sentiment de plus en plus profond, le même que celui de Crevel lorsqu'il avait mis fin à ses jours.

En 1945, époque où Lacan travaillait comme médecin à Sainte-Anne, l'électrochoc était à son apogée. L'idée pas plus que la technique n'étaient nouvelles. Depuis le XVIIIe siècle, on employait l'électricité pour les cas de paralysie ainsi que pour les maladies nerveuses et convulsives. Le premier à utiliser la technique comme une variante de celles que l'on connaissait déjà pour provoquer de manière artificielle le coma épileptique fut Ugo Cerletti, de l'université de Rome, en 1938, en plein fascisme mussolinien. Une visite aux abattoirs de la ville lui servit d'inspiration. Cerletti y constata que les bouchers utilisaient une pince où passait un courant électrique de soixante-dix à quatre-vingts volts pour provoquer une crise d'épilepsie qui anesthésiait les cochons. Ils pouvaient ensuite les égorger en toute tranquillité.

En France, cette technique s'est développée plus tard que dans d'autres pays. La guerre et l'Occupation furent la cause de ce retard : les Allemands interdirent l'utilisation de l'insuline, employée aussi pour provoquer la crise d'épilepsie, et il fallut la remplacer par autre chose. En 1940, deux médecins français dont les noms, Lapipe et Rondepierre, évoquent irrésistiblement un duo comique (les Français typiques caricaturés par le cinéma, portant béret et petite moustache, la baguette sous le bras, à peu près comme Pascual, le modiste argentin, décrivait André Lhote) se fondèrent sur les conférences de Cerletti pour créer leur premier appareil à électrochocs, le « sismothère », sorte de beaujolais scientifique surgi du fin fond du terroir. Le chauvinisme n'était pas étranger à la nécessité de le faire fonctionner sans plus attendre. Le psychiatre Jacques Postel, ancien chef de service de l'hôpital Sainte-Anne, m'a expliqué que, dans le Paris occupé, les médecins français travaillaient dans cet hôpital avec les Allemands, lesquels avaient déjà leur propre machine, une Siemens. En se hâtant de construire la machine française, Lapipe et Rondepierre entonnaient le cocorico scientifique. Probablement sans en mesurer les conséquences : l'application de l'électrochoc nécessite un bon état physique, et les hôpitaux psychiatriques ont eu tant de problèmes de ravitaillement pendant la guerre que de nombreux malades mentaux y sont morts de faim.

En quoi consistait le traitement ? A produire un spasme électrique en appliquant des électrochocs de chaque côté de la tête et en envoyant un courant qui entraînait trois phases, la première de cinq à quinze secondes, la deuxième de vingt-cinq à cinquante secondes et la troisième d'une à deux minutes. Pendant tout ce temps, le tronc, les membres et les muscles du visage se contractaient tandis que le dos se cambrait. Pour éviter que le patient n'avale sa langue et que les secousses ne lui brisent la mâchoire, on plaçait dans sa bouche un rouleau de coton enveloppé dans une toile imperméable. Un courant beaucoup trop faible pouvait faire échouer l'expérience, très douloureuse et mal vécue par le patient, aussi appliquait-on des doses supérieures au seuil conseillé, surtout sur les sujets les plus résistants, ceux de quarante ans et plus. A l'époque, Dora avait trente-huit ans.

Le docteur Jacques Postel affirme que dans certains cas la secousse électrique est le seul remède. Bien que l'on ignore la raison pour laquelle elle produit des effets miraculeux, lui-même l'aurait recommandée dans le cas de Dora. « On ne sait pourquoi, mais ça marche », me dit-il. Ce qui revient à admettre que l'électrochoc comporte un élément mystérieux. Produisait-il de la douleur ? Tous s'accordent à affirmer qu'après le traitement le patient ne se souvient pas de ce qui s'est passé. Mais les électroencéphalogrammes enregistrent la présence d'une « souffrance cérébrale », et ceux qui ont déjà subi le traitement sont terrorisés à la seule vue de cet appareil dont ils ne se souviennent de rien de façon consciente. Dans une conférence prononcée en 1950, lors du premier congrès mondial de psychiatrie à Paris, Cerletti, l'inventeur de la technique, parla des hurlements de terreur, des réactions d'épouvante qui paralysaient le patient soumis aux chocs, ajoutant : « Je me suis toujours senti mal à l'aise [...] et même plein de remords devant la pantomime convulsive du grand mal. [...] Tôt ou tard il faudra se débarrasser de cette méthode et libérer l'homme de l'électrochoc[9]. »

Il est intéressant d'écouter ce que disent les infirmiers psychiatriques, qui ne gagnent pas de lauriers à poser les électrodes sur les têtes. Parmi ces travailleurs proches de la vérité du malade, « électrochoc » a été et reste un mot tabou. On le remplace par des termes tels que « batteuse » ou « machine à secouer le pardessus ». Un infirmier de Sainte-Anne fut justement chargé de me montrer le musée de l'hôpital et sa collection de camisoles de force et d'appareils à électrochocs. Ce sont des boîtes carrées qui ressemblent à de petites cuisinières électriques. « Il m'a fallu les appliquer souvent dans les années soixante-dix, m'a-t-il dit. C'était désagréable parce que, lorsque les malades s'en rendaient compte, ils s'enfuyaient désespérés et il fallait leur courir après dans les couloirs pour les rattraper. Plus tard, heureusement, on a décidé d'envoyer le courant à partir d'un appareil situé dans la pièce d'à côté, pour que le patient ne le voie pas. » Et à l'époque de Dora ? « La décharge était appliquée sans anesthésie et avec l'appareil bien en vue. On mettait dans la bouche du patient le rouleau de caoutchouc, on lui nettoyait la peau des tempes avec de l'éther pour enlever la graisse avant d'appliquer les électrodes, et tandis qu'un infirmier les appliquait, un autre tenait ses hanches et ses genoux pour éviter qu'ils ne se luxent lorsque passait le courant, lequel n'était pas alternatif mais continu. Quand venait la phase comateuse, qui durait entre une demi-heure et une heure, on ne le laissait pas seul par crainte d'un arrêt cardiaque. »

Le résultat immédiat du traitement est une légère euphorie. Le patient a l'impression que son passé s'éloigne, que son présent est plus facile et son avenir plus prometteur. A tout cela succèdent, au cours des semaines qui suivent, un état dépressif, de la fatigue mentale et des pertes de mémoire. Etant donné que l'on a recours à l'électrochoc en situation d'urgence, les effets à long terme n'ont pas été suffisamment étudiés.

L'histoire de l'électrochoc compte un témoin exceptionnel : Antonin Artaud. Deux ans avant l'internement de Dora, en février 1943, Artaud était arrivé à l'hôpital psychiatrique de Rodez. Jusqu'à cette date, le poète avait été soigné à Sainte-Anne par le docteur Lacan et le docteur Nodet. Ce dernier avait écrit dans son rapport qu'il s'agissait d'un homme aux « prétentions littéraires ». Le motif invoqué par Florence de Méredieu[10] pour comprendre pourquoi on lui avait appliqué les décharges à Rodez est terrifiant : parce qu'ils venaient de recevoir une machine flambant neuve (et française), et qu'il fallait l'utiliser. Artaud n'était personne pour les psychiatres de Rodez. Il ne le fut même pas pour le célèbre docteur Ferdière, ami des surréalistes, qui le reçut à la demande de Robert Desnos et qui cependant lui appliqua cinquante et un électrochocs, dont le troisième entraîna la fracture d'une vertèbre.

Le docteur Postel considère que Ferdière n'eut d'autre solution que d'agir comme il le fit : Artaud refusait de se nourrir. D'autres pensent au contraire que cet élément mystérieux auquel nous avons fait allusion confère au médecin un sentiment de pouvoir et le transforme en démiurge. Suivre cette idée jusqu'à ses ultimes conséquences nous conduirait à penser que ni son invention dans l'Italie de Mussolini ni sa diffusion dans l'Allemagne de Hitler n'ont été fortuites, de même que le monde occidental de ce temps ne fut pas étranger à la tentation d'un pouvoir irrationnel. Peut-être l'horreur du nazisme a-t-elle aussi consisté à semer sa graine là où l'on pourrait le moins l'imaginer, chez des artistes libérés de toute « loi morale », comme disait Souvarine, et chez des scientifiques fascinés par leurs expériences. Certes, Ferdière pas plus que les médecins qui appliquèrent à Dora quelques électrochocs ne furent Joseph Mengele. Mais les lettres qu'Artaud adressa à Ferdière pourraient porter la signature d'une victime d'Auschwitz. « J'ai un grand service à vous demander, ce serait de couper court en ce qui me concerne aux applications d'électrochoc que mon organisme manifestement ne supporte pas et qui sont certainement la cause [...] de ma déviation vertébrale actuelle. [...] Il me reste cette insupportable sensation de cassure dans le dos dont je ne vois pas qu'elle puisse être attribuée à une autre cause qu'à ce traitement électrique violent [11]. »

Dans ses *Cahiers de Rodez* écrits en 1945 ainsi que dans ses *Lettres*, Artaud décrit toujours l'expérience dans ces termes ou dans d'autres similaires : « Celui qui est descendu dans l'électrochoc n'en revient pas. [...] Et c'est 10, 15 ou 20 ans de vie qui lui ont été enlevés de fait. Etrange manière de traiter un homme que de commencer par l'assassiner[12]. » Etrange, en effet, si on tient compte de la « pulsion sadique » de ceux qui l'appliquaient. Pour Florence de Méredieu, l'électrochoc où le patient est comme un animal harcelé a des similitudes avec la corrida. Méredieu évoque d'ailleurs un point qui nous ramène à Dora Maar : « Ce qu'Artaud avait préconisé, jusqu'à faire de la scène le lieu et l'instrument privilégié d'un théâtre de la cruauté, revint vers lui comme par un effet de boomerang[13]. » Le même effet de boomerang qui arqua sur le brancard le dos d'une Dora soumise aux décharges électriques, exactement comme s'arquaient les étranges gamins de ses photographies lorsque, les yeux blancs, ils faisaient le pont, pliant le dos en arrière. Le même qui, après avoir provoqué les grimaces insensées de *La Femme qui pleure* peintes par Picasso, a provoqué les siennes lorsqu'elle fut soumise à des crises d'épilepsie artificielles. Jean Delay[14] a parlé de la « pantomime expressive » (Cerletti la qualifiait de « convulsive ») de ces crises ; une « mimique émotionnelle inconsciente » qui produit la pâleur, la rougeur, les yeux exorbités. La photographe et le peintre s'accordent sur les mêmes choses : fixer des images futures.

Pour le docteur Postel, la maladie de Dora fut une poussée délirante accompagnée de manie de la persécution, pas une schizophrénie ; sinon, elle n'aurait pu quitter l'hôpital. La prescription d'électrochocs était donc celle qui convenait, dit-il. D'après *Nervure*, le journal de psychiatrie, la technique était appliquée de façon intensive depuis 1943 à l'hôpital Sainte-Anne, grâce au docteur Jean Delay, déjà cité, et à un anesthésiste très habile, le docteur Boureau (*sic*). En 1945, deux chefs de service ont pu l'appliquer à Dora, toujours d'après le docteur Postel : le Dr Capgras ou le Dr Guiraud.

Hormis Françoise Gilot dans l'entretien mentionné, d'une véracité d'ailleurs douteuse, personne n'a jamais dit que Lacan avait appliqué les électrochocs à Dora. En revanche, tout me laisse à penser qu'il lui appliqua ses théories sur les personnes « primaires » ou « subalternes » d'un point de vue culturel. Primaires : un qualificatif que le psychanalyste disait ne pas considérer comme péjoratif. Mais comment lui-même considérait-il Dora ? Comme une artiste dont la vocation sincère avait été massacrée par un amour malheureux, ou comme une autre érotomane obsédée par l'homme célèbre ? D'après Jacques-Alain Miller, nous ne pouvons connaître la réponse étant donné qu'il n'y a nulle part aucune trace du traitement dans les archives. Dans une lettre, le gendre de Lacan m'a assuré que, « contrairement à ce qu'un vain peuple s'imagine », son beau-père ne prenait pas de notes lors de ses séances d'analyse ; affirmation que Roudinesco a mise en doute : « Il ne sait même pas ce qu'il a dans ses cartons parce que l'histoire ne l'intéresse pas. J'ai dû écrire ma biographie de Lacan sans accéder à aucune de ces sources. » Face à cette absence de documentation, caractéristique de l'histoire de Dora, ce que nous pouvons assurément faire, c'est essayer de comprendre en quoi a consisté son traitement avec Lacan, à partir du résultat et d'un témoignage direct.

Ce traitement semble s'être déroulé au cours du printemps et de l'été 1945, aussi bien à Sainte-Anne que dans la clinique privée dont on ignore le nom, et au cabinet de Lacan, 5, rue de Lille. Ma supposition se fonde sur le fait que pour tous les témoins ce fut un traitement bref, aussi bref que le fut l'internement à Sainte-Anne (à peine trois jours si nous nous en tenons aux dates de Brassaï). La dédicace d'un livre que le psychanalyste envoya à la patiente en 1946 : « En souvenir de vacances laborieuses », permet aussi de l'imaginer.

Vacances d'été. Chaque jour, ou plusieurs fois par semaine, Dora a dû parcourir à pied les quelques pâtés de maisons qui séparaient la rue de Savoie de la rue de Lille, par la rive gauche de la Seine. Tout en marchant, elle devait contempler les arbres gonflés par un vent qui commençait aussi à la soulever ; le même qui pénétrait ensuite dans ses tableaux. Elle devait marcher lentement, se préparant à passer, au numéro 5 de la rue de Lille, cette porte de bois clair, en forme d'arcade, ornée de quatre carrés de plâtre qui contenaient des guirlandes et, à l'intérieur, quatre petits visages grecs qui oscillaient entre celui de Dora et celui de Marie-Thérèse. Bataille vivait juste à côté, au 3, rue de Lille. Sa porte n'avait pas de petits visages mais une arabesque en forme de volute, comme celle de la poignée de bronze du studio d'architecte de son père, dans la Avenida de Mayo, à Buenos Aires.

Souvenir du père. La rue qui coupait la rue de Lille était celle des Saints-Pères. Le jeune médecin qui observait Dora, les yeux mi-clos derrière la fumée de sa pipe de nacre, avait-il déjà en tête à l'époque son jeu de mots connu, *symptôme* et *saint-homme*, qu'il développera dans ses séminaires de 1975-1976 consacrés à l'œuvre de James Joyce dont le titre sera « Le sinthome » ? Etymologiquement, découvrira alors Lacan, symptôme a été d'abord sinthome. Un mot qui lui permettra d'élaborer sa théorie sur Joyce et l'« épiphanie », la « splendeur de l'être », l'exaltation mystique et, enfin, la perversion, qu'il écrira « père-version ».

Nous sommes en 1945, trente ans plus tôt. Mais les idées suivent leur cours en catimini, et chez Dora le lien entre l'Architecte, père pervers, le Grand Architecte et, bien sûr, Picasso crevait littéralement les yeux. Elle s'était toujours sentie attirée par l'occultisme, le bouddhisme, l'astrologie, le syncrétisme de la secte Ba'hai, l'Orient : ce n'est pas par hasard si dans son délire elle se disait reine du Tibet. Maintenant, la religion revenait vers elle. La vraie, la catholique. Et voilà que ce psychanalyste à l'expression narquoise non seulement évitait de se moquer de sa dévotion, mais en outre l'y encourageait.

Neuf ans plus tard, au cours de l'été 1954, James Lord, en vacances dans le Sud de la France, alla avec Dora rendre visite à André et Rose Masson, chez qui séjournaient également Sylvia et Lacan. Après avoir assisté à l'opéra *Don Juan*, qui fit verser des larmes à sa vieille amie, Sylvia remarqua que dans le public se trouvait une patiente de son mari que tous deux surnommaient « la pleureuse ». Lorsqu'elle entendit ces mots, Dora se leva et partit aux toilettes. Sylvia, repentie, dit que cela avait été une erreur de sa part de mentionner le mot « pleureuse » devant quelqu'un qu'on avait l'habitude d'appeler « la femme qui pleure ». La conversation tourna autour de la guérison de Dora, que Lord attribua à la religion, tandis qu'André Masson s'étonnait qu'une personne ayant un sens critique si aigu fût devenue croyante. Lacan alluma alors un gros cigare et prononça, satisfait : « Il n'y avait pas d'autre chemin. C'était la camisole de force ou le confessionnal. »

Au moment auquel il faisait allusion, il y avait déjà eu la machine de Lapipe et Rondepierre, dont l'une des conséquences reconnues est précisément d'exacerber la tendance au mysticisme.

Le plus curieux, c'est que ni Lacan ni personne ne semble avoir pensé à un troisième chemin, celui de son talent de photographe. Lacan ne l'a pas poussée à reprendre sa talentueuse carrière interrompue. Dora aurait pu partir une fois de plus dans les rues avec son appareil photo à l'épaule pour se soigner en regardant, en s'emplissant les yeux. Elle aurait pu devenir une reporter comme son vieux compagnon Cartier-Bresson, qui à ce moment avait déjà créé son agence photographique et parcourait la planète à la recherche de l'instant qui est un « pressentiment de la vie ». La chasseuse d'images aurait pu trouver là l'occasion de renaître. La militante de gauche qui avait traversé la guerre plongée dans son conflit personnel, isolée et léchant ses blessures, aurait pu aller vers les autres ; apprendre, par exemple, que le Reich avait capitulé le 7 mai, une semaine avant qu'elle aussi ne capitule, et fêter la victoire commune, la partager, s'ouvrir. Au lieu de quoi son thérapeute a de nouveau adopté avec elle la vieille attitude qui lui a toujours rapporté de gros dividendes : « Ne pas entendre d'autre vérité que celle qui confirme son hypothèse ». Dora = Aimée, il avait déjà la formule, il ne restait qu'à l'appliquer. En l'enfermant dans une prison religieuse appropriée pour des « primaires » (qu'il était loin, à l'évidence, de tenir en très haute estime), Lacan enfermait Dora dans une autre prison ressemblant comme deux gouttes d'eau à celle que Picasso lui-même avait dressée autour d'elle. Quelques années plus tôt, ce même Lacan avait annoncé qu'Artaud, dont une partie de l'œuvre fut écrite à Rodez, n'écrirait plus jamais. L'autorité médicale oublie parfois d'administrer un remède plus efficace que toutes les machines violentes, qu'elles aient pour nom sismothère ou silicium : le respect.

Or, était-il possible de faire marche arrière dans l'histoire ? De redevenir la Dora qu'elle aurait pu être, libre et lâchée sur les routes du monde ? « Elle aurait pu être » : la plus mélancolique, la plus impuissante des phrases. Avant Picasso, c'est le père pervers qui l'avait enfermée ; le père obsédé par l'œil.

Lacan dut attendre 1964 pour organiser ses idées sur la fonction du regard. Pourquoi ne pas penser que Dora, femme regardée et qui regardait, a été présente dans un coin sombre du séminaire numéro 11, largement dédié au Merleau-Ponty de *Phénoménologie de la perception* et, surtout, du *Visible et l'Invisible*, où Lacan parlerait de la « préexistence du regard[15] » – « Je ne vois que d'un point, mais dans mon existence je suis regardé de partout » –, des phénomènes de mimétisme étudiés par Roger Caillois, et de *La Jeune Parque* de Valéry, qui s'appréhende elle-même comme « se voyant se voir », un thème qui a un rapport avec la féminité et avec le regard retourné comme un gant. Pendant ces cours, Lacan dirait que nous sommes « des êtres regardés dans le spectacle du monde », un spectacle *omnivoyeur* ; qu'il n'y a rien dans la vision qui ne se manifeste à nous en tant que dédale ; et que l'œil est une coupe. Et il raconterait une histoire, celle de ses vingt ans, lorsqu'en Bretagne un jeune pêcheur lui avait montré une boîte qui flottait sur la mer et lui avait dit : « Tu vois cette boîte ? Tu la vois ? Eh bien elle, elle ne te voit pas ! » Et il affirmerait que la peinture a quelque chose du « dompte-regard », du miroir aux alouettes, du leurre et du *trompe-l'œil**. Et il soutiendrait qu'il existe un « appétit de l'œil [...], l'œil plein de voracité, qui est le mauvais œil. Il est frappant, si l'on songe à l'universalité du mauvais œil, qu'il n'y ait trace nulle part d'un bon œil, d'un œil qui bénit. Qu'est-ce à dire – sinon que l'œil porte avec lui la fonction mortelle d'être en lui-même doué [...] d'un pouvoir séparatif. [...] Ce pouvoir, où pouvons-nous le mieux l'imager sinon dans l'*invidia* ? *Invidia* vient de *videre*. [...] Pour comprendre ce qu'est l'*invidia*, dans sa fonction de regard, il ne faut pas la confondre avec la jalousie. Ce que le petit enfant, ou quiconque, *envie*, ce n'est pas du tout ce dont il pourrait avoir *envie*. »

Et il finirait en disant : « C'est à ce registre de l'œil désespéré par le regard qu'il nous faut aller pour saisir le ressort apaisant, civilisateur et charmeur, de la fonction du tableau[16]. »

Dora ne choisira pas de se libérer dans la photographie mais dans le tableau. Nous pouvons nous demander quelle a été dans ce choix la part de l'*invidia* et celle de l'envie, comme nous pouvons nous demander si elle a trouvé dans la religion l'apaisement ou bien la persécution de l'œil omnivoyeur par excellence, celui de Dieu.

Le 15 juin de cette année 1945, Dora réapparut publiquement aux côtés de Picasso au théâtre Sarah-Bernhardt pour la première de *Rendez-vous*, de Prévert, par les ballets Roland Petit. Tout le monde était là : Cocteau, Brassaï, tous. Ils regardaient Picasso, qui avait pris du retard pour peindre le rideau (on avait dû agrandir en toute hâte l'un de ses tableaux pour remédier à l'absence d'une véritable création, comme l'avait été en son temps celle du ballet *Parade*) et ils regardaient Dora, la scrutant minutieusement, essayant de capter sur son visage des traces de ce qu'elle avait vécu. Tous étaient au courant pour Françoise, pour le cinéma La Pagode, pour la convulsion électrique avec le rouleau dans la bouche, pour Lacan. En supposant que celui-ci eût voulu la protéger sous ce nom, Tecta, il avait échoué dans sa tentative. Dora ne cillait pas. Sa seule force était que Picasso continuât à la montrer devant les autres. Elle se faisait voir, bien que désirant se cacher. Contradiction de l'œil, son attitude reflétait un double désir : d'abord, celui d'être vue parce que Picasso l'exhibait, ensuite celui de se soustraire aux regards. Ces regards perçants, identiques aux coups de bec dont la bande de colombes saines crible celle qui est malade.

Quinze jours plus tard, elle partit avec Picasso pour Cap-d'Antibes. Marie Cuttoli, chez qui ils avaient logé lors des premières vacances à Mougins, les reçut avec l'euphorie qui lui était habituelle. Il existe une photographie de 1936 où apparaissent Man Ray, sa maîtresse martiniquaise, Ady Fideline, et M. et Mme Cuttoli avec leurs rondeurs méditerranéennes, tous contents et heureux, contrastant de façon saisissante avec un Picasso tourmenté et une Dora Maar qui essaie de transformer la douleur en lassitude. Cette fois aussi Mme Cuttoli a un sourire maternel, comme offrant éternellement un plat de spaghetti, et comme si la rigidité, la pâleur, les mâchoires serrées de Dora permettaient encore de ne s'apercevoir de rien. Les courtisans de Picasso semblaient obéir à un ordre : sourire. Ils savaient l'envelopper dans la même bulle que celle où lui-même enveloppait ses femmes, jusqu'à ce que vienne le moment de la faire exploser du doigt. En compagnie de Mme Cuttoli, Picasso et Dora firent une escapade jusqu'à Ménerbes, dans le Vaucluse, pour voir une maison que le peintre avait acquise en échange d'un tableau.

Ménerbes est un village bâti comme un nid d'aigles au sommet d'une colline aride. La maison, haute, étroite et austère, jouxte le cimetière. De la pénombre intérieure on voit briller une vallée ocre traversée par un vent visible. Plus qu'une maison et un lieu, ces murs et ce paysage avaient tout l'air d'un destin. Picasso dit à Dora : « Tu voulais une maison de campagne ? Prends celle-ci, elle est à toi[17]. » Un cadeau d'adieu. L'endroit idéal pour la solitude. Peut-être en eut-elle l'intuition sans le savoir tout à fait. Pendant ce temps, Picasso continuait sa liaison avec Françoise, sur le visage de laquelle il avait déjà éteint une cigarette lors d'une crise de colère.

Picasso quitta Dora sans le lui dire en face. Elle-même l'a raconté à James Lord. Ils avaient eu une terrible discussion à bord de l'Hispano-Suiza, que « cet imbécile de Marcel » avait entendue tout en faisant le sourd, comme au cours de l'été 1936, en rentrant de Mougins, il avait fait l'aveugle pour ne pas voir les caresses sur le siège arrière. En arrivant rue de Savoie, Picasso l'avait saluée avec beaucoup de courtoisie, beaucoup trop. Elle comprit qu'il ne l'appellerait plus, mais elle attendit tout de même. Pendant près de dix ans il l'avait appelée chaque jour. Entre chaque appel le temps s'arrêtait, et il reprenait son cours lorsqu'elle volait à la rencontre du petit homme chauve avec son pardessus déformé et sa montre accrochée sur le revers par une épingle de nourrice. Dîner chez Lipp avec lui, le voir commander aux Deux Magots la bouteille d'eau minérale qu'il ne buvait jamais, mais dont il retirait la capsule d'aluminium pour créer des oiseaux, des danseuses, des hippocampes. Noter ses mots sur l'art, conserver jalousement chacune de ses phrases, chacun de ses poèmes, arracher des morceaux de toutes les nappes sur lesquelles il avait dessiné des centaines de Dora et de cœurs avec des têtes de faune. Dans la vitrine où elle conservait tous ses trésors – y compris une tache rouge à côté de laquelle elle avait écrit « sang de Picasso » – étaient alignés des petits chiens en papier. Dora avait perdu son petit chien blanc et laineux. Pour la consoler, Picasso le lui avait rendu semaine après semaine, dans chaque restaurant où ils dînaient dont les nappes étaient en papier. Il découpait avec les doigts la tête bouclée, les oreilles tombantes, il traçait avec le bout de sa cigarette une tache brûlée qui suggérait le museau, puis perçait les yeux. Mains magiques. Homme magique. A présent les deux perforations la regardaient depuis un vide bordé de feu.

Peu de temps après cette discussion où ils s'étaient tout dit, sauf adieu, Dora tomba sur Picasso et Françoise dans une exposition de tapisseries. Du moins en apparence, ce fut un hasard. Picasso invita les deux femmes à dîner Chez Francis. D'après le récit de Françoise, Dora se montra très maîtresse d'elle-même. « Je peux commander le plus cher ? demanda-t-elle. J'ai droit à un peu de luxe. » Et elle commanda du caviar tout en faisant voler sa voix d'oiseau, inimitable, racontant des histoires et faisant des plaisanteries que Picasso ne fit pas mine de trouver drôles. Mais il suffisait que la « collégienne » dise que le repas était exquis ou la nuit fraîche pour que lui, avec une fascination exagérée, commente à l'adresse de Dora : « N'est-elle pas merveilleuse ? » En sortant du restaurant il lui dit : « Bon, Dora, je n'ai pas besoin de te raccompagner, maintenant tu es une femme adulte. — Bien sûr, répondit-elle, je suis parfaitement capable de rentrer toute seule. Toi, en revanche, tu as besoin de t'appuyer sur la jeunesse. Je suppose que cela va durer une quinzaine de minutes[18]. »

Elle s'obstinait à supposer que Françoise passerait comme étaient passées d'autres petites jeunes filles. Une erreur nécessaire : comment, sinon, arriver chez elle sans éclater en sanglots ? Dora s'éloigna en marchant bien droit, sans regarder en arrière. Ceux qui souffrent ressemblent aux alcooliques par leur allure digne ; le plus léger mouvement risque de les faire tomber.

Quinze jours ne s'étaient pas écoulés que Picasso amena Françoise rue de Savoie. Il voulait que la jeune fille l'entendît de la bouche de Dora : il n'y avait plus rien entre eux deux. C'était la première fois que Picasso rompait de façon aussi résolue avec une femme. Cette fois, il ne voulait pas se retrouver avec Dora et Françoise, comme il s'était auparavant retrouvé avec Dora et Marie-Thérèse. La raison en était simple : la folie de Dora lui faisait peur. Dora avait toujours été folle, il l'avait dit à Françoise. Jouer avec son délire et avec ses larmes l'avait amusé tant que le jeu ne finissait pas à Sainte-Anne. D'une part la bravoure n'était pas son fort, d'autre part il est rare que la démence la réveille ; Breton non plus n'avait montré aucun courage face à l'internement de Nadja et, moins encore, face à celui d'Artaud.

Dora l'admit comme si cela n'avait aucune importance pour elle, en relevant la tête. « En effet, dit-elle, comme parodiant un tango, il n'y a plus rien entre nous deux. » Mais de nouveau elle insista sur le fait que l'aventure avec Françoise « ne durerait pas plus loin que le coin de la rue ». « Tu n'as jamais aimé personne dans ta vie, ajouta-t-elle en conclusion, tu ne sais pas aimer. » « Un prince injuste hait l'amour. »

Elle était à présent une reine en disgrâce, et une reine folle, ou qui l'avait été, ce qui revenait au même. Marquée : de « la femme qui pleure » à « la femme aux électrochocs ». Ses amis l'abandonnèrent peu à peu, ne sachant quoi lui dire, ou pour ne pas se fâcher avec Picasso. Tous, ou un grand nombre d'entre eux, sauf Eluard. Pierre Daix, son secrétaire à cette époque, raconte que le poète l'avait emmené chez Dora « pour montrer que lui ne la laissait pas tomber ».

C'est sûr, il ne l'abandonna pas. Eluard avait pour Dora une amitié particulière. Lorsqu'il la vit devenir folle il reprocha à Picasso de l'avoir rendue malheureuse. « Ce n'est pas ma faute, se défendit le peintre, c'est vous, les surréalistes, qui lui avez mis toutes ces idées dans la tête. » Cela faisait pourtant des années que Dora s'était éloignée du surréalisme pour se retrouver prisonnière de l'influence de Picasso. A moins que le surréalisme n'eût eu un effet à retardement. En entendant ces mots, Eluard oublia ses manières douces de « consolateur des temps déchirés » : il prit une chaise et la brisa [19].

Pendant la guerre, son attitude avait été bien différente de celle de Picasso. Eluard savait temporiser, arrondir les angles. En favorisant l'affiliation de Picasso au Parti, il savait ce qu'il faisait : le communisme avait besoin d'artistes et d'intellectuels, mieux encore s'ils étaient célèbres, et certains de ces artistes et intellectuels avaient des dettes à payer. Un collaborateur déclaré ne s'amendait pas en s'affiliant, mais un hésitant accommodant oui : on pouvait redorer son blason en montrant sa carte. Picasso avait vendu trop d'œuvres aux Allemands pour qu'en faire un membre du PC ne soit pas un arrangement satisfaisant pour tous. Oui, Eluard connaissait ces manigances et la manière de les appliquer ; mais il avait risqué sa peau. Cela ne faisait pas de doute, il l'avait vraiment risquée. Le *partouzard** aux mains humides devenu résistant avait du courage à revendre. En pleine Occupation, il affirmait que sa grand-mère, qui s'appelait Salahum, était juive. Courage et humanité. Avec Lise Deharme, qui abhorrait Ferdière qu'elle considérait comme responsable de la mort de son mari, il avait aidé Artaud pendant son internement à Rodez. Lui aussi avait été interné avec Nusch, dans un asile psychiatrique à Saint-Alban-sur-Limagnole, grâce au docteur Bonnafé qui lui avait inventé une « légère névrose » pour le sauver des nazis. Et il avait passé la guerre à voyager à travers toute la France, d'un endroit à un autre, gagnant pas à pas le droit d'écrire *Liberté*, l'hymne de la Résistance. Complaisant avec le Parti, avec Picasso, il ne s'en est pas moins mis en colère contre celui-ci à cause de Dora, et contre celui-là lorsque, fatigué qu'on lui fasse jouer le rôle pratique de poète officiel du communisme, qu'Aragon incarnait sans le moindre soubresaut, il se choisit un pseudonyme, celui de Didier Desroches.

La relation d'Eluard avec Dora, si elle l'avait voulu, aurait pu être différente. Ses lettres, les dédicaces de ses livres montrent que le sentiment d'amitié hésitait au bord de l'amour. « A Dora l'exceptionnelle ma terre et ma mer comme il n'y a pas d'autre couleur de femme facile contre le monde difficile et incolore. » « Hommage à Dora, belle, forte et douce. » « A Dora mortelle et bonne, constante et belle. » Et cet autre poème publié dans *Donner à voir* en 1938, qui fait ouvertement allusion à une Dora peinte, emprisonnée par Picasso : « Puis les pinceaux peignent une prison sur / son corps, sur son cœur, / un filet bien transparent. » Et cet autre intitulé « Identités », dédié à Dora Maar, qui parle de « la hache au bord de la blessure / le corps comme bouquet déployé / et le volcan de la santé », qui reprend les mots de sa dédicace : « Je vois mortelle et bonne / l'orgueil qui retire sa hache », et qui termine avec deux vers qui annoncent la recluse de Ménerbes : « Je vois je lis j'oublie / le livre ouvert de mes persiennes fermées ». Puis, encore, ce poème auquel j'ai déjà fait allusion publié dans *Les Yeux fertiles* en 1936 et mis en musique par Francis Poulenc : « Figure de force brûlante et farouche / cheveux noirs où l'or coule vers le Sud / Intraitable démesurée / Inutile / Cette santé bâtit une prison. » Un poème consacré de toute évidence à Dora, puisqu'il revient à cette image de santé volcanique qui fascine et effraie le poète. Une santé qui ne mène pas à la liberté mais à l'enfermement. Et enfin cette lettre envoyée dix ans plus tard, le 5 février 1948, alors que tout était consommé : « Je rentre chez moi et j'ai ce sentiment calme de bonheur de t'avoir revue, pareille à tout ce que tu as toujours été. Moi, j'ai changé, je me suis tellement couvert de cendres !... Belle petite Dora, mouvante et émouvante, mon amie aux yeux de vérité et d'illusion, tu es toujours en tête de mon idée de la femme, pâle et brune et blanche, Dora[20]. »

Tout consommé : la séparation, la mort. Le 28 novembre 1946, Dora était entrée en larmes, défaite, dans l'atelier de la rue des Grands-Augustins. Nusch venait de mourir. Se trouvant auprès de sa belle-mère malade, elle était tombée foudroyée par une hémorragie cérébrale. Subitement, comme la mère de Dora. Attrapée par cette toile d'araignée que la photographe avait posée sur son visage fragile. Nusch avait été la seule à connaître le pseudonyme avec lequel Paul Eluard ambitionnait de parvenir au cœur de ses lecteurs sans que le prestige de son nom occultât la vérité du poème. En juin 1947, les éditions des *Cahiers d'Art* de Zervos publièrent une plaquette de quatorze poèmes illustrés par des photographies de Man Ray et de Dora Maar. Le titre : *Le Temps déborde*. L'auteur : Didier Desroches.

Pourquoi un amour entre Dora et Paul fut-il impossible ? Leurs propres noms, qu'ils avaient eux-mêmes choisis, le proclament. Eugène Grindel devint Paul Eluard par amour pour le son fluide du *l*. Il aimait l'aquatique, ce qui n'a ni arêtes ni rugosités. Quant à Théodora Markovitch, elle devint Dora Maar, une femme violente, blanche, noire et rouge, qui exacerbait dans son pseudonyme les *r* rocailleux de son nom croate. L'« intransigeance » de Dora contrastait avec la douceur d'Eluard. A la mort de Nusch, le veuf inconsolé trouva le réconfort chez un couple d'amis avec lesquels, autrefois, la défunte et lui avaient formé un quatuor amoureux.

On affirme qu'Eluard proposa alors le mariage à Dora ; on insinue que l'idée de former un autre quatuor imaginaire avec elle, Picasso et Françoise le consolait aussi. Si c'est vrai, c'était oublier que Dora, pendant ces vacances de « la famille heureuse », ne forma ni avec Eluard ni avec personne aucun quatuor, et qu'alors que Picasso faisait l'amour à Nusch elle resta seule. Vues avec le recul du temps, les photos de ces vacances où Dora montra à plusieurs reprises Picasso avec Eluard et Nusch avec Eluard, tous rayés comme des zèbres par l'effet du soleil à travers des cannisses, reflétaient bien sa vision de trois prisonniers derrière des barreaux d'ombre et de lumière. Elle n'apparaissait pas sur la photo. En fait, elle, la prisonnière de Picasso, n'était pas comme eux derrière les barreaux, mais au-dehors, libre de « péché » dans la mesure où l'« appétit de l'œil » pouvait le lui permettre.

Parce que ne pas participer ne voulait pas dire ne pas jouir. Etre spectatrice n'était pas être sainte. Son plaisir se situait du côté de l'œil, de l'œil mauvais. Maintenant, elle devait payer pour ce plaisir en devenant aveugle, en devenant invisible. Peut-être la proposition matrimoniale d'Eluard n'est-elle qu'une légende. Si tel était le cas, ce serait l'une de ces légendes qui éclairent davantage l'histoire que le fait véridique et vérifiable. On dit que lorsque Eluard lui proposa d'être son épouse, elle lui répondit : « Après Picasso, seulement Dieu. »

Chapitre IX

Les yeux tournés vers le ciel

Dora a toujours insisté sur le fait que sa liaison avec Picasso s'était prolongée jusqu'en 1946 ; peut-être parce qu'elle a cru jusqu'à cette date que la « collégienne » ferait long feu. Mais en mai de cette année-là, Françoise Gilot fit taire ses doutes et vint s'installer rue des Grands-Augustins ; et en juillet, Picasso asséna à Dora le coup définitif, en lui demandant de lui prêter sa maison de Ménerbes pour aller y passer ses vacances avec Françoise. Ce que, dans son *Journal d'un poète*, Alfred de Vigny appelle la « lâcheté de l'espoir » devenait impossible. A présent s'imposait le courage de ne pas attendre.

1946 fut également l'année de la deuxième exposition individuelle de Dora, cette fois à la galerie Pierre Loeb. Ces paysages des bords de Seine qui font penser à la conversation avec James Lord (« Les arbres ressemblaient à des ballons sur le point de s'envoler ») et des natures mortes qui annonçaient un poème que Dora écrivit dans les années soixante-dix : « Tout est simple et j'admire la fatalité totale des objets[1]. » La phrase témoigne de la vérité de sa vision, qui ne subit plus aucune influence, bien que Picasso, en sortant de la galerie, ne se soit pas privé de dire à Françoise

Gilot : « C'est une régression. Maintenant, elle imite Balthus[2]. »

Il est vrai qu'à cette époque Dora fréquentait le peintre des toutes jeunes filles, une fréquentation intolérable au sultan, même s'il savait que Balthus n'aimait justement que les très jeunes filles. (Peu après il alla vivre avec Laurence Bataille, la fille adolescente de l'écrivain.) Mais hormis cette jalousie à l'évidence absurde, la réaction de Picasso montrait son irritation devant cette vision du monde qui naissait chez Dora, et qui ne devait rien ni à lui ni à personne. Le fait qu'elle révélât une manière de voir personnelle ne figurait pas dans le pacte.

Le sentiment de la « fatalité des objets » s'était déjà fait jour dans ces deux réveils que Dora avait peints sous l'influence de Picasso, en 1940 et en 1943, en utilisant une matière épaisse et en entourant le tout de formes anguleuses et de violents contrastes. Maintenant, au contraire, ces objets existaient de manière tellement inévitable que l'artiste se contentait de constater leur présence, sans commentaires ; une présence désincarnée, vidée de substance. Le rouge et le noir étaient devenus des verts et des bleus doux. « Oh, monde intérieur, qu'il est difficile de te révéler ! écrivait un vieil admirateur de Dora, Marcel Zahar, dans un article consacré à son œuvre. Voici qu'avec une jarre et un vase, Dora Maar ouvre les rideaux opaques et réalise simplement l'un des miracles de l'art qui consiste à transformer une toile en une surface ardente où bouillonnent les principes essentiels[3]. »

L'année 1946 marque également le moment d'un changement de visage. La Dora photographiée cette année-là par Izis porte le même corsage blanc au col ouvert sur le strict gilet croisé en velours côtelé et la même coiffure couronnée par un chignon aplati au sommet de la tête que sur la photographie de Brassaï en 1944. Mais entre les deux il y avait l'abandon, la psychanalyse, Sainte-Anne. Chaque trait semble avoir traversé son propre tunnel. Sur la plus grande partie de ces photographies, Dora garde les yeux baissés. Elle ne les ouvre plus avec terreur comme un animal qui guette en craignant l'attaque ; dorénavant, elle ne subira pas les agressions qui la font se sentir vivante. Sous les paupières mi-closes un regard perdu s'insinue. Les commissures tombantes ont agrandi la bouche. Deux lignes qui n'existaient pas autrefois l'entourent, tandis que la lèvre supérieure remonte à peine sur l'inférieure en un petit mouvement désolé et un peu enfantin que Picasso a capté dans l'un de ses portraits, mais sans l'accentuer. Sur un côté de son front apparaît la petite protubérance que le peintre a exagérée à l'extrême. Lord m'a dit que Dora s'étonnait de l'acuité visuelle qu'il fallait pour découvrir ce trait, qu'elle-même ignorait. Ce qui est sûr, c'est qu'il apparaît sur la photo. Le nez est toujours le même, droit et parfait, mais calme, comme si la respiration de forge ardente qui sur ses photographies des années antérieures en faisait vibrer les ailes de manière visible s'était arrêtée. C'est une femme mûre entourée de silence qui écrit en ce 23 mai : « Je marche seule dans un vaste paysage / il fait beau – Mais il n'y a pas de soleil. Il n'y a pas d'heure / Depuis longtemps plus un ami plus un passant. Je marche seule. Je parle seule[4]. »

Cependant elle parlait, encore, avec d'autres, ou du moins essayait-elle. Le poète André Du Bouchet sourit au souvenir de l'élégance avec laquelle cette intelligente solitaire était capable de s'adapter au rite social. Le prouve le fait que ses deux grandes amies de cette époque aient été Marie-Laure de Noailles – dont l'une des sophistications consistait à avoir pour amant le grossier Oscar Domínguez, le sculpteur espagnol qui avait passé la guerre à vendre de faux Picasso et qui, lors d'une beuverie, avait éborgné le peintre Victor Brauner – et Lise Deharme, la délicieuse et agaçante petite fille gâtée qui avait patronné la rencontre entre Dora et Picasso. En 1973, Jacques Chancel enregistra un entretien avec Lise. L'image qu'on en retire est celle d'une femme imbue d'elle-même, guindée, d'une fausse ingénue qui continuait à répéter de vieilles histoires surréalistes d'arcanes, de Mélusines et de chats roses. De toute évidence, Dora choisissait ses amitiés du moment selon un seul critère : s'étourdir. Lise offrait une fête chaque semaine et Dora avait beaucoup à fêter, car elle avait beaucoup à oublier, mais aussi beaucoup à prouver. Il fallait que Picasso sût qu'elle était vivante, lui qui en toute simplicité attendait son suicide comme on attend que la nuit succède au jour. La période mondaine de Dora dura jusqu'en 1958 et s'acheva d'une manière que beaucoup trouvèrent brutale, pour la bonne raison qu'ils ne l'avaient jamais observée avec attention, et encore moins avec sympathie. Dans le milieu où elle évoluait elle ne pouvait éveiller de l'intérêt que parce qu'elle était l'ex de Picasso, et de la pitié complaisante que parce qu'elle incarnait le plus pitoyable des rôles, celui de la femme délaissée.

Le témoignage de Lord est utile pour illustrer cette période. Dora l'avait connu en 1944, lors de l'épisode du briquet. Des années plus tard, une mystérieuse amitié était née entre le jeune Américain de trente et un ans et la femme de quarante-six. Les motifs de Lord pour approcher Dora sont clairs, et lui-même a pris soin de les analyser dans le détail : fascination homosexuelle pour Picasso à travers Dora, et fascination pour la femme-image, la « déesse », comme il l'appelle lui-même ; une vedette élégante et passionnante du monde artistique parisien qu'il désirait ardemment approcher. A première vue, ceux de Dora sont moins évidents. Que faisait cette femme d'âge mûr, au passé tourmenté et aux tendances mystiques, avec le gay longiligne, évanescent, snob ? André Du Bouchet, qui nourrit à l'égard de Lord et de son livre le plus sublime des mépris, m'a fourni l'une des réponses possibles en me racontant que Dora lui avait dit : « J'ai fait la connaissance d'un jeune Américain et je me charge de son éducation. »

Curieuse réflexion. La même qu'avait empruntée la pauvre Marie-Thérèse en disant que Picasso, « l'amant merveilleusement terrible », les avait « très bien éduquées », elle et la petite Maya ; éduquées pour qu'elles restent à la maison à attendre sa venue sans envahir les espaces qu'il ne voulait pas leur céder. La même qu'on emploie aujourd'hui dans les annonces sadomasochistes des journaux : « Maître sévère se chargerait de l'éducation d'une femme ou d'un homme jeunes. » La même, ou presque, qu'utilisa Dora dans ses vieux jours en disant : « Je n'ai pas été la *maîtresse** de Picasso, il fut mon *maître**. » L'ambiguïté règne mais la clarté se fraie peu à peu un passage. La *maîtresse*, c'est à la fois l'amante, la propriétaire et la maîtresse d'école ; *maître*, c'est le propriétaire et le maître d'école. Un fil conducteur réunit celui qui possède à celui qui jouit et enseigne.

La soumission que Dora imposa à Lord dans cette amitié d'ailleurs platonique a quelque chose de tout cela. Quelque chose qui s'est peu à peu révélé à travers les sautes d'humeur et les caprices autoritaires de la diva, mais surtout à travers un comportement pingre exprimé à travers l'argent et les objets. L'Américain commença par s'étonner, plutôt mécontent, d'avoir à payer le restaurant à une femme plus âgée et plus riche que lui, tout en se réjouissant obscurément de cette obligation, et il finit par capter l'avarice de Dora, symbolisée par les multiples clés et verrous avec lesquels elle fermait ses portes. La clé, symbole sexuel, comme Picasso l'avait bien compris en peignant Dora comme une étrangère qui s'apprête à entrer dans la cabane du Dieu en tenant l'objet magique à la main ; et symbole anal. Dora, Picasso (et Lacan) se ressemblaient dans leur manie de tout garder, d'accumuler, de ne rien jeter au panier. Le Picasso de la vieillesse, reclus dans son château de Mougins auprès de sa dernière épouse,

Jacqueline Roque, qui lui servait de cerbère, était aussi avare que le serait Dora vieille recluse dans la solitude de sa maison. Tous deux avaient été unis par un amour sadique. Tous deux conservaient dans leurs vitrines une multitude de souvenirs. Lui, le gant ensanglanté de la première scène aux Deux Magots ; elle, la goutte de sang de Picasso.

Pour le moment, entre 1946 et 1958, Dora sort, rend des visites, ne reçoit pas chez elle mais fréquente des salons. Et elle picore dans l'assiette d'autrui. Tous les midi, un petit groupe d'amis, parmi lesquels figuraient en général Balthus, le couple Hugnet, Georges Bernier, Léonor Fini, Gaston Gallimard, se retrouvait pour déjeuner au Catalan. Il n'y avait aucun risque de tomber sur Picasso, à l'abri du brouillard parisien dans la maison de Vallauris où il vivait avec Françoise et, bientôt, avec leurs deux enfants, Claude et Paloma. « Dora arrivait tard, m'a raconté Myrtille Hugnet, et commandait un café en disant qu'elle avait déjà déjeuné. Mais elle attrapait une fourchette et piquait un petit morceau dans chaque assiette en demandant : "C'est bon ?" Les gens l'appelaient *Picassette.* » Un aimable jeu de mots entre *pique-assiette** – le profiteur affamé qui se nourrit dans les cocktails en grappillant des canapés – et Picassette, la petite Picasso. Dora, version réduite du redoutable picador qui blesse le taureau avec sa pique ; version armée d'un cure-dents.

Recomposer la Dora des années quarante et cinquante est un exercice qui rappelle celui du film japonais *Rashomon*, où chaque témoin raconte à sa manière l'histoire d'un viol. J'ai décidé d'exposer des fragments de ces témoignages que j'ai pu recueillir sous forme de *patchwork*, parce que chacun d'eux contient une part de vérité, et que les assembler côte à côte revient à reconstituer la Dora mise en pièces par la vision de Picasso.

Maya Walter-Widmaier : « Dora ? La dame baveuse. Moi, à cinq ans, c'est ainsi que je l'appelais.

Dora avait l'habitude de se mouiller les lèvres avec la langue pour paraître plus séduisante. Moi, ça me dégoûtait. En plus, je sentais la tension sur le visage de maman chaque fois que nous nous approchions de la rue des Grands-Augustins, car elle savait que Dora s'y trouvait. Aussi, un jour, j'ai dit à papa que je ne voulais plus voir la dame baveuse, jamais plus, et il m'a écoutée. Il a fait en sorte que nous ne nous rencontrions plus. »

Aube Breton : « Je me souviens d'elle à l'époque où mes parents et moi sommes rentrés des Etats-Unis, après la guerre. J'ai passé quelques jours chez Dora, à Ménerbes, avec ma mère. J'avais alors onze ans et j'éprouvais le besoin de m'isoler, de rester seule, mais Dora entrait dans ma chambre sans frapper et se moquait de moi lorsque je protestais. C'était une reine autoritaire, si dominatrice qu'elle emplissait tout l'espace de la maison, si hautaine que lorsqu'elle traversait une pièce pour se rendre dans une autre et disparaissait au regard, sa présence persistait comme sur ces photographies surréalistes qui décomposent le geste d'une personne. Les images successives de Dora demeuraient pendant un moment, telle une queue. Un mouvement lourd qui se prolongeait un bon moment après son passage. J'avais l'impression de la sentir même là où elle ne se trouvait pas. Ce n'était pas que je fusse jalouse de Dora, mais je n'avais pas envie d'aller vers elle. Elle était brusque, ironique, sarcastique, et il y avait de la malice dans son regard. Elle provoquait mon père en lui montrant exprès ses petites médailles miraculeuses. Je me souviens d'une scène. Il faisait nuit, c'était l'été. Nous dînions, les fenêtres ouvertes. Autour d'une lampe située juste au-dessus de la soupière, des centaines d'insectes volaient, attirés par la lumière, et tombaient dans la soupe. Les convives étaient Lacan avec Sylvia, la femme de Duthuit, qui venait de rentrer d'un camp de concentration, Dora, ma mère et moi. Mme Duthuit racontait des choses atroces sur le camp. Personne ne se préoccupait que je l'entende, on ne m'a jamais rien épargné. De temps en temps, Sylvia se levait et allait vomir par la fenêtre. J'étais trop jeune pour savoir qu'elle vomissait à cause de ce qu'elle entendait, parce qu'elle était juive. Je croyais qu'elle vomissait à cause des insectes tombés dans la soupe et je pensais : Puisque son mari est médecin, pourquoi est-ce qu'il ne la soigne pas ? »

Myrtille Hugnet : « Non, elle n'était ni arrogante ni hautaine, elle était digne et réservée. Une femme d'une grande rigueur. Pensez que sa vie sexuelle s'est définitivement arrêtée à trente-six ans, en 1943, lorsque Picasso l'a quittée. Et elle ne se plaignait pas. Pas un mot, rien. Elle était secrète. Pleine de qualités, muette, calme, avec cette voix rauque, fumant toujours, toujours vêtue et peignée d'une façon tellement stricte, tellement sérieuse. On avait l'impression qu'elle portait tout le poids de la vie sur ses épaules. Elle ne se mêlait jamais des histoires des autres, des médisances. Marie-Laure a fini par se fâcher avec Lise, qui était très méchante et ne supportait pas le bonheur des autres (elle venait toujours au Catalan avec ses robes violettes, amenant une ancienne maîtresse de mon mari pour me faire enrager), mais Dora n'a pas pris part à la querelle. Il est vrai aussi que cette sorcière de Lise ne s'en est pas pris à elle. Dora était sacrée : elle avait été avec Picasso, autrement dit avec Dieu, et cela la rendait intouchable. A cette époque, Dora fréquentait la paroisse de Saint-Roch, rue Saint-Honoré, la paroisse des artistes, mais elle ne parlait que fort peu de religion. Du moins pas avec moi. Avec mon mari, je crois que oui. Je vous ai déjà dit qu'ils s'enfermaient tous deux pendant des heures chez Dora, rue de Savoie, car elle peignait son portrait. Une fois j'y suis allée et ils ne m'ont pas ouvert. Je me suis rendu compte ensuite qu'ils ne m'avaient pas entendue parce que Dora avait une grande cage avec des oiseaux et que leurs trilles couvraient le bruit de la sonnette. Je dis que Dora et Hugnet devaient parler de religion parce que lui, qui avait été élevé dans un collège de curés, était en train de se reconvertir, un peu. La dernière fois que j'ai vu Dora, elle était pimpante, parfaite, elle portait un chapeau et une très jolie robe, très sobre, je m'en souviens, bleu marine et blanc. »

Raymond Mason : « Je l'ai connue en 1946. C'est une amie américaine qui me l'a présentée, Catherine Dudley. Picasso venait de rompre pour toujours avec elle, et Dora aurait eu des raisons de pleurer. Mais elle ne le faisait pas. Pas du tout. Croyez-moi. C'était une femme lucide, digne, qui se contrôlait parfaitement. Elle n'avait rien d'une pleurnicheuse. Elle était également drôle, fine, et avait de l'humour. La plus intelligente des femmes de Picasso. Fernande n'était pas mal, Marie-Thérèse avait une sexualité simple, Françoise Gilot était la Française à l'esprit clair, mais peu profond, Jacqueline Roque s'est arrangée pour enfermer Picasso dans une sorte d'exil et l'éloigner de tout le monde, Dora était absolument exceptionnelle. »

Anne de Staël : « La femme la plus admirable que j'ai connue dans mon adolescence. Un talent, une réserve, une dignité. Une intelligence incisive, elle ne disait jamais la même chose que les autres. Nous nous voyions à Ménerbes chaque été. C'était une amie de mon père, le peintre Nicolas de Staël. J'étais une gamine timide et pas très belle, alors que ma sœur était très jolie. Dora s'en rendait compte, elle s'intéressait à moi, à ma poésie, elle me conseillait, elle me disait : "Quand les décolletés de ta sœur auront disparu, tes poèmes seront encore là." Elle était la seule à m'ouvrir l'horizon. Pendant ces années, j'avais du mal à admirer, à trouver un modèle, surtout féminin. Dora fut ce modèle. Je n'ai pas rencontré beaucoup de grandes dames dans ma vie, elle en était une. Dora avait adoré Picasso, mais elle le trouvait terrible, toujours actif, toujours gagnant, incapable de s'arrêter. Elle, c'était une personne vraie, qui ne se réfugiait pas dans le travail comme lui le faisait. »

Lili Masson : « Dora m'a dit que Picasso était le diable. »

Au-delà de leurs contradictions, ces témoignages contiennent deux détails intéressants. Le premier, frivole : cette jolie robe bleu marine et blanc dont parle Myrtille semblerait être la jumelle de celle de Xénie décrite par Bataille. Le second, piquant : la Dora qui s'amuse à offusquer Breton avec ses médailles miraculeuses nous révèle un aspect inattendu de sa religiosité. Elle a embrassé l'extrême gauche surréaliste pour offusquer ses parents. Elle sait maintenant que son père surréaliste recevra la nouvelle de sa conversion comme une gifle, et elle n'hésite pas à la lui administrer. Sa conversion est à la fois authentique et théâtrale. Une nouvelle provocation, une nouvelle rupture.

Mais rien n'est simple cependant. Le poète et éditeur de poésie José Corti raconte dans son livre de mémoires une scène qui eut lieu dans sa célèbre librairie, en 1964. Jacqueline Lamba venait de lui confier que Breton, dont elle était séparée depuis plusieurs années, se déclarait « le plus infortuné des hommes ». Il s'était imposé le silence depuis longtemps, trop longtemps pour qu'il s'agisse d'une stérilité littéraire. Il n'écrivait pas, ne publiait pas. Tous se demandaient pourquoi. A ce moment, dit Corti, un homme entra dans la librairie et intervint dans le dialogue. Je soupçonne qu'il s'agit d'un personnage imaginaire, inventé par Corti pour lancer la pierre en cachant la main. Quelle pierre ? Que le mutisme littéraire de Breton était dû à une conversion secrète. « Ce n'est pas de n'avoir découvert que le néant de tout, le rien, mais bien au contraire, de s'être convaincu qu'il avait vu juste en écrivant : *La lucidité est la plus grande ennemie de la Révélation.* On comprend bien, reprit mon visiteur, qu'il serait difficile à celui qui a tenu des propos du plus primaire anticléricalisme de déclarer un beau jour qu'il y a eu maldonne ; que, toute réflexion faite, le noir est devenu blanc[5] ! » Malicieux visiteur, et malicieux Corti. Peut-être la clé de ce secret est-elle effectivement dans le trouble de Breton, comparable à son homophobie, devant les petites médailles de la non moins malicieuse Dora. Celui qui s'offusque a peur de se voir attiré par cela même qu'il rejette.

Pour revenir à la réfraction de la vérité – cette ligne brisée que suivent les souvenirs lorsqu'on les raconte, tel un rai de lumière qui traverse l'eau –, celle-ci apparaît clairement dans certaines histoires qui font référence à la relation de Picasso et de Dora après 1946.

Dans son livre, James Lord relate l'arrivée à l'appartement de Dora d'un énorme paquet envoyé par Picasso. Celle-ci appelle Lord pour qu'il l'aide à l'ouvrir, car il a été emballé avec un soin excessif. Lorsque enfin l'objet apparaît, il s'avère que c'est la chaise la plus horrible et la plus inconfortable qui se puisse imaginer. L'Américain la décrit avec minutie, bien que sans comprendre : chez un être guidé, comme lui, par le sens esthétique, le choc de la laideur occulte d'autres lectures. Dora ne dit rien et place la chaise chez elle. C'est un cadeau de Picasso et cela suffit. S'il la lui a envoyée, il a sûrement une raison. Quelque temps plus tard, Lord rencontre Picasso qui lui demande comment il a trouvé le cadeau qu'il a fait à Dora. Lord lui répond : « Très laid. — Oui, admet le peintre en riant de son rire "hennissant", c'est la chose la plus laide que j'ai vue dans ma vie[6]. » En fait, il saute aux yeux que sa laideur n'épuise pas son sens. Il s'agit d'une chaise dont les angles ont été attachés par des cordes ; exactement la chaise dans laquelle Picasso a peint Dora pendant des années, et dont la corde a fini par constituer le corps et le visage de la femme attachée. La lui envoyer ne pouvait signifier qu'une chose : « Tu es toujours ma prisonnière. » Une fois de plus, en la recevant et en l'installant dans son salon, Dora a dû éprouver le vertige de la soumission.

De son côté, Jean Leymarie, le critique d'art et ancien directeur du musée d'Art moderne, m'a raconté l'histoire suivante, qui lui avait été narrée par René Char : « Dora était avec des amis à Ménerbes lorsque arriva une énorme caisse contenant un cadeau de Picasso. Il était si bien emballé qu'il fut difficile de l'ouvrir. Lorsque enfin l'objet apparut il se révéla que c'était un prie-Dieu d'église. Il était évident que Picasso se moquait de Dora et de sa religiosité. » Une chaise absurde, un prie-Dieu qui ne l'était pas moins. Deux cadeaux semblables emballés dans deux caisses difficiles à ouvrir, et tous deux ayant le même objet : se moquer de Dora.

Mais Picasso avait-il besoin de réitérer les agressions, ou son trop-plein de génie lui soufflait-il l'invention d'autres tourments ? Mary Ann Cows raconte dans son livre[7] qu'après la mort de Picasso un médecin canadien trouva parmi les affaires du défunt un petit paquet enveloppé dans du papier de soie sur lequel était écrit : « Pour Dora Maar ». Le médecin essaya en vain de joindre la destinataire pour lui remettre le cadeau posthume. Mais elle ne lui répondit jamais. Finalement, le monsieur circonspect se décida à ouvrir le paquet. Il s'agissait d'une bague. En l'examinant de plus près, il vit à l'intérieur une pointe d'acier. C'était une sorte de clou qui, si elle avait eu l'imprudence d'essayer le cadeau, lui aurait arraché la chair. Un homme ayant suffisamment d'imagination pour concevoir cet anneau n'avait nul besoin de se répéter avec un prie-Dieu après avoir envoyé une chaise. Au cas où subsisteraient des doutes, le poète André Du Bouchet, en entendant la deuxième anecdote, s'exclama avec colère : « René Char n'est jamais allé à Ménerbes, bien qu'il vécût tout près. Il n'avait que peu d'estime pour Dora. Cette histoire est fausse. » Dora répétait dans sa vieillesse : « Tout ce qu'on raconte sur moi est faux. » Si nous nous en tenons à ce que nous enseigne *Rasho-*

mon, tout ce qui se raconte sur tous est à la fois faux et vrai.

Peut-être l'anecdote la plus révélatrice à cet égard est-elle celle des retrouvailles qui eurent lieu entre Dora et Picasso, à Castille, chez le critique d'art Douglas Cooper. Cet Australien excentrique qui s'efforçait de cultiver un style à la Oscar Wilde et de devenir la nouvelle version de Gertrude Stein, à l'évidence sans obtenir ni l'une ni l'autre chose, avait cependant réussi à faire de son château authentiquement médiéval un lieu où il convenait d'être invité. C'était pendant l'été 1954. Lord, qui avait fait le voyage de Ménerbes à Vallauris pour rendre visite à Picasso et lui apporter, de la part de Dora, un cadeau non moins curieux que l'affreuse chaise – une pelle rouillée –, avait commis une maladresse peut-être volontaire : lui annoncer que Dora et lui se proposaient d'aller rendre visite à Cooper et de passer la nuit au château.

En arrivant à Castille, Dora et James Lord trouvèrent l'Hispano-Suiza garée devant la porte. « Il est venu pour moi », dit Dora et, rassemblant tout son courage, elle entra dans la maison. Picasso, devançant Cooper, vint à sa rencontre. « Dora, ma chérie, quelle surprise, je n'avais aucune idée que tu viendrais quand Douglas m'a invité », mentit-il en l'embrassant sur la bouche. « Quelle merveilleuse coïncidence », se moqua-t-elle.

Il y avait là, entre autres personnes et en dehors de Cooper, le jeune John Richardson, qui deviendrait le biographe de Picasso, et Jean Leymarie. Picasso ne s'occupait que de Dora. L'attention de tous convergeait vers eux. Montrant quelques-uns de ses tableaux qui étaient accrochés aux murs, Picasso les appela ses enfants et ajouta qu'il y en avait plusieurs qui étaient à Dora. (Auparavant, lors d'une conversation avec Lord, il avait accusé Dora de l'avoir obligé à lui offrir des tableaux, ce qu'elle-même confirma, non sans ajouter : « Je l'ai fait pour me venger. ») « Oui, un véritable orphelinat », répondit brièvement Dora.

Mais garder sa finesse d'esprit ne voulait pas dire perdre ses illusions. Et il le savait. Avant de passer à table, et tandis qu'il s'en prenait à James Lord en demandant à Dora ce qu'elle lui trouvait et s'ils allaient se marier, il tint tout le temps sa main dans la sienne. Au cours du repas les attaques contre l'Américain se firent de plus en plus féroces. Puis, devant tout le monde, Picasso dit à Dora : « Viens, j'ai quelque chose à te dire à toi seule, et que je ne veux pas que les autres entendent, c'est trop personnel, trop intime. Tu sais comment les gens déforment tout. » Il la prit par l'épaule pour la guider vers un coin de la salle. Les invités avaient les yeux fixés sur eux. Et alors que tous s'attendaient à ce qu'il lui murmure à l'oreille ce que personne d'autre ne pouvait entendre, Picasso laissa Dora plantée dans le coin, seule, et il revint vers les autres. Elle dut refaire le chemin en sens inverse dans une solitude que Lord qualifie d'« implacable[8] ».

L'histoire ne s'arrête pas là. Dora et James Lord avaient projeté de partir le lendemain matin pour aller rendre visite à Balthus dans son château de Chassy. Quand Dora s'approcha du groupe (les courtisans, gênés, évitaient de la regarder), Picasso proposa de les accompagner. Sur-le-champ, au milieu de la nuit. Un voyage dans l'Hispano-Suiza : seulement Dora et lui tandis que son fils Paulo conduisait la vieille automobile qui avait un jour abrité leurs amours, « Tu n'as pas oublié, Dora ? — Non, non je n'ai pas oublié », dit-elle. Un voyage fou, romantique, en s'arrêtant n'importe où pour boire du vin et du calvados et même pour se perdre quelque part et dormir sous les étoiles. « Le petit Lord peut nous suivre avec les valises », concéda-t-il, magnanime. Dora hésita, tentée. Enfin elle parvint à articuler : « Je fais le voyage avec Lord. On se retrouve chez Balthus. — Tu fais le voyage avec lui ? Bon, alors pars avec lui, cria Picasso, furieux.

Allons Paulo. Je suis vieux, il est tard et nous sommes loin de Vallauris. »

Dans sa version de la scène, Lord analyse longuement la partie qui le concerne (l'agression de Picasso, le sourire enchanté de Douglas Cooper tandis que le sultan attaque son « petit » compatriote), mais très peu celle de Dora et encore moins celle de Picasso. Selon lui, il s'agit d'une scène d'humiliation. Dora est emmenée au coin par Picasso, puis invitée à boire du vin et du calvados au milieu des fleurs du chemin, mais elle reste seule face au regard ambigu des autres. Par deux fois Picasso lui tend l'appât, puis le retire au moment où elle est sur le point de s'y laisser prendre.

A vrai dire, ce que l'on retient de la scène, c'est que Dora est humiliée la première fois, mais pas la seconde. Elle se serait exposée à un nouvel outrage si elle avait accepté l'invitation et relégué l'Américain au rôle de porteur. Ce qu'elle ne fait pas. En répondant : « Je fais le voyage avec Lord », elle montre une force de caractère et une fidélité à l'ami qui n'en font pas une perdante. Furieux devant un refus qui le fait subitement se sentir vieux, Picasso s'aperçoit qu'il n'a plus face à elle le pouvoir absolu. Il l'a emmenée au coin et il a gagné. Il a voulu l'entraîner dans un voyage avec lui en abandonnant son compagnon et il a perdu. Il se peut que le pervers narcissique ait pensé faire à propos du voyage la même chose qu'avec le coin, si elle avait accepté d'aller avec lui et sans Lord. Mais ça, nous ne pouvons pas le savoir. La scène telle que ce dernier la raconte montre un Picasso trop fou de jalousie pour vraiment humilier. Vieux en effet, ou, en tout cas, ayant moins de dents.

La version de John Richardson[9] vient ajouter de nouvelles nuances. D'après lui, Picasso avait déjà été invité chez Cooper lorsqu'il apprit que Dora l'était également. « Tant mieux, s'exclama-t-il d'un air de conspirateur, ça fait des siècles que je ne l'ai pas vue. Ne lui dites pas que j'y serai. » Et avant qu'elle n'arrive, il évoqua longuement la fermeté de son regard qui reflétait son intelligence, et son sens de la mode, qui lui inspirait les chapeaux surréalistes ornés de poissons, de fleurs et de boîtes de sardines apparaissant dans nombre de ses portraits, et qui contrastaient tellement avec la toque Hermès qu'il avait offerte à Marie-Thérèse. Les chapeaux lui avaient permis de les différencier dans son œuvre. Ils lui avaient également servi d'avertissement : Dora commençait à devenir folle. « Je l'ai laissée par peur. Peur de sa folie... Dora était folle bien avant de le devenir complètement. » A ce moment, Dora arriva avec James Lord. Picasso l'embrassa sur la bouche ; la suite, nous la connaissons. En supposant qu'il l'ait crue vraiment folle, on peut se demander s'il pensait que le proclamer en public avec si peu de délicatesse quelques minutes avant qu'elle ne fasse son apparition pouvait provoquer chez elle une amélioration.

Les deux versions sont complétées par celle de Jean Leymarie, à qui Cooper avait dit que Picasso n'était pas au courant de la venue de Dora. En apprenant qu'elle venait, Picasso s'était mis à respirer en bombant le torse, comme s'il faisait des exercices, afin de montrer qu'il était en bonne forme physique et de ne pas s'émouvoir plus que de raison. « Il était très nerveux, me dit Leymarie. Il se préparait comme un athlète pour la recevoir. »

Un détail qui nous permet de faire le tour complet de la scène. Cet homme jaloux, cet homme lié à la femme par un inextinguible besoin de l'agresser, cet homme qui inspire et expire pour calmer ses nerfs fait penser à un homme amoureux. L'était-il encore ? L'avait-il été ? Ou pouvait-il s'agir de son incapacité reconnue de se séparer des choses et des personnes ; son incapacité de dire adieu ? Ce qui est très clair, c'est la raison pour laquelle il l'avait quittée. Il avait déjà dit à Françoise Gilot que Dora était folle, sans ajouter, cela va de soi, qu'il la quittait pour cela : Françoise pensait qu'il le faisait pour elle. Mais Picasso ne laissait jamais une femme pour une autre, il les ajoutait. A moins que l'une d'elles ne commît la maladresse de réagir en devenant folle devant un manège à rendre fou.

Lorsque Dora refuse de recevoir le cadeau de la bague avec le clou, nous sommes déjà en 1983. Le compte est aisé : Picasso était mort dix ans plus tôt. La vieille dame, qui avait près de quatre-vingts ans, pouvait enfin s'offrir le luxe de démontrer une sagesse d'abstraction, acquise après des années d'efforts. Et d'heures dans le confessionnal. Nous pouvons presque entendre le curé lui murmurer à voix basse : « Ne répondez pas, n'y allez pas, n'acceptez pas ce cadeau, priez pour lui. »

Nous arriverons bien assez tôt à cette Dora âgée et lointaine, au moins capable d'exercer sa liberté en disant non. Une Dora qui ne ressemble en rien à celle que Lord fréquenta assidûment jusqu'en 1958, tellement obsédée par Picasso que, pour éviter de le mentionner à tout propos dans ses conversations, elle avait décidé de l'évoquer par les initiales ironiques de « *cher et beau** ». Dans les conversations entre Dora et James, Picasso était CB.

Dans ces dialogues, Dora témoigne d'une vivacité critique jointe à une arrogance mystique qui la place à un niveau auquel le commun des mortels – entendez Lord – se montre incapable d'accéder. D'un côté, elle a capté les méchancetés de Picasso et ne se prive pas de le dire. De l'autre, elle se considère comme étant au-dessus de cela. De Picasso et du monde. Pourquoi ? Parce qu'elle a la foi et que les autres ne l'ont pas. Sa foi lui sert de couronne. Ce n'est pas pour rien que, dans son délire, Dora s'est prise pour la « reine du Tibet ». Autrefois, elle avait été couronnée parce qu'elle était la maîtresse de Picasso ; maintenant, parce qu'elle croyait au Seigneur. Les hasards existent-ils ? Après avoir proclamé, selon la légende : « Après

Picasso, seulement le Seigneur », Dora eut un ami qui s'appelait... Lord.

Les critiques de Dora vis-à-vis de Picasso embrassent une multitude de thèmes, intéressants parce qu'ils n'ont pas tous un rapport avec elle et sa passion malheureuse. L'affiliation au communisme de Picasso, par exemple, lui suggère ces réflexions : « Il est lâche. Il subirait n'importe quoi pour pouvoir continuer à peindre. [...] Il ne démissionnera jamais [du Parti]. Il est à la fois trop cynique et trop sentimental. [... Mais] il est plus fort que nous. Même si vous vouliez l'attaquer vous ne le pourriez pas. Trop d'intérêts intangibles vous en empêcheraient [10]. »

Et le rapport de Picasso à l'art, celles-ci : « Il n'importe à personne qu'un tableau soit beau. Ce qui est important, c'est de le vendre. C'est Picasso qui me l'a appris. » La réputation et la célébrité de Picasso tendront-elles à disparaître ? « Aucun risque, les marchands d'art, les collectionneurs, les conservateurs de musées se sont trop engagés. Ils ne peuvent plus faire marche arrière. » « Dora pensait qu'un jour la gloire de Picasso serait incompréhensible, écrit Lord, qu'il n'aurait plus rien de divin, pas plus que le squelette d'un rapace d'une espèce inconnue. » Et pour finir, ce dialogue avec Douglas, qui dit à Dora : « C'est le siècle de Picasso. C'est le personnage le plus important du siècle. » « Pauvre siècle ! », s'exclama Dora [11].

Ce choix de petites phrases assassines ne serait ni complet ni, par conséquent, juste si nous n'y ajoutions la description d'une scène où Picasso apparaît en train de pleurer en répétant que la vie est horrible. Dora savait comme personne ce que peindre signifiait pour lui : une souffrance atroce. Elle savait aussi que Picasso avait l'obsession du travail, que ses mains et son esprit étaient en activité permanente, qu'il était incapable de s'arrêter. Dora pouvait déclarer cela avec une certaine ambiguïté, comme elle le suggéra à James Lord en faisant allusion à la pulsion créative de Picasso – merveilleuse pour l'art, mais terrible pour lui-même et ceux qui l'entouraient –, ou avec une franche désapprobation : Anne de Staël, qui m'a fait part des paroles de cette femme qu'elle admirait tant, avait reçu le message sous forme négative, et elle me l'a transmis à la manière dont on parle d'une maladie, d'une invalidité.

Mais les petites phrases assassines touchent à d'autres points, opposés à l'image de l'artiste qui souffre et pleure de ne pouvoir s'arrêter. Ces deux adjectifs en apparence contradictoires, « cynique et sentimental », rappellent la curieuse définition que donne Dostoïevski du vieux Karamazov : « Il était sentimental et méchant. » Cynisme ou méchanceté qui font de Picasso, créateur désespéré, un vendeur sagace. Et un personnage inattaquable. Pourquoi ? A cause d'« intérêts intangibles » qui quelques paragraphes plus loin deviennent parfaitement tangibles : parce que les marchands d'art et les conservateurs de musées ont proclamé le génie de Picasso, et qu'ils ne peuvent revenir en arrière. Cependant, un jour, pense Dora, lorsque les marchands et les conservateurs ne seront plus qu'un simple souvenir, la divinité de ce peintre d'un siècle qui n'a pas eu de chance fera l'effet de la carcasse d'un oiseau antédiluvien dans un musée couvert de poussière.

En 1957, Dora exposa à la galerie de Heinz Berggruen, le marchand allemand qui s'était spécialisé dans la peinture de Paul Klee grâce à l'extraordinaire rigidité de Kahnweiler, qui n'aimait pas Klee parce que, pour lui, le seul art demeurait le cubisme. Berggruen lui-même le raconte dans un délicieux petit livre[12] où il fait montre d'un humour et d'une largeur de vues qui manquaient tant au galeriste de Picasso, avec son étroitesse d'esprit obnubilée face à Matisse, Kandinsky ou Miró. L'exposition de Dora s'ouvrit sur une introduction de Douglas Cooper, que nous hésiterions à qualifier d'apologétique. Il la compare malgré tout à Turner et Corot. Paroles certes agréables, mais de compromis, qui révèlent le ton de pitié sur lequel la cour de Picasso avait l'habitude de faire référence à « la pauvre Dora ». Elle-même, en choisissant comme introducteur un ami de son ancien amant, démontrait sa docilité bien connue, seulement comparable à son non moins célèbre orgueil. Pourquoi avait-elle justement besoin de lui ? Pour dire au monde qu'elle continuait à entretenir des relations avec la cour de Picasso. Mais aussi par intérêt, c'est évident : deux mots de Cooper ouvraient les portes. A la galerie de Berggruen, Cooper était en outre « l'écrivain de la maison ».

Pourtant, l'œuvre de Dora – d'austères paysages du Luberon qui ne reflétaient que la terre et le ciel – méritait dès cette époque les plus grands éloges. Il est certain que c'étaient des peintures « tristes, romantiques et tailladées de grands coups de couteau », comme l'écrivit John Richardson. Mais il y avait plus. La nouveauté absolue, ces nouveautés vivifiantes dignes de figurer dans les journaux sous de grands titres, c'était que le vent s'était libéré. Le vent ne gonflait plus les arbres, il s'en échappait. Les arbres rayonnaient de vent. Dora le soulignait avec insistance, avec acharnement, enfonçant le couteau dans la matière mais aussi ses propres ongles toujours longs et pointus, raclant, se blessant peut-être une fois de plus les mains dans un nouvel acte d'abandon amoureux, non plus à l'homme mais à Dieu. Le « romantisme » de cette œuvre résidait précisément dans ce vent buriné et griffé qui rappelle Jane Eyre, la petite institutrice d'Emily Brontë à qui son maître noble et tourmenté demande, en regardant ses tableaux : « Qui vous a appris à peindre le vent ? »

Outre leurs stries et leurs veines, ce qui capte l'attention de l'observateur de ces tableaux dans ce souffle spirituel qui court à travers champs, et dont Dora suit la route à grands coups de pinceau, en la marquant par-dessus la ligne de la terre ocre, c'est son mouvement ascendant de droite à gauche, ou descendant de gauche à droite. A l'inverse du tracé d'une signature qui exprimerait une pulsion vers l'avant, ou vers ce que nous considérons comme tel, c'est-à-dire vers la droite et vers le haut. Mais s'agit-il vraiment d'un parafe mélancolique jeté vers l'arrière ou est-ce, une fois encore, la « gauchisation du regard » qui la pousse à monter vers le côté opposé à celui que nous dicte notre culture occidentale ? Le vent de Dora, réjoui, joyeux, fait table rase de ces habitudes.

Réjoui et joyeux : deux adjectifs qui ne s'opposent qu'en apparence à la tristesse observée par Richardson. Comme l'ont déjà fait ses phrases sur la « fatalité des objets », une fois de plus un poème nous aide à comprendre. C'est un poème non daté, clairement mystique, qui renferme peut-être la clé de sa vie :

« Dans le secret de moi-même à moi-même secret / vivant tu me fais vivre – / Dans cette chambre où j'ai vécu la folie la peur et le chagrin / c'est l'éveil simple un jour d'été / L'exil est vaste mais c'est l'été, / le silence en plein soleil / une enclave de paix où l'âme n'invente que le bonheur / un enfant sur la route de sa maison [13]. »

Picasso avait dit à Françoise Gilot que Dora avait été rejetée de la vie, parce que la vie rejette ceux qui manquent de force. En disant cela, il s'identifiait à la vie brutale qui rejette de son sein la créature faible, malade, folle. Mais Dora avait été rejetée du sein depuis bien avant. Son exil venait de son enfance et de son émigration. Ensuite, l'étrangère avec son foulard sur la tête avait perdu la clé pour entrer dans la cabane du dieu. Pire encore, elle en avait été expulsée. L'exil était vaste, en effet. Restait cependant ce dont elle était si fière, ce que Picasso ne pourrait jamais comprendre parce que ce qu'il connaissait, lui, c'étaient le tourment et l'anxiété : se réveiller le matin, regarder les champs secs de sa fenêtre de Ménerbes, et que l'âme invente la seule chose que l'âme sache inventer, un bonheur simple.

Encore un mot sur les ongles. Tout artiste connaît cette expérience de peindre un tableau en sentant qu'il ne le crée pas mais qu'il le découvre, comme s'il était déjà sur la toile, attendant d'être délivré. Et parfois l'impatience de lui donner le jour est telle que, oubliant de caresser, l'artiste a tendance à griffer la surface, non pour donner naissance mais pour rendre ce qui est sous-jacent à la vie qu'il a déjà connue. Jacques Guenne, qui fut l'un des premiers critiques des photographies de Dora, a écrit que la jeune débutante lui avait montré des images austères sur lesquelles les arbres semblaient « griffer les murs ». La fidélité de la vision est preuve d'authenticité.

Ce qui ne doit pas nous faire oublier le caractère réactif de ces paysages qui furent, avec ses photographies, ce que Dora fit de mieux dans sa vie. La différence réside en ce que la photographe ne réagissait contre personne, alors que l'artiste peintre oui. Picasso n'était pas un peintre de paysages, elle le fut. Picasso enfermait les formes dans un tracé sculptural ; elle, qui aimait tant les verrous, leur ouvrait la porte. Picasso n'a jamais peint un tableau abstrait ; elle, plus tard, oui. Abstractions géométriques d'une rigueur maniaque, le pôle opposé à la liberté du vent qui court à travers champs. Mais, curieusement, ses constructions minutieuses et ennuyeuses étaient brusquement balayées par un élément étrange et contradictoire : un lambeau de brume jaunâtre qui brisait la perfection stérile des lignes droites, comme si l'artiste se lassait d'accumuler des cubes et les dispersait, les effaçait soudain. Une fois de plus, cette brume inattendue suivait un mouvement ascendant vers la gauche.

Dernier élément réactif, Dora a répété plusieurs fois à Lord que l'important, c'était l'œuvre, et que son œuvre parlerait pour elle. En disant cela, elle ne pouvait ignorer que pour Picasso l'important n'était pas l'œuvre, mais l'artiste. Trouver sa place, son style, signifiait pour elle s'en tenir à un territoire sur lequel il ne serait jamais passé.

L'année suivante, en 1958, Dora exposa à nouveau, cette fois aux Leicester Galleries de Londres. Et cette même année elle fit un voyage à Venise. Ce ne fut pas un voyage de noces. Elle y allait avec le couple formé par James Lord et Bernard Minoret. Dans son livre, Lord, toujours minutieux, expédie le voyage en quelques pages. Dora dans les musées vénitiens, Dora dans les restaurants, Dora pendant le voyage de retour à Paris, s'arrêtant au château d'un Balthus de plus en plus bourru. Jamais, d'après Lord, elle n'avait été aussi sereine et radieuse. Il l'affirme avec innocence. Il ne donne pas l'impression de cacher quoi que ce soit. Dora et lui ont été des amis à une autre époque, à présent ils le sont moins. A un moment ou un autre de leur amitié il y eut un léger effleurement sur la joue, une pudique allusion à l'amour. Rien de plus. Rien qui pût les empêcher de partager un périple traditionnellement destiné à la célébration de fiançailles.

Quarante-deux ans plus tard, Bernard Minoret me reçut avec amabilité. Une étincelle de sympathie brillait dans ses yeux. Après avoir découvert sa ressemblance avec l'un de mes acteurs préférés, Philippe Noiret (le même air de pachyderme intelligent, la même bouche à volants typiquement française, comme si en se reposant des voyelles fermées elle avait trop de lèvres), et avoir pris un verre, je me surpris à lui lancer avec désinvolture : « Mais vous deux, qu'est-ce que vous avez fait à Dora pendant ce voyage ? — Pourquoi ? me demanda-t-il, perplexe. — Parce que cette année-là, en rentrant de Venise, Dora a décidé de s'isoler du monde. »

Minoret devint pâle. Ce n'est pas là une tournure littéraire : il pâlit vraiment. « Accompagnez-moi dans ma chambre », murmura-t-il. C'est ainsi que je me retrouvai dans une chambre remplie de livres jusqu'au plafond, installée sur le lit car il n'y avait pas de chaise et observant un élégant monsieur jusqu'alors inconnu qui, assis par terre, feuilletait fébrilement de tout petits carnets. « A cette époque, m'expliqua-t-il sans cesser de tourner les pages, je notais tout, jour après jour. Qui j'avais vu, avec qui j'étais sorti. Voilà, c'est ici : Noël 1957, avec Dora. Eté 1957, chez des amis à Aix-en-Provence, avec Dora. Ces jours-là, voir *Britannicus*, avec Dora. Le 21 janvier de cette année, messe pour Oscar Domínguez, organisée par Dora, sans doute pour donner une leçon à Marie-Laure de Noailles qui était partie dans le Sud pour ne pas assister à l'office religieux en hommage à son amant, qui s'était tranché les veines. Mars 1958, je pose plusieurs fois pour un portrait pointilliste que Dora est en train de me faire. James Lord était parti aux Etats-Unis et revint à la fin du même mois. Et après, c'est là, voyage à Venise. Dora arrive le 1er mai à douze heures dix. James et moi l'attendons. Nous restons trois jours. Nous rentrons à Paris en nous arrêtant partout, à Milan, à Cernobio, à Zurich, à Bâle. Non, aucune atmosphère tendue, au contraire, nous nous amusions beaucoup. Déjeuner avec Balthus, dans son château. Retour à Paris. Le dimanche, déjeuner avec Dora. Et puis plus rien. Attendez... non, rien. Je donne une soirée, mais Dora n'y vient pas. Les vacances arrivent, l'automne. Rien. Aucune trace. Elle ne figure nulle part. Plus jamais. Envolée en fumée. Mais pourquoi à ce point ? Quelle folie ! Nous nous voyions sans arrêt, et soudain, plus rien. L'incroyable, c'est que je ne m'en rends compte que maintenant. Comment ai-je pu l'effacer alors que j'aimais la séduire, bien qu'il n'y eût là rien d'ambigu, contrairement à James... — Et à ce moment vous n'avez pas été étonné de ne plus la voir ? » lui murmurai-je, consciente d'assister à l'une des morts de Dora, et pas la moins douloureuse. « Non, me répondit-il, toujours assis par terre et regardant à travers moi, les yeux ronds. Elle a disparu sans que je m'en aperçoive. »

Et Bernard Minoret m'apporta sa contribution au film *Rashomon* :

« Elle était puritaine et fanatique. Elle s'est lancée avec Bataille, avec les surréalistes, mais le libertinage ne l'intéressait pas ; ce qui l'intéressait, c'était le chemin de croix, le sacrifice. Il est certain qu'après Picasso, il ne lui restait que Dieu. Lorsqu'elle fit la connaissance de James Lord, elle fut séduite par son charme, mais elle était fière, vaniteuse, et remplacer Picasso par un amant moins important signifiait déchoir. Dieu était mieux. En ce temps-là, James n'avait pas encore assez de subtilité pour le comprendre. Il lui fut pénible de se rendre compte qu'elle était dure, qu'elle n'était pas bonne. De toute façon, dans cette histoire il y eut un ménage à trois : Dora, James et l'œuvre de Picasso. Lui aimait l'idée de parvenir à posséder une partie de cette œuvre, et elle s'est amusée à lui en donner l'illusion. »

L'a-t-elle dit à James Lord au cours de ce dernier repas dominical, en rentrant de Venise ? L'a-t-elle averti qu'elle renonçait au monde et à ses plaisirs, ou a-t-elle préféré s'éloigner sur la pointe des pieds ? Quelques années plus tôt, elle le lui avait annoncé, non pas comme une retraite religieuse mais comme une stratégie : « Elle devait se retirer au désert, créer une aura de mystère autour de son travail, provoquer chez les gens l'envie de la voir. Elle était encore trop célèbre en tant que maîtresse de Picasso pour qu'on l'accepte en tant que peintre[14]. » Et John Richardson a toujours considéré avec raison que la coquetterie eut beaucoup à voir dans sa décision de vivre en recluse. La belle diva ne l'était plus autant. Sa beauté gagnerait à demeurer cachée aux yeux des autres ; et son œuvre aussi.

Ce n'est pas ce qu'elle dit en 1958 aux rares personnes à qui elle l'annonça. Voici ce qu'elle leur annonça : « A partir de maintenant, ne m'appelez plus. Je ne répondrai pas au téléphone ni ne verrai mes amis.

Je vous demande de respecter ma décision. » Raymond Mason, Jean Leymarie m'ont confessé leurs remords de l'avoir à ce point respectée, sûrement trop. Elle les a priés de ne pas l'appeler et ils ne l'ont pas fait. « Balthus ne cessait de me dire qu'il faudrait appeler Dora, m'avoua Leymarie, mais le temps passait. Au fond, nous avions peur de la voir ainsi. Penrose disait qu'elle était tellement perturbée, elle avait été tellement splendide, et voilà que maintenant... » Et voilà que maintenant il lui était facile de s'évaporer, très facile. Peut-être a-t-elle pensé qu'ils continueraient à la quérir, a-t-elle imaginé ses propres refus quand le son insistant de la sonnette ou du téléphone l'obligerait à répondre, à entrouvrir. La preuve en est qu'elle se plaignait justement de l'abandon de Balthus. Mais celui-ci, qui avait pour habitude d'effacer ses anciens amis chaque fois qu'il changeait de logis, se contentait de suggérer un vague désir d'entendre sa voix. Il soutenait en outre que c'était à Dora de l'appeler la première, en partie parce qu'il était fâché avec Lord, qui avait écrit un article dans lequel il révélait que sa mère était juive et qu'il n'était pas noble, comme il le prétendait. Quoi qu'il en soit, ils laissèrent Dora aussi seule qu'elle paraissait le souhaiter, et peut-être davantage. Aurait-elle disparu telle une bulle dans l'air si elle avait conservé sa couronne de maîtresse du grand peintre ? Cette question porte en elle sa réponse.

Coquetterie ou mysticisme, se cacher prolongeait son histoire, c'était son corollaire, régi par une logique obscure. On l'avait trop regardée, à présent elle esquivait les regards. On s'était rempli les yeux d'elle, désormais ils ne la verraient plus. Au paganisme du regard sur l'extérieur succédait la religiosité du regard intérieur. Et de l'oreille attentive. Israël ne dit pas : « Regarde, Israël », mais : « Ecoute, Israël ». L'oreille est intime, l'œil est extérieur. Et mauvais, ajouterait Lacan. Un saint chrétien a parlé de la « concupiscence de l'œil ». Un poète, Saint-Pol Roux le Magnifique, vénéré par les surréalistes, a écrit un poème sur le paysage, intitulé *L'œil gonfle*. Comme les arbres gonflés des bords de la Seine, comme ceux du Tremblay. L'œil de Dora dans la pénombre de sa maison, persiennes closes, s'était lui aussi dégonflé.

Les Bernier la voyaient toujours parce qu'ils habitaient dans le même quartier. Dora se levait de bonne heure pour aller à la messe et il leur arrivait de la rencontrer dans la rue. « Elle marchait en rasant les murs, toujours avec son chapeau de boy-scout. » De boy-scout, pas de folle. Non pas avec des oiseaux et des sardines, mais pour le mettre à l'église et se protéger du soleil. Si se cacher était de la coquetterie, la simple coquetterie d'être jolie l'avait quittée. La « dame baveuse » ne mouillait plus ses lèvres. « Une fois, nous l'avons rencontrée avec une large cape qui lui faisait un ventre difforme, m'a raconté le créateur de la revue *L'Œil*. Je lui ai demandé si elle était enceinte. "Non, m'a-t-elle répondu, c'est que je pars en vacances à Ménerbes et je porte l'argenterie dans mon coffre à la banque." »

Dès le début, à partir de sa réclusion, les divers courtisans qu'elle fréquentait – ceux de Picasso, ceux de Marie-Laure, ceux de Lise – affirmèrent que Dora était devenue oblate. Mon peu de familiarité avec ce terme m'a poussée à chercher dans le dictionnaire de Furetière. Voici les définitions : « Oblat, oblate, était aussi une personne séculière qui donnait sa personne et ses biens à quelque monastère. Quelques-uns de ces *oblats*, qu'on nommait autrement *donneurs*, se donnaient entièrement à un monastère, eux, leur famille et leurs biens, jusque-là ils entraient en servitude, eux et leurs descendants ; la forme qu'on observait en cette cérémonie était de mettre autour du col la corde d'une des cloches, et pour marque de servitude, ils mettaient quelques deniers sur leur tête [15]. » L'oblation, l'acte de donner, de remettre, était ce qu'on appelle aujourd'hui offrande.

L'Oblat de Huysmans contient également quelques réponses : « Disons avant tout que l'oblature n'est pas, comme on le croit, une invention bénédictine. [...] Nous pourrions affirmer qu'elle fut dans le sang du Moyen Age, tant elle correspondait au concept religieux de cette époque. » Après s'être perdu dans les méandres d'une longue histoire, l'auteur de *Là-bas* (livre bien plus fascinant que ce roman bigot d'une religiosité esthétique) arrive à la renaissance de l'oblation, qui eut lieu au siècle passé, grâce à Dom Guéranger, dans l'abbaye bénédictine de Solesmes. Or, avant comme après Solesmes, il y avait des oblats qui résidaient dans les abbayes et d'autres qui vivaient en dehors, bien qu'à proximité ; des oblats qui faisaient vœu de chasteté et d'autres non ; des oblats qui donnaient tous leurs biens, ou une partie d'entre eux, et d'autres qui ne les donnaient pas, mais – point fondamental dans tous les cas – qui faisaient vœu d'obéissance. Et, deuxième point fondamental, surtout pour les femmes : la première forme de l'oblation était la réclusion.

La piste bénédictine était donnée : même si Huysmans insiste sur le fait que l'oblation n'était pas l'apanage de l'ordre de saint Benoît, cet ordre avait à l'évidence redoré son blason. De plus, Dora avait suivi de près l'évolution de Max Jacob, reclus dans l'abbaye bénédictine de Saint-Benoît-sur-Loire. En 1922, Bataille aussi avait passé quelque temps dans une abbaye bénédictine de l'île de Wight. Et le frère de Lacan, Marc-Marie, avait prononcé ses vœux dans l'abbaye de Hautecombe en 1931. Cet ordre particulier, au caractère nettement élitiste, avait toujours rassemblé ce qu'il y avait de plus choisi dans l'intelligentsia française – un argument auquel Dora demeurait sensible. Et pour couronner le tout, Lili Masson, l'exquise artiste peintre qui avait été infirmière et qui s'était occupée d'elle pendant une opération (« La pauvre avait des amibes et quand on lui a ouvert le ventre un jet noir en est sorti »), m'a raconté que lorsqu'elle lui avait fait ses adieux pour toujours avant de s'éloigner du monde, Dora lui avait offert une croix de Saint-Benoît. « Une croix de raphia, tressée, sans l'image du Christ. »

Ces vagues indices m'ont poussée à faire des recherches pour savoir en quoi consistaient la pensée et la règle bénédictines, afin de les comparer aux critères religieux de Dora, du moins d'après Lord : « L'essence même de la religion consistait moins en la certitude des croyances en tant que telles qu'en l'acceptation disciplinée et aveugle de certaines pratiques[16] », et à consulter Christian Cauro, cet ami latiniste qui m'avait « traduit » le nom de Lucienne Tecta.

« Ah çà ! réfléchit mon ami. Une religiosité sévère, sans extases mystiques, fondée sur des principes rigides dictés par des règles auxquelles on doit une obéissance absolue. Cela a effectivement un rapport avec l'un des versants bénédictins qui est le jansénisme. » Et devant mon expression dubitative, le latiniste précisa : « Pour le janséniste, Dieu choisit les siens, qui sont très peu nombreux. L'homme n'est jamais sûr d'être sauvé, il n'a ni liberté ni libre arbitre puisqu'il agit selon les décisions de Dieu, sans savoir ce qu'elles sont. C'est une pensée pessimiste, austère, normative que nous appellerions aujourd'hui fondamentaliste. Saint Jérôme et saint Benoît s'inscrivent dans cette tendance dont les ennemis les plus acharnés furent les jésuites. Louis XIV fit détruire le siège du jansénisme à cause d'eux. » Je me permis de sourire : « Jusqu'en cela Dora semble avoir été en opposition : Louis XIV-Picasso était avec les jésuites, elle avec leurs adversaires. »

Un petit livre de Dom Paul-Marie Grammont[17], ouvert presque au hasard, m'a précisément renvoyé le mot obéissance, défini comme la mémoire profonde de ce que Dieu a fait en créant, en sauvant, en sanctifiant, en glorifiant. Un peu plus loin, l'idée se précise avec une citation de Jean-Paul II : « Dans la vie sociale de notre époque, qui se caractérise souvent par "une société à laquelle manque le père", le saint homme de Nursie (saint Benoît) aide à retrouver cette dimension fondamentale [...] que nous appelons la dimension paternelle. »

De son côté, Edouard Schneider explique que lorsqu'il prononce ses vœux le moine doit dire qu'il promet en présence de Dieu et de ses saints la stabilité, la transformation de ses habitudes et l'obéissance selon la Règle du saint Père Benoît[18]. La stabilité est celle qui fixe le moine au sein de son monastère et « jusqu'à la mort ». Puis viennent la pauvreté (ne rien posséder de manière personnelle, mais le remettre à l'ordre), la chasteté (le moine qui ne possède même pas son propre corps pourrait-il le guider dans une direction qui ne soit pas celle de la pureté absolue ?), et enfin l'obéissance qui consiste en le renoncement de sa propre volonté pour réaliser celle d'un supérieur que chacun s'est librement imposé à soi-même dans le but d'être agréable à Dieu.

La dimension paternelle. Un supérieur paternel. *Saint homme* ou *symptôme*. Dora avait besoin de stabilité et d'un rythme de vie ordonné par des hommes vénérables. Elle avait besoin d'obéir, comme elle l'avait toujours fait, autrefois à des hommes divinisés, maintenant à une autorité virile qui représentait Dieu. Elle avait besoin de chasteté pour se laver jusqu'à la dernière goutte noire du souvenir de Mougins. Et, pour d'obscures raisons, elle avait besoin de pauvreté.

Etait-elle pauvre ? Ceux qui l'ont connue s'accordent à dire qu'elle était surtout avare. Intéressée. « Picassiette ». Elle thésaurisait les œuvres qu'elle avait extorquées à Picasso pour se venger de sa relation avec Marie-Thérèse, mais aussi parce qu'elle connaissait leur valeur en espèces sonnantes et trébuchantes. Elle vivait assise sur une mine d'or. Mais elle vivait mal. Son appartement de la rue de Savoie était de plus en plus sombre, sale, aux couleurs passées. Sa maison de Ménerbes avait l'air d'une ruine avec ses meubles dépareillés et branlants qu'elle ne se préoccupait pas de faire réparer, mais qu'elle cachait : peut-être ce manque de commodités élémentaires lui servait-il de prétexte pour n'ouvrir sa porte à personne. La boule de cristal de son œil avait vu juste : les mendiants, les vieilles sordides, les mères pauvres, tous ces êtres du sous-monde parisien, londonien ou barcelonais étreignant des paquets informes annonçaient l'étrange dame qui vieillissait maintenant avec une rapidité excessive, étreignant une fortune qui ne contenait peut-être que le néant. Dora vivait-elle pauvrement parce qu'elle donnait son argent à l'Eglise ? Etait-elle vraiment devenue oblate ? Et si tel était le cas, où ? Dans quel monastère, dans quelle congrégation ?

Un article de journal m'apporta en partie le renseignement que je cherchais. Il reproduisait les déclarations de John Richardson après la mort de Dora. Le biographe de Picasso n'était pas d'accord avec la vente aux enchères de ses œuvres et de celles de Picasso réalisée en novembre et décembre 1998. Il affirmait que Dora lui avait toujours répété la même chose : qu'elle avait légué sa fortune à l'Eglise. Qu'elle avait fait un testament dans ce sens et, pour être certaine que sa décision fût respectée, elle l'avait emmené voir le monastère du XVIe arrondissement de Paris qu'elle avait fait l'héritier de tous ses biens.

Il ne me fallut pas longtemps pour identifier le monastère, évidemment bénédictin, ou du moins pour suspecter qu'il devait s'agir de l'abbaye de Sainte-Marie, rue de la Source. Mais pour en être sûre, je téléphonai à Richardson aux Etats-Unis.

« C'était près de la Seine, me dit-il. Je ne me souviens pas du nom mais je vais le chercher dans mes papiers. Je vous enverrai aussi le nom du notaire. Dora a voulu que je conserve ces renseignements. Quelque chose lui disait qu'on cacherait son testament, comme en effet je crois qu'on l'a fait. »

Quelques instants plus tard, une longue feuille de papier sortit du fax. Elle contenait la version que Dora avait donnée à Richardson de sa propre vie ; le nom du monastère – c'était celui de la rue de la Source –, et le nom du notaire : Maître Têtard. Il me parut tiré d'un mélange de fable de La Fontaine et de roman de Balzac. J'appelai le monastère pour avoir l'heure de la messe.

Les rangées de moines portant des capes blanches s'alignaient à droite et à gauche de l'autel. Il y en avait des jeunes et des vieux, très vieux. Ils levaient les bras et leurs larges manches dessinaient des formes et des ombres que je n'avais jamais vues dans la vie réelle. Je tremblai à l'idée que Dora ait pu être assise ici même, à ma place. Lorsque la cérémonie prit fin, je demandai à voir le père Gozier dont le nom figurait dans l'Ordo (le guide des églises et monastères de France), et lui expliquai tout. Visiblement, cela l'intéressa. Non, il n'avait jamais entendu parler de Mme Markovitch. De Dora Maar, oui, encore que seulement dans les journaux. Mais d'une supposée oblation bénédictine, rien. De toute façon, il allait chercher dans les archives.

Le lendemain il m'écrivit. Non, sur le registre des oblats n'avait jamais figuré une personne de ce nom. « Peut-être a-t-elle fréquenté le groupe de sympathisants oblats, mais sans faire son oblation. » De cela il était certain, les archives ne mentaient pas.

Il ne restait plus qu'à rechercher les traces du passé de Dora dans les églises de son quartier, le VIe arrondissement. Si elle n'avait pas été oblate rue de la Source, elle avait pu l'être dans un endroit plus proche de son domicile. Raymond Mason m'avait raconté qu'il avait accompagné Dora à la chapelle de la Médaille-Miraculeuse, rue du Bac. Je me rendis à cette chapelle, j'écrivis à Notre-Dame de Paris, à Saint-

Séverin, à Saint-Germain-des-Prés, à Saint-Sulpice. Dans cette dernière, qui est la basilique du quartier, j'expliquai à une dame sceptique l'histoire de l'oblation, du testament. Elle me répondit, avec cet inimitable ton de logique que tout le monde affiche en France, y compris dans les églises : « Franchement, ça m'étonnerait. Les testaments sont présentés à l'archevêque, et nous aurions été les premiers à le savoir. De plus vous dites que cette dame allait rue de la Source. Ils sont bénédictins, nous... » En effet, je savais qu'ils étaient jésuites.

Je m'étais résignée à mourir avec le doute lorsque le père Corbineau m'appela au téléphone ; il s'était éloigné de Saint-Sulpice et je l'avais sollicité dans sa retraite, chez *Les Confrères de la solitude.* « J'ai bien réfléchi, murmura-t-il, et il me semble que je m'en souviens. Non, aucun héritage. Mais elle, je l'ai vue. C'était une dame distinguée aux cheveux blancs. Nous avons souvent parlé. Elle venait tous les matins, très tôt, puis elle disparaissait pendant de longues périodes. La première chose qu'elle m'ait dite fut qu'en d'autres temps elle avait été unie à un célèbre peintre espagnol. Je peux l'affirmer sans crainte de me tromper, Mme Dora Maar a fréquenté la paroisse de Saint-Sulpice. »

Ainsi, tant d'années après, ayant déjà les cheveux blancs, Dora continuait à se présenter comme la maîtresse du génie. Et ainsi, même alors, elle continuait à faire la coquette avec ses lumières et ses ombres, cherchant son chemin sans jamais tout à fait se décider, toujours à moitié, toujours entre deux eaux, ni totalement libertine ni tout à fait sainte, un peu mythomane, suggérant des images fausses, déguisant la réalité. En tout cas, ce n'était plus l'ordre de saint Benoît, mais celui de l'adversaire direct, la voie des jésuites.

Mais même si je l'abandonnais, la piste bénédictine, elle, n'allait pas me quitter. Des deux cabinets d'études généalogiques qui s'étaient précipités sur les traces d'éventuels héritiers de Dora, l'un avait gagné, celui de

Delabre, et l'autre perdu, celui d'Andriveau. Ce sont les perdants, rendus amers par leur défaite, qui m'ont tout expliqué.

Dora avait fait un testament en 1958, lorsqu'elle s'était retirée du monde. Elle y léguait une partie de sa fortune à son père. Joseph Markovitch vivait près de chez elle, à l'hôtel d'Orsay, face à la Seine, sur la rive opposée à celle du Louvre. Pour aller lui rendre visite, elle sortait de la rue de Savoie par l'inoubliable rue des Grands-Augustins, en « rasant les murs », et prenait par le quai des Grands-Augustins. Tandis qu'elle attendait l'autoritaire architecte, peut-être s'arrêtait-elle pour contempler les médaillons de la façade de l'hôtel portant les noms de toutes les villes françaises, ornés de lions sévères qui avalaient des serpents. Ensuite, le père et la fille allaient déjeuner à l'hôtel Lutetia. La même scène se répétait toujours : le monsieur robuste et cramoisi de fureur insultait le serveur parce que le vin était piqué ou un plat mal servi. Il n'avait jamais compris la passion de sa fille pour « ces surréalistes » ni pour « ce Picasso » ; il n'avait jamais cessé de pester contre tous ceux qui avaient ruiné la vie de Dora, qui lui ressemblait tellement, qui était si créative et avait tant de talent. Mais lui et elle ne cessèrent jamais de se voir. Le père fut le premier des bénéficiaires du testament à ne pas profiter de son legs, car il mourut avant elle. Les autres furent trois moines bénédictins, qui vécurent moins vieux que Dora. La longue vie de la donatrice ne permit pas au monastère de la rue de la Source de s'enrichir de l'apport de l'œuvre de Picasso. Bien qu'elle n'ait pas été oblate, elle avait laissé à ces moines une bonne partie de ses biens. Mais le temps avait commencé son œuvre d'érosion : un testament sans héritiers.

L'une des questions avait reçu une réponse. Concernant l'autre question – qui était donc le mystérieux confesseur, le directeur de conscience qui l'avait poussée à écrire à Picasso pour tenter de le convertir ? –, peut-être aurons-nous la réponse lorsque ces lettres apparaîtront au grand jour. Michèle Chomette m'a raconté que parmi les négatifs trouvés sous le lit de Dora Maar il y avait neuf photos d'un prêtre, datées de 1989 et 1990. Un prêtre à la soutane blanche ? « Non, noire. — En tenant compte de l'inversion du négatif ? — Oui, en en tenant compte », sourit-elle. Saint-Sulpice alors, à cause de la couleur et de la date. Mais ces photos qui révéleraient le visage du moine en noir – peut-être le père Corbineau lui-même ? – n'ont jamais été rendues publiques.

A propos des lettres : « Elles doivent être quelque part, me dit Jean Leymarie, à moins que Jacqueline Roque ne les ait brûlées. » Ce que nous savons en revanche, c'est que ces missives que Dora envoya à Picasso jusqu'à la fin de sa vie – si différentes de ses messages antérieurs : « Pardonne-moi, j'ai de nouveau pleuré, de nouveau été violente » ; « Reviens, je te promets de bien me conduire, de rester tranquille » – ne le faisaient pas rire. Les témoignages sont nombreux : elles lui procuraient un plaisir peut-être superstitieux. « Comme tout Espagnol, ajouta Leymarie, il était très religieux, bien que blasphémateur. » Avec Dora, il pouvait être tranquille : elle s'occupait du salut de son âme. S'il était Louis XIV, elle était sa Mme de Maintenon.

Depuis sa retraite, elle vit mourir les autres femmes, ou entendit parler de leurs morts. Celle de Marie-Thérèse. En 1969, la petite blonde avait appelé Heinz Berggruen pour qu'il portât à Picasso des tableaux dont il lui avait fait cadeau, mais qui n'étaient pas signés. Picasso était coutumier de ce genre de cadeaux. Cela faisait bien des années qu'elle ne le voyait plus. Elle avait besoin d'argent. Il lui envoyait de petits chèques, assez misérables. Berggruen, qui le raconte dans son livre, arriva au château de Mougins et profita de l'absence de Jacqueline pour déballer le paquet. En voyant les tableaux, Picasso se réjouit. Il ne vit aucun inconvénient à les signer. Mais à ce moment Jacqueline rentra, pestant contre « cette poufiasse » et criant que si elle n'avait pas d'argent elle n'avait qu'à trouver un emploi de servante. Picasso baissa la tête et dit en soupirant : « Que voulez-vous que je fasse, maintenant je vis avec elle. » Berggruen revint chez Marie-Thérèse avec les tableaux sans signature. « Peu de temps après, conclut-il, elle s'est pendue. »

Ou la mort de Jacqueline. Quelques années s'étaient écoulées depuis celle de Picasso, en 1973, quand le petit-fils du peintre s'était suicidé en buvant de l'eau de Javel après que Jacqueline lui eut interdit d'entrer pour voir le cadavre de son grand-père. Jusqu'à ce que la jalouse cerbère qui avait dominé un Picasso sénile, mais lui conférant en privé le titre de « Monseigneur », ait choisi de suivre le même chemin que Marie-Thérèse. Non par la corde, mais par un coup de pistolet dans la tempe.

Il ne restait plus à présent que deux des femmes de Picasso : Françoise, qui s'était permis d'abandonner le génie et d'écrire un livre intelligent et impertinent sur leur relation, et Dora. Une Dora de plus en plus courbée, dont le dos semblait reproduire la forme du prie-Dieu.

Pourquoi sa colonne vertébrale se courbait-elle au point de la faire ressembler, cette fois pour de bon, à une « créature kafkaïenne », l'un de ces insectes peints par Picasso sur ses murs, taches métamorphosées qu'elle n'avait jamais voulu effacer ? Elle avait été si droite et si hautaine, presque virile dans sa manière de se tenir debout dès lors qu'elle s'était mise à ressembler à son père. Et voilà qu'en sa vieillesse elle se pliait, vaincue et brisée. Les électrochocs lui avaient-ils rongé les vertèbres, comme à Artaud, ou cette inclinaison dessinait-elle sa nouvelle attitude, qui n'était plus de critique mais de respect ? Lord revit Dora lorsqu'elle avait quatre-vingts ans. Deux choses l'impressionnèrent : son évidente avarice (elle était allée lui rendre visite pour une question d'argent et portait son sac attaché à son corps par une courroie serrée), et le respect religieux avec lequel elle parlait de Picasso.

Son *maître** et son père, les deux hommes qui l'avaient le plus regardée, semblèrent s'être accordés pour mourir la même année, en 1973, le premier à l'âge de quatre-vingt-douze ans et le second à quatre-vingt-dix-neuf ans.

Fatalité des objets. Sur la cheminée de son appartement de la rue de Savoie, un petit escalier en colimaçon du XIXe siècle, en bois, s'enroulait à côté d'un « miroir de sorcière » qui, de nouveau, ressemblait à un globe oculaire. De petites poupées articulées et une tête écorchée à l'usage des peintres cohabitaient avec des pinceaux, des palettes et des tableaux appuyés n'importe comment à côté d'une pendule lyre en marbre noir et bronze. Le canapé en acajou à cols de cygne de style Restauration où Irving Penn avait fait son portrait en 1948 (les cheveux tirés en l'arrière comme ceux d'une Malaguène, les drapés sculpturaux du châle) rivalisait de solennité avec le canapé-bateau en palissandre décoré d'un feuillage stylisé. Noble et écrasant mobilier. Tout était de style Empire, Restauration ou Napoléon III, tout poussait à adopter des airs de souveraine, à prolonger son image d'une pièce à l'autre – comme disait Aube –, mais également à se rapetisser peu à peu sous le poids des plafonds trop hauts, de la montagne de choses et d'heures. Cette pendule au rythme interminable. Ce crissement de la plume tandis qu'elle écrivait ses textes et ses poèmes pieux sur la surface de cuir de la petite table d'acajou qui semblait étroite, mais qui s'élargissait lorsqu'on tirait devant une deuxième petite table cachée sous la première. Combien de fois a-t-elle pris dans sa main, de plus en plus semblable à une griffe picassienne aux ongles de sang, la poignée de bronze de cette tablette cachée pour lui écrire à lui. Lettres pudiques, lettres orgueilleuses, lettres sans corps, ayant seulement une âme. En se penchant dans la courette encaissée où s'accumulait une vieille humidité, elle voyait passer le chien efflanqué de Mrs. Jones, la voisine du rez-de-chaussée, avec laquelle elle avait de longues conversations religieuses. Lui aura-t-elle confessé que ce chien tout en os lui rappelait trop un certain lévrier afghan appelé Kazbek ? Et en tournant le regard vers son propre intérieur, celui de l'appartement surchargé où les assiettes graisseuses s'accumulaient dans l'évier, l'angoisse ne lui serrait-elle pas la gorge comme la statuette à tête de tortue et à long cou, dans cette autre image prémonitoire intitulée *29, rue d'Astorg* ? C'étaient les moments où elle décidait d'appeler le taxi de son village, Ménerbes, et de s'échapper vers le soleil.

Les scènes du départ divertissaient les voisins, à demi cachés derrière les rideaux. La vieille excentrique, l'originale grincheuse toujours vêtue de gris et portant une perruque d'un gris tirant sur le lilas, qui avait l'habitude de rouspéter lors des assemblées de copropriétaires et qui, dans les églises du quartier, se levait indignée lorsqu'un texte religieux était lu par une femme (elle était devenue tellement réactionnaire qu'elle ne tolérait pas l'existence des femmes rhumatologues, oculistes ou avocates), descendait les deux étages changée en pelote de laine, avec tous ses manteaux enfilés les uns par-dessus les autres, pendant que ceux qui l'aidaient (parmi eux la concierge espagnole Ana Martínez Gómez, qui s'occupa d'elle jusqu'à la fin) descendaient des sacs et des sacs de plastique et les rangeaient dans le coffre de la voiture. Une fois installée, Dora ôtait ses manteaux. Alors, bien qu'elle restât agrippée à son sac, son étonnante ressemblance avec les paquets de chiffons informes de ses photographies de rues des années trente s'atténuait.

A Ménerbes, au moins, il n'y avait pas un seul meuble en acajou ni un souvenir de famille. Rien que des tables et des chaises en bois, simples, modestes, austères, bonnes. Jansénistes. La maison à deux étages avait une façade sévère, aplatie, haute, inaccessible avec ses volets toujours fermés et sa porte d'entrée aux aspirations nobiliaires mais simples ; une noblesse de province. Sur la droite, le cimetière ; devant, le mont Ventoux. Rien dans la sécheresse de l'air radieux ni dans l'immensité de l'horizon ne lui opprimait la poitrine, tout la lui élargissait. Cette respiration devenait peinture. La respiration peinte : son œuvre aurait pu s'intituler ainsi. L'enfer vécu n'avait pas été oublié, il brûlait encore dans ses poèmes, mais le calme provenait d'un certain équilibre entre la rancœur et la lucidité : « Victimes et bourreaux, Dieu jugera nos âmes », disait un poème. Donc, celles des victimes aussi. Tout bourreau est coupable, mais toute victime n'est peut-être pas innocente.

Elle lisait beaucoup, depuis la littérature anglaise (elle avait même lu dans cette langue *L'Amour aux temps du choléra*, de Gabriel García Márquez) jusqu'à d'imposants livres religieux qu'elle gardait dans un placard secret de la rue de Savoie : les *Méditations* de saint Bernard, celles de saint Augustin, les *Lettres* de saint Jérôme, les six tomes de l'*Instruction sur le rituel*, les œuvres de Bourdaloue, *L'Exercice de perfection et les vertus chrétiennes* du père jésuite Alfonso Rodríguez, le *Catéchisme romain*, les *Actes des apôtres* dont elle possédait une édition précieuse du XVIe siècle, la *Somme théologique* de saint Thomas d'Aquin. Dans sa grande bibliothèque, haute et élégante, à colonnes dorées, s'alignaient les livres d'art, Michel-Ange, Dürer, Vélasquez, le Greco, Rubens, ainsi que *L'Antique Art serbe*, *L'Art de la Crète néolithique et minoéenne*, *L'Art de l'époque du renne en France*.

Et les livres qui lui étaient dédicacés. De Georges Bataille (« A Dora que j'aime »). D'André Breton (« A l'étoile rose »). De René Char. De Jean Cocteau. De Robert Desnos. D'André Du Bouchet (« A Dora ici, partout et pour toujours »). De Paul Eluard (« A Dora, femme de bien et de beauté »). De Max Ernst.

D'Alberto Giacometti. De Sigmund Freud à Picasso (et de celui-ci à Dora). De Luis de Góngora avec une dédicace de Picasso. De Georges Hugnet (« Adora ble Dora »). De Pierre Jean Jouve. De Jacques Lacan (« En souvenir de vacances laborieuses »). De Michel Leiris (« Dors, ô mort, Dora Maar en costume de damas d'or rame dans la barque des arômes »). D'André Lhote. De Pierre Mabille. D'Henri Michaux. D'Alice Paalen. De Jean Paulhan. De Benjamin Péret (« Dora, lys noir surgi dans une rue de mousse de savon »). De Pablo Picasso (« Adora »). D'André Pieyre de Mandiargues. De Jacques Prévert. De Raymond Queneau (« En philosophique hommage »). De Man Ray (« A Dora adorable adorée »). De Pierre Reverdy (« Je voudrais vous voir tout le temps, je vous admire, je vous embrasse »). De Raymond Roussel. De Nathalie Sarraute. D'Yves Tanguy (« Petit Yves qui vous aime »).

Eclats du passé, quand on l'adorait, quand le « lys noir » de sa beauté et de son intelligence éblouissait. Elle n'était plus belle à présent, mais elle était toujours intelligente, ou bien l'érosion du temps qui poursuivait son œuvre éteignait-il aussi cet éclat ? Maxime Courtois, le pharmacien de Ménerbes, avait avec elle des conversations prolongées sur lesquelles, pudiquement, il ne voulut pas me dire un mot (« *Je ne me dévoile pas** », dit-il, trouvant sans le savoir ce qui aurait pu être le titre de ce livre), mais dont le seul souvenir semblait le combler de spiritualité. En revanche André Du Bouchet, qui cependant lui portait une véritable ferveur, l'admit sans ambages : à partir d'un certain moment, Dora s'est mise à prononcer des phrases conventionnelles, d'une religiosité plate. La courbure de son dos correspondait à celle de son esprit, pas seulement dans l'attitude de vénération, de supplique, d'offrande, mais dans celle de la simple réalité de vieillir. L'arrogante recluse qui avait décidé d'abandonner le monde n'a sans doute jamais imaginé une réclusion aussi longue, une vieillesse aussi étirée : quarante ans de solitude.

En 1989, un galeriste parisien spécialisé dans les œuvres surréalistes, Marcel Fleiss, reçut un coup de téléphone de Dora Maar. Un Américain, le critique d'art Herschel Chipp, lui avait raconté que Fleiss avait plusieurs de ses toiles dans sa galerie, et elle disait qu'elles étaient fausses. Suivit une négociation ardue entre une Dora intraitable et pointilleuse et un M. Fleiss très patient. Ce marchandage atteignit son point culminant avec l'exposition Dora Maar organisée l'année suivante à la galerie de Fleiss, rue Bonaparte. Dora avait annoncé qu'elle n'irait pas au vernissage. Ses vieux amis l'attendaient : Michel Leiris, Myrtille Hugnet. Mais, fidèle à sa décision de se soustraire aux regards, elle ne s'y rendit pas. Sans doute se réjouit-elle à l'idée de leurs visages anxieux tournés vers la porte ; l'oblique sensualité de ne pas se laisser voir. Quelques jours plus tard, une dame étrange s'approcha pour regarder les tableaux de l'extérieur. Une employée appela Fleiss : « Venez vite, il me semble que Dora Maar est venue. » Lorsque le galeriste arriva, le fantôme n'était plus là.

Les négociations se poursuivirent. Dora exigeait pour les négatifs de ses photographies des sommes égales à celles que l'on payait pour Man Ray, pour Brassaï. Fleiss parvint à lui en faire baisser le prix. Au moment où elle lui tendait le paquet de photos pour prendre l'argent, Dora lui demanda, comme si l'idée lui venait soudain à l'esprit : « Mais vous ne seriez pas juif, non ? Parce que si vous l'êtes je ne vous les vends pas. — Non, bien sûr que non », mentit Fleiss. « En entrant chez elle, me raconta-t-il, on pouvait voir le *Mein Kampf* de Hitler exposé au premier plan dans sa bibliothèque. Non pas placé comme les autres, sur la tranche et dans la rangée, mais de face, là, provocateur, pour que cela n'échappe à personne. » Lucien Treillard, un autre expert en photographie qui accompagnait Marcel Fleiss, me confirma cette information. Lui aussi l'avait vu. Dora était devenue antisémite. L'exhibition de Hitler a pu correspondre à son désir connu de provoquer, comme lorsqu'elle offusquait Breton en lui montrant ses médailles et ses croix. Mais ce qui est sûr, c'est qu'elle s'est vraiment convertie au catholicisme. Et au nazisme ? Au cours de ces déjeuners à l'hôtel Lutetia, le père et la fille ont-ils parlé du régime croate pronazi d'Ante Pavelitch ?

Dans les années quatre-vingt, pendant peu de temps, Dora est revenue à la photographie. Elle n'a pas pris de nouvelles photos dans la rue – « Maintenant on ne voit plus rien là dehors, c'est plein de voitures » –, ne s'est pas aventurée dans d'autres compositions surréalistes, se contentant de retoucher de vieux négatifs par la méthode du photogramme, ajoutant des grains de blé au portrait de Breton – celui de trois quarts avec sa tignasse sur son cou ramassé et massif –, et des branches de persil sur celui d'une Lise Deharme dans un petit corsage brillant. Lise semble encore se moquer de ce solennel amoureux qui l'appelait « la dame au gant bleu ». Curieux divertissement que celui de la vieille dame qui orne ses amis défunts d'une sorte d'auréole, comme si tout passé, à force d'éloignement, lui inspirait le respect. Mémoire exaltée et quelque peu ingénue où ne demeurait que l'essentiel, non les détails : qu'importaient à présent l'arrogance de Breton, les malices de Lise ? La seule chose importante, c'était de les honorer, de les nimber de ce halo domestique surgi d'une cuisine de petite vieille ayant peu de moyens, qui se divertit en se souvenant et en collant de minuscules forêts récupérées du déjeuner.

En 1994, elle trébucha et tomba dans son appartement. Elle resta plusieurs heures étendue par terre avant qu'on ne vînt enfin la secourir. Dès lors commença la ronde des aides ménagères, ses victimes : jeunes filles ou femmes envoyées par la municipalité du quartier pour accomplir les tâches domestiques, pour l'aider à se changer, à se déplacer. Dora les traita toutes avec son humeur habituelle, mélange d'autoritarisme, de caprice et d'ironie. Seule la dernière résista, une fille jeune et cultivée appelée Rose García Toro. Il est possible que le nom espagnol ait fait pencher la balance peu stable en sa faveur. « Elle qui possédait une fortune se faisait servir par des aides gratuites des services sociaux comme si elle avait été une pauvre petite vieille, me dit Heinz Berggruen (qui, malgré les refus de Dora, ferme dans sa décision de rejeter la médecine, la faisait visiter par son propre médecin). Il lui paraissait normal de profiter de ces services réservés aux cas sociaux, elle pensait que tout lui était dû. Six mois avant de mourir elle m'a appelé. Elle voulait vendre un tableau de Picasso parce qu'elle avait besoin d'argent "pour payer [ses] factures d'électricité". Lorsque j'appris la somme qu'elle demandait, exorbitante, je lui répondis qu'avec une telle fortune elle aurait bien plus qu'il n'en fallait pour payer une facture. Mais je me suis rendu compte que Dora ne délirait pas le moins du monde : elle était parfaitement au courant des prix, elle recevait et dévorait les catalogues de Sotheby's. Et elle se méfiait du monde : elle était civilisée, douce, éduquée, mais dure, méfiante et rancunière vis-à-vis des gens. Elle était en conflit avec tout le monde, détestait tout le monde. Je me souviens d'elle dans son appartement sombre et décrépit, mais couchée dans un lit impeccable, sa main parfaite posée sur le drap immaculé, la tête sur l'oreiller et le visage rendu lisse par cette position dans laquelle son dos voûté ne se voyait pas. C'était une femme impressionnante, aux traits nobles et parfaits. Et la voix. Ah ! la voix. Unique, merveilleuse, profonde. Distante. "Vous allez bien, Berggruen ?" me demandait-elle comme si elle me parlait de loin. Nous n'avions rien à nous dire. Ce fut une conversation pénible parce qu'on ne savait pas très bien ce qui pouvait encore l'intéresser. Elle n'était pas là. » Cette après-midi-là, Dora Maar répéta devant

Heinz Berggruen ce qu'elle répétait depuis des années : qu'elle avait fait un testament en faveur de l'Eglise. Qu'elle avait tout laissé à un prêtre. Lequel ? Cela n'était pas précisé.

Le présumé testament n'apparut jamais. S'il avait existé, il s'agissait certainement d'un testament olographe, puisqu'il ne fut jamais légalement présenté à l'archevêché. Ni devant aucun notaire, du moins que l'on sache. Quelques-uns, comme Richardson et Fleiss, suggèrent que les hommes de loi et d'affaires qui ont envahi la rue de Savoie après la mort de Dora ont réduit le testament à une boulette de papier. D'autres pensent qu'une vieille dame peut croire avoir rédigé un testament parce qu'elle a eu l'intention de le faire, et parce que ce qui se passe dans sa tête lui semble réalisé.

Il existe une curieuse analogie entre les tableaux abstraits de Dora, soudain déchirés par un brouillard qui efface leur construction maniaque, et l'histoire du testament. Pièce après pièce Dora a construit la légende, ou la réalité, de sa fortune léguée à l'Eglise. Peut-être a-t-elle cru le faire ou se l'est-elle proposé, et le temps a passé sans qu'elle s'en rende compte. Elle était déjà si vieille qu'elle a pu se croire immortelle. Ou peut-être a-t-elle vraiment fait un testament, mais ne l'a-t-elle pas présenté devant le notaire, Maître Têtard ou quelqu'un d'autre, sans se rendre compte du danger auquel elle s'exposait : celui que des mains cupides le froissent et le jettent au panier. Mais quel qu'ait été son degré de contact avec la réalité, elle était sincère lorsqu'elle le disait. Pourquoi, sinon, gardait-elle cette immense fortune dans des coffres à la banque, ou enfermée dans son appartement fermé à double tour et verrouillé, sans la dépenser pour elle-même ni se permettre les luxes qui lui plaisaient ou ceux dont elle aurait pu profiter grâce à elle ? Pourquoi, sinon pour lui donner un sens purificateur, le même qui a éclairé quarante années de sa vie et qui se résume dans ces mots qu'on pourrait placer dans sa bouche : « Voyez ce que fait une femme qui a la foi avec l'œuvre de celui qui ne l'avait pas » ? Malgré cela, la tentation malicieuse de détruire d'un trait de plume ce qu'elle avait si minutieusement accumulé ou thésaurisé a pu l'assaillir. « Vous attendez un trésor qui au fond n'est rien, que j'ai gardé avec opiniâtreté et que je disperse maintenant aux quatre vents, parce que ça me chante, par détachement, par sarcasme, par ennui, par indifférence. Même pas par haine : il est certain que cette fortune fut le prix de la trahison, que je la possède à cause de tout ce que j'ai souffert alors que mes yeux rendaient les murs du Tremblay transparents. Et pourtant, ce qui m'a le plus importé est ce qui soudain m'importe le moins. C'est cela vieillir, tout larguer par-dessus bord en haussant les épaules. »

Aux administratrices du musée Picasso qui l'appelaient souvent pour lui demander des photos et des tableaux elle répondait d'un ton mi-gentil mi-excédé : « Patience, quand je mourrai vous aurez tout. » Berggruen avait raison, Dora n'était plus là.

Elle ne marchait plus seule, mais en ce 16 juillet 1997 elle sortit dans la rue. À petits pas, lentement, elle réussit à traverser la Seine. Petite, noire, en titubant elle traversa la tache claire des touristes de l'été qui levaient le nez vers les tours de Notre-Dame. Elle arriva sur la place, et là tomba morte. On l'emmena en urgence dans un hôpital. L'Hôtel-Dieu. Où, sinon ?

Pour changer, son nom ne figure pas dans les archives : lorsqu'elle arriva il n'était plus nécessaire de la noter sur un registre.

« Elle est morte comme un chien, me dit la concierge espagnole. J'ai dû aller lui acheter une robe pour qu'on ne la mette pas nue dans le cercueil. Je n'ai jamais vu une femme aussi fière. Elle avait tout pour être heureuse et elle a ruiné sa vie. » Peu après cette conversation, je n'ai plus pu retrouver Ana Martínez Gómez rue de Savoie. Elle avait confié à Anne Baldassari : « Ils me renvoient parce que j'en sais trop. » Sur Dora ?

Non, sur l'invasion des hommes de loi et d'affaires après sa mort.

L'argent pour la robe, c'est Marcel Fleiss qui le donna. Elle fut enterrée au cimetière de Clamart. Il y avait cinq ou six personnes, celles du musée, la voisine, la concierge. Comme beaucoup la croyaient déjà disparue, la presse française n'annonça sa mort que dix jours plus tard.

D'autres, au contraire, étaient très pressés. La nuit de l'enterrement, les voisins virent de la lumière dans l'appartement du deuxième étage, qui ne s'éteignit qu'à l'aube.

Épilogue avec des projecteurs et des oreilles pour entendre

Maison de la Chimie, 28, rue Saint-Dominique, du 27 au 29 octobre 1998. Le cabinet PIASA (Picard, Audap, Solanet & Associés) et Maître Mathias (Millon & Associés) présentent *Les Picasso de Dora Maar*, succession de Mme Dora Markovitch. « La vente des œuvres de Picasso que PIASA et Maître Mathias proposeront aux amateurs sera un événement international qui attirera à Paris les amateurs d'art moderne en général et de Picasso en particulier, disait le catalogue bleu à lettres dorées. Cet ensemble est exceptionnel à plus d'un titre. Véritable "musée personnel", il comprend essentiellement des peintures et des dessins de Picasso qui ont toujours appartenu à Dora Maar et dont elle fut souvent le modèle. Ces œuvres précieuses, annotées ou dédicacées pour la plupart, ont été pieusement et jalousement conservées par Dora Maar depuis l'époque où elle partageait la vie de Picasso jusqu'à nos jours. Dora Maar n'a acheté ni vendu aucune de ces œuvres ; elle en a seulement prêté quelques-unes pour des expositions. Cet ensemble a été préservé de manière unique et le public le découvrira avec émotion[1]. »

La vente comprenait des objets réalisés par Picasso, des lettres, des livres dédicacés à Dora Maar par les plus grands poètes. Un mois plus tard, le 26 novembre, à Drouot Montaigne, 15, avenue Montaigne, PIASA et Mathias rendaient public *L'Atelier de Dora Maar*, portraits, natures mortes, paysages géométriques, compositions abstraites, paysages du Luberon. En même temps, ils procédaient à la vente aux enchères du mobilier style Empire, Restauration et Napoléon III de l'appartement de Dora Maar. Les 26 et 27 mai de l'année suivante, la dispersion prenait fin avec *Derniers souvenirs de Dora Maar*, parmi lesquels se détachait un bracelet gravé, une boîte d'allumettes dessinée, des figurines en fil de fer et des capsules d'eau minérale travaillées, une sculpture de pain et de papier, tout cela réalisé par les mains agitées de Picasso. Il y avait aussi des croquis de Balthus, des tableaux de Wilfredo Lam, des vêtements et des chapeaux de Dora signés Dior, Jacques Heim, Hermès et, en particulier, un manteau de Schiaparelli de 1935, long, cintré, en laine écrue et doublé de soie rose, à larges épaulettes, à col rond, jupe plissée à la taille et gros boutons de plâtre émaillé rose et or.

Dans la soirée du 26 octobre, à vingt et une heures vingt, Maître Solanet vendit pour 4,7 millions de francs un portrait de Dora signé Picasso qui avait été évalué à 1,5 million. *La Femme qui pleure* arriva à la salle des ventes estimée à seize millions. Dix-huit millions, vingt... Elle fut vendue à un Américain pour trente-sept millions. Les hommes d'affaires accusèrent cependant la direction des Musées de France d'avoir tardé à délivrer le permis autorisant la célèbre pleureuse à quitter le territoire français : son prix aurait été autre si ce retard n'était intervenu. Mais les Musées répondirent que le permis avait également été sollicité avec retard ; ils prirent en dation, entre autres choses, le portrait au crayon de Max Jacob ainsi que le dessin érotique *Dora et le Minotaure* – à la grande déception, pour ce dernier, de la chanteuse Madonna qui désirait l'acheter –, et ils interdirent la dispersion à l'étranger des ensembles de papiers déchirés et brûlés par l'artiste. La meilleure affaire de la soirée fut *Dora Maar aux ongles verts*, vendu pour vingt-trois millions de francs à Heinz Berggruen. Dans les jours qui suivirent, on constata que plus que les tableaux, les grands gagnants avaient été les dessins de Picasso. Et les objets plus modestes, ceux qui évoquaient l'intimité de Picasso et de Dora : un ensemble de boîtes d'allumettes dessinées dépassa le million. On n'avait rien vu d'équivalent depuis des lustres. Les puissants projecteurs qui mettaient au grand jour la vie d'une femme désireuse de se cacher s'avéraient de grands profits. Un journaliste écrivit : « Il y a quelque chose d'une tragique violation dans cette cérémonie commerçante. [...] Quel secret peut nous révéler aujourd'hui ce regard immense, peint, dessiné, esquissé jusqu'à l'obsession et aujourd'hui cruellement dispersé, dépecé ? A une époque où l'on baptise une voiture du nom de Picasso, l'indignation n'est plus de mode. Rien ne se perd, tout se négocie. Y compris la mémoire. »

Comprendre ce qui s'était passé, quels pas avaient été faits entre la mort et la vente revint à parcourir un labyrinthe encore plus silencieux que celui de l'hôpital Sainte-Anne.

La première étape consistait de toute évidence à questionner les *commissaires priseurs**, les experts en art spécialisés dans les ventes aux enchères. En un mot, il fallait parlementer avec Maître Solanet et Maître Mathias (au milieu d'un déjeuner, ce dernier m'avoua être amoureux de Dora Maar) ou avec cet autre expert, André Schoeller, dont les noms figuraient sur les catalogues. Après leur avoir posé, à eux ainsi qu'à d'autres commissaires, des questions directes qui reçurent des réponses indirectes – l'un d'eux en vint jusqu'à me prévenir, en employant un ton paternel qui contrastait avec la pudeur sentimentale veloutée de rigueur parmi ses collègues : « *Madame**, ceci est un milieu poli dans lequel certaines choses ne se disent pas » –, je finis par apprendre que, le 29 octobre 1997, un groupe de messieurs en costume noir et chemise blanche s'était attroupé devant le coffre de sécurité de la BNP pour assister au moment le plus émouvant de la « cérémonie commerçante » : celui où l'on ouvrirait le coffre de Mme Markovitch.

La cérémonie était présidée par Maître Peluchonneau-Lebosse, administrateur judiciaire chargé de l'affaire. Il y avait là Maître Solanet et Maître Mathias, un représentant du notaire de Dora Maar et un de chacun des deux cabinets de généalogistes, Aubrun Delcros Delabre d'un côté et Andriveau de l'autre.

Du coffre sortirent des choses étranges : une petite boîte en carton beige qui contenait des plaques de verre recouvertes d'une matière blanche gravée à la pointe sèche ; et un tableau de Picasso de sa période cubiste, *Cafetière, pipe et tasses*, qui avait appartenu à un collectionneur juif, Alphonse Kahn, et avait été confisqué par les nazis. Qu'étaient ces plaques de verre et comment était arrivée là une œuvre qui aurait dû être rendue à son propriétaire légitime ou à ses descendants ?

Il y a de vagues réponses à cette deuxième question. Un marchand français peu scrupuleux, connu de Picasso, aurait revendu à ce dernier sa nature morte – avant cela entre les mains d'un homme de paille de Goering –, et le peintre l'aurait offerte à Dora.

Quelques jours plus tard, le groupe de messieurs sombres découvrit rue de Savoie une réponse à la première question : une petite enveloppe contenant des portraits photographiques aux caractéristiques curieuses. C'étaient des photos et ce n'en était pas. C'étaient des peintures et des gravures (trois profils de Dora, une baigneuse), avec des ajouts de dentelles, réalisées sur la plaque transparente et photographiées directement sur papier argentique. Les experts hochèrent la tête de manière affirmative. Oui, ils avaient lu quelque chose à propos de ces expériences. En 1937, Christian Zervos en avait publié le résultat dans les *Cahiers d'art*, avec un texte de Man Ray. Mais personne ne les avait jamais vus, et voilà qu'ils les avaient à présent sous les yeux. Le musée Picasso s'empressa de les retirer pour les exposer dans ses salles. « Ce qu'il y a de révoltant dans cette histoire, me dit Chomette, c'est que l'annonce de l'exposition disait "photogravures de Picasso". Sur Dora, motus. »

L'une de mes questions tout aussi révoltantes fut la suivante : qui était entré en premier dans l'appartement de Dora, et sur l'ordre de qui ? Maître Têtard ne répondit pas à ma lettre. La nièce de Maître Peluchonneau-Lebosse monta sur ses grands chevaux au téléphone lorsqu'elle comprit que j'avais son nom grâce à une informatrice du musée Picasso et s'exclama : « *Ah ! je vois, il y a des pipelettes partout* ! » Avec moins d'ardeur juvénile, sa tante répondit à ma lettre en me promettant de me mettre en contact avec les héritiers de Mme Markovitch, mais elle ne le fit pas. Mes plaintes amères poussèrent une journaliste qui avait travaillé au service de presse de la vente aux enchères à me confier, tout aussi mécontente : « Et vous n'imaginez pas ce qu'il m'a fallu endurer ! Ce n'était que des "Taisez-vous, ne divulguez pas cela, chut, silence". Je n'y comprenais rien, sauf que l'on cachait quelque chose sous le manteau. »

Quelque chose, quelque chose, mais quoi ? Aussi direct que fût mon style sud-américain, pouvais-je interroger en face des personnes aussi peu disposées aux révélations en mentionnant le présumé testament olographe par lequel Dora Maar léguait, d'après ses propres déclarations, ses biens à l'Eglise, découverte qui aurait empêché cette vente aux enchères assimilée par certains à une « violation » ? De toute façon, demander qui était entré le premier cette nuit-là, après la mort de Dora, lorsque les voisins avaient vu de la lumière dans l'appartement du deuxième étage jusqu'au petit matin, était une allusion à peine déguisée.

Jusqu'à ce que les généalogistes viennent à nouveau à mon aide. Certains plus que d'autres : comme je l'ai déjà dit, les gagnants moins, les perdants plus. Mais tous les généalogistes – sans doute pour des raisons d'identification, étant donné que leur travail consiste aussi à remonter des pistes – se sont solidarisés autour de mes recherches comme aucun homme de loi ou d'affaires ne l'avait fait.

Les détectives d'arbres généalogiques servent à rechercher les parents pour les rendre riches. En France, lorsque quelqu'un meurt sans laisser de descendance, sa fortune, grande ou petite, revient à l'Etat. Mais si l'on retrouve à temps un membre de la famille, même inconnu du défunt lui-même, et que l'on parvienne à établir les liens de sang stipulés par la loi – une parenté au sixième degré suffit pour hériter –, celui qui le prouve touche sur l'héritage une commission qui est loin d'être négligeable.

A la mort de Dora, deux cabinets, l'un récent, Delabre, et l'autre ancien, Andriveau, se lancent donc à la recherche des parents. Dora n'a eu ni enfants ni frères ou sœurs. Les cousines avec lesquelles elle partageait ses vacances à Royan, et qu'elle ne mentionne pas dans son testament de 1958, sont décédées. Le cabinet Delabre renifle du côté de Tours, où est née Louise Julie, et trouve rapidement une héritière de quatre-vingt-trois ans domiciliée en Charente. Mais le cabinet Andriveau l'a devancé : il possède déjà le contrat qui lui donnera 30 % de la somme nette à toucher par la vieille dame charentaise.

Le cabinet Delabre est jeune. Il a des réactions positives et les dents longues. Ses envoyés filent en Croatie sur les traces de Joseph Markovitch – apprenant au passage qu'à son retour en France, le 4 août 1939, l'autoritaire architecte a reçu la Légion d'honneur, accordée par le ministère français de l'Industrie et du Commerce – et arrivent à Sisak, la bourgade située à quelques kilomètres de Zagreb où est né Joseph. Il y a un tas de Markovitch dans la région, mais ils découvrent que l'architecte est un fils naturel, chose que Dora a toujours cachée, et que sa mère était une servante prénommée Barbara. Ils sont déjà sur la piste d'un petit-fils d'un présumé frère de Joseph quand le cabinet Andriveau leur annonce que cette piste est fausse : ils ont eux un parent plus proche, une cousine de Dora, en Serbie.

Le cabinet Delabre ne se rend pas. La clé se trouve dans le registre de la paroisse, le *status animarum* de la mère de Joseph, qui n'a pas eu d'autres enfants mais de nombreux frères et sœurs, parmi lesquels une sœur appelée Y. Y. Markovitch. Et une fille de Y., nommée Z., condamnée à mort comme partisane pendant la guerre, mais vivante, coule des jours paisibles dans un petit village à cent cinquante kilomètres de Zagreb. L'héritière croate a été trouvée. Elle a quatre-vingt-treize ans.

Dès lors, le cabinet Delabre représentera la branche croate et le cabinet Andriveau, la branche charentaise. L'Etat français gardera les 60 % qui lui reviennent au titre de l'impôt sur la succession. Maya Walter, Claude et Paloma Picasso toucheront 3 % des recettes. Il faudra payer les frais administratifs et les honoraires des généalogistes. Anne Baldassari m'a dit : « Les héritiers étaient obligés de vendre s'ils voulaient garder quelque chose. » L'appartement de la rue de Savoie et la maison de Ménerbes ne tardèrent pas à suivre le même chemin que les peintures du Luberon ou les petits chiens en papier découpés de Picasso.

Alors que l'entretien tirait à sa fin, le jeune porte-parole du cabinet Delabre me suggéra que les héritiers de Dora Maar ne souhaitaient pas que soient divulgués des thèmes douloureux concernant leur parente. S'ils n'avaient jamais entendu parler d'elle jusqu'à l'arrivée des généalogistes dans leurs vies, ils respectaient sa mémoire. Il était préférable, par exemple, de ne pas toucher à l'hôpital Sainte-Anne. Je crois avoir répondu qu'un héritier, un généalogiste et un biographe avaient des rôles différents en la matière.

La cloche du cabinet Andriveau fit résonner d'autres sons. Une obscure histoire de *status animarum* mystérieusement disparu juste au moment où ils étaient sur le point de retrouver les traces d'une autre cousine de Dora Maar. Une héritière charentaise qui affirmait avoir connu Dora, et un pseudo-cousin qui exigeait des preuves ADN. Maître Têtard, qui nommait Andriveau son mandataire, mais qui finalement abandonnait la partie, fatigué de découvertes généalogiques qui se révélaient incertaines : « Il n'a pas envie de parler ni d'entendre parler de tout ça. Ça lui rappelle de mauvais souvenirs. » Andriveau qui disait : « Avant d'aller en Croatie, entrons dans l'appartement de la rue de Savoie pour voir s'il n'y a pas un autre testament caché dans un petit coffre », mais qui constatait la présence dans cette histoire d'autres généalogistes qui n'étaient les mandataires de personne sinon d'eux-mêmes. Delabre, qui prétendait déposer le dossier du faux héritier croate chez Maître Têtard, mais qui finissait par désigner Maître Peluchonneau-Lebosse.

« Pourquoi ? se demandaient en cœur mes interlocuteurs du cabinet Andriveau. Qui autorise un généalogiste privé à désigner un administrateur judiciaire ? Quelle raison y a-t-il de nommer Maître Peluchonneau, qui devra recevoir 12 % des gains sur chaque tableau vendu ? » Au moment où Delabre désigna Peluchonneau, Andriveau était sur les traces d'une deuxième héritière croate. Mais Delabre s'était empressé de la désigner, et quelqu'un (« C'est comme s'il y avait une mafia, soupirèrent mes informateurs, comme si notre correspondant en Croatie avait été acheté »), quelqu'un avait fait disparaître le *status animarum* contenant le nom de la deuxième cousine.

« Ceux du cabinet Delabre ont dit que, s'ils n'avaient pas retrouvé la bonne héritière, ils auraient présenté n'importe qui, soupirèrent-ils à nouveau. A cause de tout cela, Maître Têtard se fatigua et dit : "Prenez le dossier, *j'en ai marre**." Mais qu'aurait pensé Dora en apprenant que son notaire se laisserait enlever l'affaire ? »

Le moment était venu de reposer la fameuse question : qui étaient ceux qui étaient entrés les premiers dans l'appartement de la rue de Savoie ? « Les *commissaires priseurs** désignés par le notaire de Delabre, Maître Rochelois, me fut-il répondu. Le jour où l'on a fait l'inventaire, Andriveau n'était pas là. »

Je me souvins que Maître Mathias, l'amoureux de Dora Maar, m'avait demandé de ne pas trop forcer la note en décrivant l'état de saleté de l'appartement de Dora.

Mon enquête touchait à sa fin. Je rentrai en effet à Buenos Aires avec des piles de notes et de livres, et avec une curieuse impression : celle de faire partie d'un petit bataillon de femmes dont j'ignorais les noms et les visages, toutes lancées, comme moi, sur les traces de Dora. Plusieurs écrivaines, journalistes et critiques d'art de diverses nationalités avaient eu la même idée : suivre la piste de sa vie. Et sans doute chacune d'entre nous découvrirait-elle une Dora différente, non seulement parce qu'il n'y a pas de biographe qui ne se cherche lui-même dans son personnage, mais parce que ce cas posait un problème d'identité. Pour ma part, j'avais assez avancé dans mes recherches, mais pas suffisamment pour répondre à la question qui m'avait accompagnée pendant des mois : qui était Dora Maar ?

Jusqu'à ce qu'un beau jour, comme il arrive toujours lorsqu'une seule pensée nous occupe, la petite lampe électrique qui se balançait dans le film de Clouzot, *Le*

Corbeau, me revint en mémoire. Que signifiaient ces Dora exhibées l'une à côté de l'autre sous une lumière intense, et qui jamais ne coïncidaient ? Elles signifiaient, ou du moins ai-je cru le comprendre à cet instant de soudaine certitude, que les images d'elle-même éclairées par son talent de photographe n'étaient pas forcément vraies, de même que ne l'était pas celle que ses parents, en l'épiant, l'obligeaient à donner. Ombre et clarté, éclairage violent de certaines zones – pourquoi pas avec l'appui d'hommes brillants tels que Bataille ou Picasso – tandis que d'autres demeuraient dans l'ombre.

Tout cela indiquait un problème d'identité. Comment savoir qui elle était si elle-même l'ignorait ? « Dans le secret de moi-même à moi-même secret », avait-elle écrit. C'est pour percer son propre mystère que vers cinquante ans, après « avoir supporté l'œil du père jusqu'à la ménopause », selon les mots de la psychanalyste Chantal Johner que j'ai interrogée pour éclairer mes idées, Dora se décida pour l'ombre. Bien que tout ne fût pas réel non plus dans cette pénombre, l'œil de Dieu brûlait moins.

Le message était clair : « Je ne veux plus rien voir ni que personne ne me voie. » Un message lancé à la face du monde mais, par-dessus tout, à celle de l'art moderne. A la face de Picasso, de Breton, d'Eluard, à la face de tout un courant d'art « pervers » dans le sens de l'omnipotence infantile : voir, voir ce qui arrive, essayer, expérimenter à fond et sans entraves tout ce que peut atteindre le regard. D'après Aragon, le vice appelé surréalisme consiste en l'emploi désaxé et passionné de ce stupéfiant appelé image. Et Pierre Klossowski, érotologue et frère de Balthus : « Tel est l'état d'âme du Démon. Il s'ennuie et il est voyeur. » Les nazis qui dénonçaient la perversion de cet art voyeur et « décadent » n'en recherchaient pas moins les « perturbations imprévues » dont parle également Aragon. Eux aussi étaient fascinés par la question de savoir jusqu'où l'on pouvait aller. L'époque où Dora a vécu oscillait, comme la fameuse petite lampe, entre une perversion et son présumé contraire, entre un mauvais œil et l'autre. Difficile de savoir qui l'on est quand l'ordre consiste à transgresser les limites dans lesquelles une personne peut encore se reconnaître elle-même.

Quelques jours avant de rentrer en Argentine, j'entrepris le pèlerinage à Ménerbes, où la nouvelle propriétaire de la maison de Dora, Mrs. Neglay, devait m'attendre pour me montrer l'intérieur de l'austère résidence. Je ne fus pas étonnée de trouver sur la porte un petit mot sur lequel elle s'excusait de son absence. Roudinesco m'avait mise en garde contre la paranoïa, aussi, haussant les épaules, je me dirigeai vers la petite ville de Dieulefit où m'attendait, du moins fallait-il l'espérer, André Du Bouchet.

Je savais que Dora lui avait légué, dans son seul testament connu – celui des trois moines bénédictins décédés avant elle –, un livre de Pierre Reverdy dédicacé par Picasso. Je savais qu'elle avait illustré de cinq eaux-fortes le poème de Du Bouchet, « Sol de la montagne ». Et je suspectais que le cadeau de ce livre devait contenir une clé, car il n'était pas difficile de percevoir de profondes ressemblances entre Reverdy, Du Bouchet et Maar. Reverdy, le poète de la réserve et de la pudeur, et André Du Bouchet, celui de la parole exigeante et radieuse, considéré en France comme l'un des meilleurs poètes vivants, dessinaient dans leur poésie l'exact paysage de Dora, qui de deux traits faits de la matière du souffle unissait le ciel et la terre dans sa peinture.

Reverdy écrivait : « Rythmant cette danse de terre / La glace des passions rompue / Des lames plantées dans le vent / La fausse direction de la main prisonnière[2]. » Et c'était le vent de Dora gravé à la pointe d'un poignard, la direction étrange qu'imprimait à l'horizon sa main blessée.

Du Bouchet écrivait : « La terre immense se déverse, et rien n'est perdu. A la déchirure dans le ciel, l'épaisseur du sol[3] », ou : « Le souffle / qui sort du champ[4] », ou : « A l'extrémité du jour, du souffle, où la terre débute, cette extrémité qui souffle. J'atteins le sol au fond de ce souffle, le sol grandissant[5] ». Et c'étaient le souffle brun qui semblait surgir de la terre même, la déchirure s'étirant vers la gauche du ciel dans les tableaux de Dora.

Je savais tout cela, et je n'avais pourtant pas imaginé que dans la maison solitaire de la colline aride je trouverais les réponses. Non pas les seules – c'était une énigme aux multiples solutions –, mais celles qu'arrivée à ce point, après en avoir entendu beaucoup d'autres, je pouvais me permettre de choisir.

Je frappai et il n'apparut pas. Je fis le tour de la maison, modeste et en désordre, pour voir si Du Bouchet m'avait lui aussi laissé un petit mot d'excuses sur la porte, et je le trouvai en train d'écrire à la machine. Pas à l'ordinateur ; sur une machine portative, de celles qui exigeaient de notre part, autrefois, l'usage de la force. C'était à cause du fracas de ses doigts qu'il ne m'avait pas entendue. Lorsqu'il leva la tête, il me fut évident que ce beau vieil homme au nez d'oiseau et aux yeux d'azur possédait le fragment de Dora qui me manquait.

Tandis que nous prenions un verre de vin sous un arbre, dans une sieste d'été avec toutes ses cigales en marche, se stimulant les unes les autres, Du Bouchet me dit :

« Je l'ai connue dans les années cinquante, grâce à Nathalie Sarraute, et j'ai cessé de la voir en 1973. Dans sa solitude, après sa retraite, elle avait conservé quelques rares amis parmi lesquels elle me comptait. Les autres, elle cessa de les voir sans regrets, à peine lui inspiraient-ils une distance amusée. Des gens horribles, en particulier Marie-Laure de Noailles. Dora était tellement mieux qu'eux tous, tellement plus intelligente, plus intègre. Une femme violente et pure. Je l'ai fréquentée dans la période de sa vie où elle s'efforçait de se détacher intérieurement de Picasso. Pendant ces années-là, elle avait une immense énergie et un grand sens de l'humour, même pour parler de religion. Il y avait une collection de poésie qui s'intitulait "Le cri de la fée". Dora a dit qu'elle préférait publier dans "Le soupir de la sainte". Elle ne parlait jamais comme une catéchiste, mais il lui arrivait d'évoquer son directeur de conscience, un abbé de l'église Saint-Sulpice... non, je ne me souviens pas de son nom. Le livre de Reverdy, elle me l'a légué parce que c'était le poète contemporain que nous admirions le plus tous les deux. Reverdy s'était converti dans les années vingt, il vivait dans l'abbaye bénédictine de Solesmes et il rendait toujours visite à Dora. Mais au cours de ses dernières années elle s'était complètement détachée. De tout, de tous. Elle ne sortait qu'à l'aube et, bien que nous soyons voisins – j'habitais rue des Grands-Augustins –, je ne l'ai jamais croisée dans la rue. Personne n'entrait dans sa maison de Ménerbes. Les volets restaient toujours clos. Malgré cela, elle était capable de jouir de la vie, d'aimer ses fleurs, de cuisiner. J'ai encore sa recette de la soupe au laurier. Elle était pleine de bonté, elle sentait les choses, la nature, les êtres. Elle était généreuse avec ceux qui ne lui demandaient rien. Il n'y avait que les rapaces comme ce James Lord, qu'elle jugeait grotesque, pour la trouver avare. Ce fut sa grande différence avec Picasso : ils avaient tous deux la manie de tout garder, mais si lui se gardait de disperser quoi que ce soit et ne voyait dans l'art que la valeur mercantile, chez elle cette manie ne marquait en rien l'art. Picasso était un insomniaque qui travaillait sans arrêt, mais il peignait des choses mortes. Pourquoi l'a-t-on déifié ? Parce que ce monde est un monde de spectacle et que sa peinture était une mise en scène permanente. Toujours prêt à nous fasciner par un nouveau numéro, à faire une révérence et un bis. Je n'ai pas l'intention de dénigrer ses dons, mais c'était un homme sans intériorité, un homme tourné vers l'extérieur. Un prodige de cirque. Giacometti, que j'ai connu par l'intermédiaire de Dora, le détestait de tout son cœur. Picasso était un phénomène, et Dora méritait beaucoup mieux qu'un phénomène. »

André Du Bouchet cessa de parler à l'instant où il n'eut plus rien à dire, et il me sourit de ses grands yeux clairs, enfoncés et ombragés par des sourcils orageux. Mais il n'y avait pas d'orage dans l'air, il y avait de la paix. Sur la table les verres de vin, autour les arbres regorgeaient de cette substance pleine, presque tangible, que Dora admirait tant et qu'elle appelait « fatalité ». Du Bouchet non plus n'a pas considéré comme indispensable de prononcer le mot esprit. Le nom du lieu suffisait : Dieulefit.

J'ai pensé que dans son existence elle avait connu deux moments heureux : avant Picasso, lorsqu'elle parcourait les faubourgs de Londres et de Barcelone, son appareil photo en arrêt, et après, surtout après : concrètement, entre 1958 – lorsqu'elle prit la décision de se séparer de ces « gens horribles » – et 1973, l'année de la mort de Joseph Markovitch et de Pablo Picasso, où moururent aussi ses trois moines blancs, où elle cessa aussi de rencontrer André Du Bouchet, lorsque seules les églises virent à l'aube la courbe de son dos. Entre cinquante et un et soixante-six ans, Dora avait « travaillé avec toute son énergie » à se détacher de Picasso, et elle y était parvenue. A partir de ces morts, nombre de ses efforts perdaient tout leur sens, et elle commença à reculer.

J'ai également pensé à ma chance d'avoir trouvé dans cet endroit blanchi par un soleil implacable la partie la plus radieuse de sa vie : quand elle montait sur sa motocyclette par le chemin abrupt, son chevalet pliant à l'épaule, pour rendre visite à l'ami poète. Dans le poème « Sol de la montagne » figure ce vrombissement du petit moteur qui s'approche de la maison :

Le courant force

se risquer dans le jour
comme dans l'eau
froide et blanche

dure
pour le motocycliste

comme un couteau déplacé par le souffle

les montagnes sortent à peine de terre

quand la route casse
je change de pied

elle est couverte de neige[6].

Je prêtai attention à un bruit qui montait. Non, ce n'était pas elle, c'était le chant des cigales qui n'avait jamais cherché un bis. Mais les deux bourdonnements pouvaient ne faire qu'un puisque tous deux s'élevaient au-dessus du silence. A cet instant et en ce lieu, l'âme se révélait moins créative, moins originale, moins harcelée d'images que jamais. Elle ne pensait alors qu'à inventer de la joie, à fermer les yeux et à avoir des oreilles pour entendre.

NOTES

Le lecteur trouvera dans la bibliographie les références complètes des ouvrages cités.

Prologue avec lumière masquée

1. Brassaï, *Conversations avec Picasso*, p. 244-245.
2. *Ibid.*, p. 251.
3. Tous les mots ou phrases en italique suivis d'un astérisque sont en français dans le texte. *(N.d.T.)*

Chapitre I – La tour miradora

1. Ante Pavelitch (1889-1959). Député de Zagreb, il prit en 1929 la tête du mouvement nationaliste des oustachis contre la politique centralisatrice de la Serbie. Exilé à l'étranger, il organisa l'assassinat du roi Alexandre Ier de Yougoslavie, à Marseille, en 1934. Chef de l'État croate en 1941, il aligna sa politique sur celle de l'Italie et de l'Allemagne. En 1947, il s'enfuit en Argentine, puis s'établit en Espagne. *(N.d.T.)*
2. *Porteño* : habitant de Buenos Aires. *(N.d.T.)*

Chapitre II – L'œil est une boule de cristal

1. V. Combalía, « Conversación con Dora Maar ».
2. P. Assouline, *Cartier-Bresson, l'œil du siècle.*
3. V. Combalía, *loc. cit.*
4. *Ready-made* : objets manufacturés promus à la dignité d'objets d'art par le choix de l'artiste. *(N.d.T.)*
5. Lettre de l'assistante de M. Cartier-Bresson à l'auteur, en date du 27 juin 2000.
6. Cette lettre se trouve dans les archives du musée Picasso de Paris.
7. G. Bazin, *Le Mont-Saint-Michel. Histoire et archéologie de l'origine à nos jours.*
8. M. Duhamel, *Raconte pas ta vie*, p. 355-356.
9. Y. Courrière, *Jacques Prévert.*

Chapitre III – L'œil pinéal

1. J. Lord, *Picasso & Dora.*
2. M. Surya, *Georges Bataille, la mort à l'œuvre.*
3. Cité par M. Surya, *op. cit.*
4. G. Bataille, *L'Anus solaire* in *Œuvres complètes.*
5. M. Leiris, *Miroir de la tauromachie*, p. 37-38.
6. M. Leiris, *L'Age d'homme*, p. 81.
7. Ces deux textes sont réunis dans J. Peignot, *Ecrits de Laure.*
8. Cité par Surya, *op. cit.*, p. 254.
9. J. Peignot, *Ecrits de Laure.*
10. G. Bataille, *Le Bleu du ciel*, p. 63-64.
11. *Ibid.*, p. 83.
12. *Ibid.*, p. 84.
13. *Ibid.*, p. 84-85.
14. *Ibid.*, p. 85.
15. *Ibid.*, p. 87.
16. *Ibid.*, p. 165-166.
17. Ces quatre fragments sont tirés du catalogue d'exposition *Les Livres de Dora Maar*, p. 8.

Chapitre IV – L'œil surréel

1. S. Sontag, *Sur la photographie.*
2. V. Combalía, *loc. cit.*
3. A. Breton, *L'Amour fou.*
4. Cité par M. Polizzotti, *André Breton.*
5. Cité par J.-C. Gateau, *Paul Eluard ou le frère voyant.*
6. *Les Livres de Dora Maar*, catalogue d'exposition, p. 80.
7. *Ibid.*, p. 12.

Chapitre V – Des yeux d'étoile

1. Cité par J.-C. Gateau, *op. cit.*
2. P. Daix, *Picasso créateur.*
3. J. Sabartés, *Picasso. Portraits et souvenirs.*
4. F. Olivier, *Picasso et ses amis.*
5. A. Malraux, *Le Miroir des limbes.*
6. J. Clair, *Le Nu et la Norme. Klimt et Picasso en 1907.*
7. Cité par J. Clair, *op. cit.*
8. G. Bernier et P. Cabanne, *D.-H. Kahnweiler, marchand et critique.*
9. Archives du musée Picasso de Paris.
10. A. Stassinopoulos Huffington, *Picasso créateur et destructeur.*
11. P. Cabanne, « Picasso et les joies de la paternité »
12. Cité par A. Stassinopoulos Huffington, *op. cit.*
13. J. Berger, *La Réussite et l'Echec de Picasso.*
14. Chant folklorique d'Andalousie. *(N.d.T.)*
15. Cité par J. Berger, *op. cit.*

16. J. Ortega y Gasset, *La deshumanización del arte*, cité par J. Berger, *op. cit.*
17. J.-C. Gateau, *op. cit.*
18. P. Daix, *op. cit.*
19. G. Colville, *Scandaleusement d'elles.*
20. Citée par A. Stassinopoulos Huffington, *op. cit.*
21. R. Penrose, *Picasso.*
22. R. Mason, *Art et Artistes.*

Chapitre VI – Des yeux qui pleurent

1. J. Sabartés, *op. cit.*
2. J. Lord, *op. cit.*, p. 203.
3. R. Penrose, *op. cit.*, p. 12.
4. J. Vidal, « Cómo se pintó el Guernica ».
5. A. Malraux, *op. cit.*
6. M. de Micheli, coll. « Los diamantes del arte ».
7. L'anecdote est racontée par P. Cabanne, *Le Siècle de Picasso*, tome 2, *La Guerre, le Parti, la Gloire, l'Homme seul.*
8. A. Malraux, *op. cit.*
9. F. Gilot, *Vivre avec Picasso.*
10. M. Chomette, *Les Photographies de Dora Maar*, catalogue d'exposition.
11. A. Eiguer, *Le Pervers narcissique et son complice.*
12. T. Modotti, *Sobre la fotografía.*
13. Brassaï, *op. cit.*, p. 67-68.
14. Cité par A. Baldassari, *Picasso photographe.*
15. A. Baldassari, *Picasso et la photographie.*
16. Mémoires de E. Agar, cités par M. A. Cows in *Les Vies de Dora Maar*, p. 133.
17. P. Cabanne, *Le Siècle de Picasso.*
18. M. Polizzotti, *op. cit.*

Chapitre VII – Les yeux nus

1. J. Richardson, cité par M. A. Cows, *op. cit.*
2. Judith Benhamou-Huet.
3. *Ibid.*
4. M. Polizzotti, *op. cit.*
5. *Ibid.*
6. Cité par A. Stassinopoulos Huffington, *op. cit.*
7. F. García Lorca, *Yerma.*
8. L'anecdote est racontée par P. Cabanne, *Le Siècle de Picasso.*
9. *Les Livres de Dora Maar*, catalogue.
10. P. Cabanne, *Le Siècle de Picasso*, p. 129.
11. F. Gilot, *op. cit.*
12. M. Jacob, *Méditations religieuses.*
13. P. Picasso, *Le Désir attrapé par la queue.*
14. Cité par M. A. Cows, *op. cit.*
15. M. Jacob, *op. cit.*

Chapitre VIII – La tache aveugle

1. Cité par M. A. Cows, *op. cit.*, p. 144.
2. L'anecdote est racontée par Brassaï, *op. cit.*
3. E. Roudinesco, Jacques Lacan, *Esquisse d'une vie, histoire d'un système de pensée.*
4. *Ibid.*
5. *Ibid.*
6. *Ibid.*
7. *Ibid.*
8. *Ibid.*
9. *Nervure.*
10. F. de Méredieu, *Sur l'électrochoc, le cas Antonin Artaud.*
11. *Ibid.*
12. Cité par F. de Méredieu, *ibid.*
13. *Ibid.*
14. *Nervure.*
15. J. Lacan, séminaire n° 11.
16. Cité par E. Roudinesco, *op. cit.*
17. Anecdote racontée par P. Cabanne, *op. cit.*
18. F. Gilot, *op. cit.*
19. Anecdote racontée par A. Stassinopoulos Huffington, *op. cit.*
20. Certaines citations de P. Eluard sont extraites du catalogue *Les Livres de Dora Maar.*

Chapitre IX — Les yeux tournés vers le ciel

1. Cité par M. A. Cows, *op. cit.*
2. F. Gilot, *op. cit.*
3. M. Zahar, « Dora Maar », *Panorama des Arts.*
4. Cité par M. A. Cows, *op. cit.*
5. J. Corti, *Souvenirs désordonnés.*
6. J. Lord, *op. cit.*
7. M. A. Cows, *op. cit.*
8. J. Lord, *op. cit.*
9. J. Richardson, cité par M. A. Cows, *op. cit.*
10. J. Lord, *op. cit.*
11. *Ibid.*
12. H. Berggruen, *J'étais mon meilleur client.*
13. Cité par M. A. Cows, *op. cit.*, p. 206.
14. J. Lord, *op. cit.*
15. A. Furetière, *Dictionnaire universel.*
16. J. Lord, *op. cit.*
17. Dom P.-M. Grammont, *Présence à Dieu, Présence aux hommes, Un moine à l'école de Saint-Benoît.*
18. E. Schneider, *Les Heures bénédictines.*

Épilogue avec des projecteurs et des oreilles pour entendre

1. *Les Picasso de Dora Maar*, catalogue.
2. P. Reverdy, « Dépasse le temps », in *Le Chant des morts.*
3. A. Du Bouchet, « Du bord de la faux », *Dans la chaleur vacante.*
4. A. Du Bouchet, « Rudiments », *ibid.*
5. A. Du Bouchet, « Sol de la montagne », *Dans la chaleur vacante.*
6. *Ibid.*

BIBLIOGRAPHIE

ARAGON, Louis
— *Le Libertinage*, Editions de la Nouvelle Revue Francaise, Paris, 1924
— *Le Mouvement perpétuel*, Gallimard, « Poésie », Paris, 1925
— *Le Crève-cœur*, NRF, Gallimard, Paris, 1941
— *Anicet ou le Panorama*, in *Œuvres romanesques complètes,* Gallimard, « Bibliothèque de la Pléiade », Paris, 1997-2000

ARTAUD, Antonin
— *Cahiers de Rodez*, *Œuvres complètes*, tome XVIII, Gallimard, Paris, 1983

ASSOULINE, Pierre
— *L'Homme de l'art, D.-H. Kahnweiler*, Balland, Paris, 1988
— *Cartier-Bresson, l'œil du siècle*, Gallimard, « Folio », Paris, 2001

BALDASSARI, Anne
— *Picasso photographe*, RMN, Paris, 1994
— *Brassaï-Picasso, conversations avec la lumière*, RMN, Paris, 2000
— *Picasso et la photographie*, RMN, Paris, 2000

BALZAC, Honoré de
— *Le Chef-d'œuvre inconnu*, Gallimard, Paris, 1994

BARTHES, Roland
— *La Chambre claire*, Gallimard, Paris, 1980

BATAILLE, Georges
— *Histoire de l'œil*, Gallimard, Paris, 1928
— *La Littérature et le Mal*, Gallimard, Paris, 1957
— *Le Bleu du ciel*, Jean-Jacques Pauvert, Paris, 1957
— *Œuvres complètes*, Gallimard, Paris, 1970
— Georges Bataille, Seghers, « Poètes d'aujourd'hui », Paris, 1973
— *Théorie de la religion*, Idées/Gallimard, Paris, 1973

BAZIN, Germain
— *Le Mont-Saint-Michel. Histoire et archéologie de l'origine à nos jours*, New York, 1935

BEAUVOIR, Simone de
— *La Force de l'âge*, Gallimard, Paris, 1960

BERGER, John
— *La Réussite et l'Echec de Picasso*, Denoël, 1968

BERGGRUEN, Heinz
— *J'étais mon meilleur client. Souvenirs d'un marchand d'art*, L'Arche, Paris, 1997

BERNIER, Georges et CABANNE, Pierre
— *D.-H. Kahnweiler, marchand et critique*, Carré d'Art, Séguier, Paris

BRASSAÏ
— *Conversations avec Picasso*, Gallimard, Paris, 1964

BRETON, André
— *Manifestes du surréalisme*, Gallimard, « Folio Essais », Paris, 1994
— *L'Amour fou* (1937), Gallimard, Paris, 1998
— *Nadja*, Gallimard, Paris, 1999

CABANNE, Pierre
— « Picasso et les joies de la paternité », *L'Œil* n° 226, mai 1979.
— *Le Siècle de Picasso*, Denoël, 2 vol., Paris, 1975

CAUMONT, Anne de
— *La Passion aux enchères*, Grasset, Paris, 2000

CLAIR, Jean
— *Le Nu et la Norme, Klimt et Picasso en 1907*, Gallimard, Paris, 1988

COLVILLE, Georgiana
— *Scandaleusement d'elles* (trente-quatre femmes surréalistes), Jean-Michel Place, Paris, 1999
— *Ecrits d'une femme surréaliste*, édition établie par Valentine Penrose, Joëlle Losfeld, Paris, 2001

COMBALÍA, Victoria
— « Conversación con Dora Maar », *Kalias VI*, n° 12, Barcelone, 1994

COOPER, Douglas
— *Picasso théâtre*, Cercle d'Art, 1987

CORTI, José
— *Souvenirs désordonnés*, Librairie José Corti, Paris, 1983

COURRIÈRE, Yves
— *Jacques Prévert*, Gallimard, Paris, 2000

COUSO, Alvaro
— *Un sexo sin imagen. La singularidad de una mirada*, Letra viva, Buenos Aires, 1999

COWS, Mary Ann
— *Les Vies de Dora Maar*, Thames & Hudson, Paris, 2000

DAIX, Pierre
— *Picasso créateur*, Le Seuil, Paris, 1987
— *Dictionnaire Picasso*, Robert Laffont, Paris, 1995

DELOIRE, Christophe
— *La Traque aux héritiers*, Reader's Digest Selection, Paris, 1999

DESNOS, Robert
— *Œuvres*, Gallimard, Paris, 1999

DESROCHES, Didier
— *Le Temps déborde*, Cahiers d'Art, Paris, 1946
DIDEROT, Denis
— *Encyclopédie de Diderot et d'Alembert*, Hachette, Paris, 1985
DIVERS AUTEURS, *Une œuvre de Picasso, Ulysse et les sirènes*, Muntaner, Paris, 2000
DU BOUCHET, André
— *Dans la chaleur vacante*, Mercure de France, Paris, 1961
— *Sol de la montagne*, Jean Hughes, Paris, 1956
DUHAMEL, Marcel
— *Raconte pas ta vie*, Mercure de France, Paris, 1972
DUPLESSIS, Yves
— *Le Surréalisme*, PUF, Paris, 1950
EIGUER, Alberto
— *Le Pervers narcissique et son complice*, Bordas, Paris, 1989
ELGUERA, Alberto & BOAGLIO, Carlos
— *La vida porteña en los años veinte*, Grupo Editor de América Latina, Buenos Aires, 1990
ELUARD, Paul
— *Œuvres complètes*, Gallimard, « Bibliothèque de la Pléiade », Paris, 1991
FRANCIS, Claude et GAUTIER, Fernande
— *Simone de Beauvoir*, Perrin, Paris, 1985
FREEMAN, Judi
— *Picasso and the Weeping Woman*, catalogue d'exposition, Museum of Modern Art, New York, 1994
FURETIÈRE, M. Antoine
— *Dictionnaire universel*, La Haye, 1727 (2e édition, 1970)
GATEAU, Jean-Charles
— *Paul Eluard ou le frère voyant*, Robert Laffont, Paris, 1988
GILOT, Francoise et LAKE, Carlton
— *Vivre avec Picasso*, Calmann-Lévy, Paris, 1965
GIRBAL, Jaume Pol
— « Curiosa historia del marco del Guernica de Picasso », *Destino*, Barcelone, 1978
GONZÁLEZ, Climent
— *Nicolás Mihanovich*, Buenos Aires, 1988
GRAMMONT, Dom Paul-Marie
— *Présence à Dieu, Présence aux hommes, Un moine à l'école de Saint-Benoît*, Le Cerf, Paris, 1991
GUENNE, Jacques
— « L'Art de l'image », *L'Art vivant*, Paris, oct. 1934

HOBSON, Mary Daniel
— *Blind Insight. Three Routes to the Unconscious in the Photographs of Dora Maar*, thèse d'histoire de l'art, Vassar College, 1991

HOLLIER, Denis
— *Le Collège de sociologie*, Gallimard, Paris, 1979

HUGNET, Georges
— *Petite Anthologie poétique du surréalisme*, Jeanne Bucher, Paris, 1934

HUYSMANS, Joris-Karl
— *Œuvres complètes*, Slatkine Reprints, Genève, 1972

JACOB, Max
— *Méditations religieuses, Lettres mystiques à Clotilde Bauguion*, Calligrammes, Quimper, 1984

JAGUER, Edouard
— *Les Mystères de la chambre noire. Le surréalisme et la photographie*, Flammarion, Paris, 1982

JARRY, Alfred
— *Ubu Roi*, Havas Poche, Paris, 2000

KAHNWEILER, Daniel-Henry
— *Six entretiens avec Picasso*, L'Echoppe, Paris
— *Confessions esthétiques*, Gallimard, Paris, 1963

KÉFER, Pierre,
— « Avez-vous peur du cinéma ? », *Du Cinéma, Revue de critique et de recherches cinématographiques*, Librairie Corti, Paris, déc. 1928

KIMMELMAN, Michel
— « Rescuing Picasso from the Myths », *The New York Times*, 8 déc. 1996

KUSANOVIC, Alejandro
— *Croacia para siempre*, Buenos Aires, 1998

LACAN, Jacques
— *Les Quatre Concepts fondamentaux de la psychanalyse*, séminaire n° 11, 1964, Gallimard, Paris, 1970
— « Joyce, le symptôme », *Actes du 5ᵉ symposium James Joyce*, Editions du CNRS, Paris, 1979

LAMBRON, Marc
— *L'Œil du silence*, Flammarion, Paris, 1997

LÉAL, Brigitte
— « Les portraits de Dora Maar », in *Picasso et le portrait*, RMN/Flammarion, Paris, 1996

LE BOTEUF, Hervé
— *La Vie parisienne sous l'Occupation* (2 vol.), France-Empire, Paris, 1974

LEIRIS, Michel
— *L'Âge d'homme*, Gallimard, Paris, 1972

— *Miroir de la tauromachie*, Fata Morgana, Paris, 1981

L'ENFANT, Julie

— « Dora Maar and the Art of Mystery », *Woman's Art Journal*, Laverock, 1956-1957

LHOTE, André

— *Traités du paysage et de la figure*, Grasset, 1958.

LISPECTOR, Clarice

— *La Passion selon G. H.*, lue par Anouk Aimée (cassette), Des femmes, Paris, 1972

LORD, James

— *Picasso & Dora*, Séguier, Paris, 2000

MALRAUX, André

— *Le Miroir des limbes*, Gallimard, Paris, 1971-1975

— *La Tête d'obsidienne*, Gallimard, Paris, 1974

MARKOVICH VOISIN, Dora

— « La decoración moderna es el resultado propio de un largo esfuerzo artístico », *La Nación*, Buenos Aires, 1929

MASON, Raymond

— *Art et Artistes*, Edizioni d'Arte Fratelli Pozzo, Paris, 2000

MELIKIAN, Sourer

— « Selling a Myth », *Art of Auction*, New York, déc. 1998

MEMMI, Albert

— « Nos éternités et nos absolus sont relatifs », *Panoramiques*, Corlet, Paris, 1999

MÉREDIEU, Florence de

— *Sur l'électrochoc, le cas Antonin Artaud*, Blusson, Paris, 1982

MERLEAU-PONTY, Maurice

— *Phénoménologie de la perception*, Gallimard, « Tel », Paris, 1989

— *Le Visible et l'Invisible*, Gallimard, Paris, 1964

MESSADIÉ, Gerald

— *La Messe de saint Picasso*, Robert Laffont, « Essais », Paris, 1989

MICHELI, Mario de

— Collection « Los diamantes del arte », Toray S.A., Barcelone, 1968

MODOTTI, Tina

— *Sobre la fotografía* (revue), Mexican Folkways, 1923

MUIR, Kate

— « The Art of Obsession », *The Times*, Londres, 30 nov. 1998

NADEAU, Maurice

— *Histoire du surréalisme*, Le Seuil, « Essais », Paris, 1970

OLIVIER, Fernande

— *Picasso et ses amis*, Pygmalion, Paris, 2001

ORTESE, Anna Maria

— *L'Iguane*, « Du monde entier », Gallimard, Paris, 1988

PEIGNOT, Jérôme et le collectif Change (texte établi par)
— *Écrits de Laure*, Pauvert, Paris, 1977

PENROSE, Roland
— *Picasso,* Flammarion, « Champs », Paris, 1996

PENROSE, Valentine
— *La Comtesse sanglante*, Gallimard-Mercure de France, « L'Imaginaire », Paris, 1962

PIC, Frédéric
— *Tauromagie de l'arène, espace-temps de notre inconscient*, université de Pau et des Pays de l'Adour, s. d.

PICASSO, Pablo
— *Le désir attrapé par la queue*, in *Ecrits*, Gallimard/RMN, Paris, 1989

POLIZZOTTI, Mark
— *André Breton*, Gallimard, Paris, 1995

POSTEL, Jacques
— « Pour introduire les iatrogénies » in : *L'Évolution psychiatrique*, Privat, Paris, 1989

PRAT, Véronique
— « Les Picasso de Dora Maar », *Figaro Magazine*, Paris, 17 oct. 1998

RAY, Man
— « Picasso photographe », *Les Cahiers d'art*, Paris, 1937

REMBAUX, Geneviève
— « La muse sacrifiée », *Questions de femmes*, Paris, 1999

REVERDY, Pierre
— *Le Gant de crin*, Plon, Paris, 1926.
— *Ferraille, Plein Verre, Le Chant des morts, Bois vert*, Mercure de France, Paris, 1949

RICHARDSON, John
— *Vie de Picasso*, Le Chêne, Paris, 1992

RIDING, Alan
— « Con el sobreprecio de la historia », *La Nación*, Buenos Aires, 31 oct. 1998

ROUDINESCO, Elisabeth
— *Jacques Lacan, Esquisse d'une vie, histoire d'un système de pensée*, Fayard, Paris, 1993

SABARTÉS, Jaime
— *Picasso. Portraits et souvenirs*, Ecole des loisirs, Paris, 1996

SCHNEIDER, Edouard
— *Les Heures bénédictines*, Bernard Grasset, Paris, 1925

SEBRELI, Juan José
— *Las aventuras de la vanguardia. El arte moderno contra la modernidad*, Sudamericana, Buenos Aires, 2000

SONTAG, Susan
— *Sur la Photographie*, Le Seuil, « Fiction et Cie », Paris, 1979

STASSINOPOULOS HUFFINGTON, Arianna
— *Picasso, créateur et destructeur*, Stock, Paris, 1989
STEIN, Gertrude
— *Autobiographie d'Alice Toklas*, Gallimard, Paris, 1924
SURYA, Michel
— *Georges Bataille, la mort à l'œuvre*, Gallimard, Paris, 1992
THUILLIER, Jean
— « Sur l'électrochoc », *Nervure, Journal de psychiatrie*, Paris, juin 2000
VALÉRY, Paul
— *La Jeune Parque*, Gallimard, Paris, 1992
VANOYEKE, Violaine
— *Paul Eluard*, Julliard, Paris, 1995
VIDAL, Jaime
— « Cómo se pintó el Guernica », lettre personnelle transmise par Sisco Vidal
VIGNY, Alfred de
— *Journal d'un poète*, Editions d'Aujourd'hui, Plan-de-la-Tour (Var), s. d.
WEIL, Simone
— *La Pesanteur et la Grâce*, Plon, Paris, 1947
ZAHAR, Marcel
— « Dora Maar », *Panorama des Arts*, Paris, 1946

Catalogues d'exposition :

Derniers souvenirs de Dora Maar, Hôtel Drouot, Paris, mai 1999
Dora Maar fotógrafa, Victoria Combalía et Mary Daniel Hobson, Centre culturel Bancaixa, Valencia, 1995
Dora Maar, préface de John Russell, Leicester Galleries, Londres, 1958
Dora Maar, œuvres anciennes, préface de Edouard Jaguer, galerie 1900-2000, Paris, 1990
Dora Maar, Paysages, préface de Douglas Cooper, galerie Berggruen, Paris, 1957
L'Atelier de Dora Maar, Drouot Montaigne, Paris, nov. 1998
Les livres de Dora Maar, Maison de la Chimie, Paris, oct. 1998
Les photographies de Dora Maar, Drouot-Richelieu, Paris, nov. 1998
Les photographies de Dora Maar, une dernière rencontre, Drouot-Richelieu, Paris, nov. 1999
Les Picasso de Dora Maar, Maison de la Chimie, Paris, oct. 1998
Man Ray, galerie 1900-2000, Paris, 1988
Picasso et le portrait. Représentation et transformation, sous la direction de William Rubin, RMN/Flammarion, Paris, 1996
Le Mystère Picasso, film de Henri-Georges Clouzot, réédité en 1996 (78 mn), RMN/Arte/La Sept Vidéo

INDEX

TABLE

CRÉDITS PHOTOGRAPHIQUES

Page 1 : Piasa/J.J. Mathias, reproduction Sylvain Pelly © Adagp, Paris 2003

Page 2 : Piasa/J.J. Mathias, repro. S. Pelly ; RMN Lyon ; © Adagp, Paris 2003

Page 3 : Piasa/J.J. Mathias, repro. S. Pelly ; RMN Lyon © Adagp, Paris 2003

Page 4 : Piasa/J.J. Mathias, repro. S. Pelly ; Photo CNAC/MNAM/RMN © Adagp, Paris 2003

Page 5 : Photo CNAC/MNAM/RMN © Adagp, Paris 2003

Page 6 : Piasa/J.J. Mathias repro. S. Pelly © Adagp, Paris 2003

Page 7 : Piasa/J.J. Mathias repro. S. Pelly ; RMN Lyon © Adagp, Paris 2003 ; RMN © Picasso Administration

Page 8 : RMN © Picasso Administration ; Piasa/J.J. Mathias repro. S. Pelly © Adagp, Paris 2003

Page 9 : Fonds d'acquisitions patrimoniales de Seine-Saint-Denis, œuvre en dépôt permanent au musée d'art et d'histoire de Saint-Denis. Photo Irène Andréani © Adagp, Paris 2003Piasa/J.J. Mathias repro. S. Pelly © Adagp, Paris 2003

Page 10 : Piasa/J.J. Mathias repro. S. Pelly © Adagp, Paris 2003

Page 11 : Fondation Beyeler, Riehen / Basel © Picasso Administration

Page 12 : Photo RMN — Michèle Bellot © Adagp, Paris 2003 Paris, Musée Picasso, Photo RMN — Michèle Bellot © Adagp, Paris 2003 / Picasso Administration

Page 13 : © The Roland Penrose Estate. Tous droits réservés. Photolido, Piasa/J.J. Mathias repro. S. Pelly © Adagp, Paris 2003

Page 14 : © The Lee Miller Archives. Tous droits réservés. RMN-Lyon © Adagp, Paris, 2003 ; © Brassaï Estate — RMN ; © Izis Bidemanas ; RMN Lyon © Picasso Administration

Page 15 : Photo RMN, Franck Raux © Brassaï Estate — RMNPiasa/ J.J. Mathias repro. S. Pelly © Picasso Administration

Page 16 : Piasa/J.J. Mathias repro. S. Pelly © Picasso Administration © The Lee Miller Archives. Tous droits réservés.

Cet ouvrage a été imprimé par

FIRMIN DIDOT

GROUPE CPI

Mesnil-sur-l'Estrée

pour le compte des Éditions Grasset
en octobre 2003

Composé par Nord Compo à Villeneuve-d'Ascq

Imprimé en France
Dépôt légal : octobre 2003
N° d'édition : 12955 - N° d'impression : 65352
ISBN : 2-246-60791-4